普通高等学校“互联网 +”立体化教材

大学体育与健康教程

（第二版）

主编　王碧怡

北京体育大学出版社

策划编辑：刘付锡
责任编辑：姜艳艳
责任校对：房晓静
版式设计：高荣华

图书在版编目（CIP）数据

大学体育与健康教程 / 王碧怡主编 . -- 2 版 . -- 北京 : 北京体育大学出版社 , 2022.7
ISBN 978-7-5644-3699-5

Ⅰ . ① 大… Ⅱ . ① 王… Ⅲ . ① 体育 – 高等学校 – 教材 ② 健康教育 – 高等学校 – 教材 Ⅳ . ① G807.4 ② G647.9

中国版本图书馆 CIP 数据核字 (2022) 第 131372 号

大学体育与健康教程（第二版）
DAXUE TIYU YU JIANKANG JIAOCHENG
王碧怡　主编

出版发行：北京体育大学出版社
地　　址：北京市海淀区农大南路 1 号院 2 号楼 2 层办公 B-212
邮　　编：100084
网　　址：http://cbs.bsu.edu.cn
发 行 部：010-62989320
邮 购 部：北京体育大学出版社读者服务部 010-62989432
印　　刷：艺堂印刷（天津）有限公司
开　　本：787mm × 1092mm　1/16
成品尺寸：185mm × 260mm
印　　张：19.5
字　　数：415 千字
版　　次：2018 年 7 月第 1 版　　2022 年 7 月第 2 版
印　　次：2022 年 7 月第 1 次印刷
定　　价：42.00 元

《大学体育与健康教程》（第二版）编委会

主　编　王碧怡

副主编　刘明燕　崔安福

编　委　（排名不分先后）

宋　军　吴国平　吴建强　贺　炜

苏　健　万国华　曾颖泉　彭介夫

邹　杰　蔡美燕　曹静茹　曾秉旋

岑雅影　李宣达　周嘉俊　宋佳鑫

前　言

《国家中长期教育改革和发展规划纲要（2010—2020年）》指出：“加强体育，牢固树立健康第一的思想，确保学生体育课程和课余活动时间，提高体育教学质量，加强心理健康教育，促进学生身心健康、体魄强健、意志坚强。”教育部印发的《全国普通高等学校体育课程教学指导纲要》明确指出：“体育课程是大学生以身体练习为主要手段，通过合理的体育教育和科学的体育锻炼过程，达到增强体质、增进健康和提高体育素养为主要目标的公共必修课程；是学校课程体系的重要组成部分；是高等学校体育工作的中心环节。”

本书包括培养终身体育意识、营养与健康、科学进行体育锻炼、健康体适能、体育卫生与保健、体育文化与欣赏、体育课程思政等理论知识，以及田径运动、球类项目、武术与搏击运动、形体健美项目、休闲体育项目、冰雪运动等实践技能。

本书力求做到以下几个方面。

（1）贯穿“以人为本”的教育理念和“健康第一”的教育思想，使学生不断更新体育观念，增强参与意识，提高体育文化素养，掌握一定的健康知识与运动技能，养成终身参与体育锻炼的习惯。

（2）紧扣体育课程主要目标，融入健康体适能、体育卫生与保健、体育文化等知识。

（3）从实际出发，重视实效，遵循大学生身心发展的规律，选编内容丰富。

（4）致力于建立以学生为主体、教师为主导的教学模式。本书在介绍体育项目时通俗易懂，引导学生发挥主观能动性，因人制宜地进行体育锻炼。

本书若有不足之处，恳请广大读者批评与指正，以便编者今后对本书进一步完善。

目　录

第一章　培养终身体育意识

第一节　正确认识高校体育教育

一、高校体育教育的目的

根据我国的教育方针和教育要面向现代化、面向世界、面向未来的要求，高等学校体育的目的是以身体练习为基本手段，增强学生体质，提高学生体育能力，培养学生的体育意识，使学生养成自觉锻炼身体的习惯，成为身心健康的社会主义现代化事业的建设者和接班人。高校体育教育的目的主要包括学生的身体培养和心理个性塑造。一方面，高校体育是学校教育的重要组成部分，其目的应与学校教育的总目标相一致；另一方面，高校体育又是体育的一个重要方面，应充分体现体育的特点。因此，高校体育教育的目的就是以运动和身体练习为基本手段，对学生进行科学的培育，在提高人的生理机能和心理机能的过程中，达到使学生身心健康、全面发展的教育总目标。

二、高校体育教育的任务

根据《全国普通高等学校体育课程教学指导纲要》提出的课程目标和新时期对高校体育课的要求，高校体育教育的任务主要有以下几个方面。

（一）提高学生的运动参与意识

学生能积极参与各种体育活动并基本形成自觉锻炼的习惯和终身体育的意识；能制订可行的个人锻炼计划，具有一定的体育文化欣赏能力；部分学有所长和学有余力的学生能形成良好的体育锻炼习惯；能独立制订适用于自身需要的健身运动处方；具有较高的体育文化素养和体育欣赏水平。

（二）提高学生的运动技能

学生能够熟练掌握两种以上健身运动的基本方法和技能；能科学地进行体育锻炼，提高自己的运动能力；能掌握常见运动损伤的处理方法；能参加具有挑战性的野外活动和运动竞赛；部分学有所长和学有余力的学生能积极提高运动技术水平，发展自己的运动才能，在某个运动项目上达到或相当于国家等级运动员水平。

（三）促进学生的身体健康

学生能测试和评价自身的体质健康状况，掌握有效提高身体素质、全面发展体能的知识与方法；能合理选择人体需要的健康营养食品；能养成良好的行为习惯，形成健康的生活方式；部分学有所长和学有余力的学生能选择良好的运动环境，全面发展体能，提高自身科学锻炼的能力，练就强健的体魄。

（四）促进学生的心理健康

学生能根据自己的能力设置体育学习目标；能自觉通过体育活动改善心理状态、克服心理障碍，养成积极乐观的生活态度；能运用适宜的方法调节自己的情绪；能在运动中体验运动的乐趣和成功的感觉；部分学有所长和学有余力的学生在具有挑战性的运动环境中能表现出勇敢顽强的意志品质。

（五）增强学生的社会适应能力

学生能表现出良好的体育道德和合作精神；能正确处理竞争与合作的关系；部分学有所长和学有余力的学生能形成良好的行为习惯，主动关心、积极参加体育社团事务。

三、高校体育教育的地位

高校体育是整个国家教育的一部分。相关教育方针指出：教育必须为社会主义现代化建设服务、为人民服务，必须与生产劳动和社会实践相结合，培养德智体美劳方面全面发展的社会主义建设者和接班人。

经国务院批准颁布的《学校体育工作条例》明确规定：“普通高等学校的一、二年级必须开设体育课。普通高等学校对三年级以上学生开设体育选修课。”“体育课是学生毕业、升学考试科目。”这些规定明确指出，体育课是学生的必修课，确立了体育在教育中的重要地位。高校体育的地位首先是由高等教育在社会中的地位所决定的，其次是由体育在培养学生过程中所起的作用决定的。

此外，高校体育的发展水平已成为衡量我国群众性体育普及状况和运动水平的标志之一。

四、高校体育教育的作用

（一）高校体育教育对学生的作用

大学期间是学生身体生长发育、心理成熟的重要时期，也是学生学习专业基础知识、掌握为社会服务所需技能的重要时期。在学生的成长过程中，体育对促进其身体正常发育，使其生理与心理、体能与智能协调发展，增强体质，提高运动能力，培养其勇敢、顽强、坚毅的思想品质和积极向上的精神等方面都有着积极的作用，是其他教育所不能替代的。

生命是生活的根本，健康是美好生活的保障。高校体育教育不仅能使学生在大学期间通过体育锻炼增强体质，增进心理健康，更好地投入学习中，形成基本的终身体育观念及获得体育知识、技能与锻炼方法，还能为学生走向社会后继续进行体育锻炼打下基础，从而使其在今后的人生道路上保持健康，为自己美好、快乐的生活提供保障。

（二）高校体育教育对高校的作用

高校体育教育能够提高学生的健康水平，而健康水平高的学生能有更多的精力投入学习中，而且其学习效率更高。学生学习效率的提高会带动高校整体学习质量的提高。高校课程及体育比赛、体育节不仅能提高学生的体育素养和思想道德素质，还对高校良好校风的形成有重要作用。此外，高校体育教育可以使学生养成良好的兴趣爱好，从而远离不良嗜好，有利于学校的稳定与管理。

（三）高校体育教育对体育事业的作用

高校体育教育能够使学生掌握体育基础知识、体育基本技能，具有一定的体育文化欣赏能力，从而使更多的学生喜爱体育运动。大学生是祖国的栋梁，更多的大学生喜爱体育运动，对全民健身、竞技体育甚至体育经济的发展都会起到很大的推动作用。

同时，由于高校多学科综合研究的优势和大学生智力高、接受能力强、创新意识强等特点，高校高水平运动队的运动技术水平已得到了实质性的改变与提高，能够为我国培养和输送更多的体育人才。

（四）高校体育教育对社会的作用

大学生走向社会后将是各个行业的骨干，他们是构建和谐社会的重要力量。高校体育教育有助于学生基本形成锻炼习惯，掌握体育基础知识、体育基本技能和锻炼方法，形成终身体育观念。这有利于其在走向社会后能继续科学地锻炼身体，保持身体健康，从而精力充沛地投入祖国的建设中，为实现中华民族伟大复兴的中国梦贡献力量。

第二节　深刻理解体育的育人价值

体育是伴随着人类社会的发展而发展的。它受社会经济、政治发展的制约，又反作用于社会的经济和政治。因此，培养什么样的体育人才，实现什么样的育人价值，这不仅是体育的课题，还是德育、智育和美育的课题。

一、体育与德育

（一）体育教学组织形式与德育

学校是社会主义精神文明建设的重要阵地，体育是学校教育的重要组成部分。体育教学与其他学科一样，必须寓育人这一根本任务于教学之中，既担负着向学生传授知识的任务，又担负着对学生进行思想教育的任务，使学生掌握体育知识、技能，增强体质，在促进学生身心和谐发展的同时，培养良好的道德情操。

第一，在体育课堂上，教师在思想品德教育上起表率作用。学生对教师的一言一行都会加以评价，对体育教师优美的动作、高尚的品德心领神会。教师除了要有扎实深厚的理论基础、专业技能和强烈的敬业精神之外，还要有高尚的思想道德素养。教师应举止大方、谈吐文明。在教学中，教师应讲解清楚、示范规范、言行一致，给学生树立一个良好的教师形象，使学生在潜移默化中受到熏陶，达到进行思想品德教育的目的。

第二，体育教学诸项目中要有针对性的教育。课堂常规要求课前整队集合，教师听取体育委员报告人数，合理调动队列、队形，有目的地组织学生布置、收拾器材等。在练习过程中，同学们的相互配合与保护等都蕴含着生动的思想教育因素。这些都有助于培养学生遵守纪律、吃苦耐劳的优良品质，有助于培养学生热爱劳动、爱护公共财物的责任意识，也有助于培养学生在处理个人与集体、自由与纪律关系时的大局意识。体育教学一般在体育场或体育馆内进行，活动形式多种多样，活动内容也比较广泛，必须有一定的规范限制。在竞赛和游戏时，学生要在规则的限制下进行活动。体育竞赛规则是社会法规的一种模拟形式，与社会法规相比，竞赛规则具有朴素性、参赛者的乐于接受性、不可动摇的强制性等特点。运动竞赛规则体现了“规则面前人人平等”这个基本原则。它明确规定了适用的条件、合规和违规行为及违反规则后应承担的责任。因此，人们常将裁判员比喻为“赛场上的法官”是不无道理的。在规则的管理和约束下，学生们力求使自己的行为符合规范，这对培养学生遵守社会生活的各种准则具有很好的导向作用，从而加强其组织性和纪律性，潜移默化地使学生养成遵纪守法的优秀品德。

（二）体育教学内容与德育

体育以其丰富多彩的活动方式和独特的教学内容，吸引着广大青少年学生的积极参与。教师应充分利用教材和教学中的各种教育因素，把思想教育渗透到教学之中，并针对学生参加活动的具体表现，结合各种运动项目的特点，较全面地实现对大学生思想品德的培养。例如，田径运动可培养学生勇敢顽强、吃苦耐劳、坚韧不拔的意志；排球等球类项目可培养学生团结友爱、相互协作的集体主义精神，以及应变能力等；体操、武术等项目可培养学生的自我调控能力。另外，教师还可充分利用游戏进行教学。再者，在体育活动中，特别是在体育比赛中，会不时出现对参赛者思想上和身体上的严峻考验：参赛者在长跑过程中出现“极点”现象时，是咬牙坚持下去还是半途而废；比赛中对方犯规撞人时，是尊重裁判员判罚还是以牙还牙；集体配合不够默契，团体比赛失利时，是相互鼓励还是相互抱怨；比赛节节胜利时，是谨慎从事还是骄傲自大；等等。学生经受住了这些考验，也就造就了自己良好的个性，培养了集体主义精神和善于处理人际关系的优良品质。

（三）体育竞赛与德育

体育教学活动要经常采用体育竞赛的方法。学生大都喜欢参加集体性的对抗项目，并希望在对抗中表现自己，同时也希望自己所在的集体获胜。竞赛能够激发学生力争上游、奋勇拼搏的竞争精神；评比能使学生意识到个人的能力和努力程度影响着集体荣誉。另外，集体荣誉会给每个成员带来影响，这会教会学生自觉地协调个人与集体的关系，更有助于培养他们自觉的责任感、义务感和集体荣誉感。对于优胜者来说，体育比赛能够给予其精神上的满足和物质上的奖励，使他们感受胜利的喜悦并对未来充满希望。体育运动的项目是多种多样的，学生在体育运动中能找到自己的位置，散发自己的光芒，这就为每个学生展示自己的才能提供了可能性，使每个学生在竞赛中认识到自身的力量和价值，让学生明白比赛既是力和美的竞争，也是意志品质的较量。体育竞赛中不论胜与负都是自然的、朴素的、美好的，胜有胜的喜悦，败有败的风采。体育竞赛的最终目的是培养学生的竞争意识。同时教师还要教育学生，使其明白竞争是为了相互促进，共同提高。体育竞赛可以培养学生战胜困难、不甘失败、不怕挫折的心理，培养学生跌倒再爬起的勇气和敢于与强手比高低的精神。

二、体育与智育

体育作为一种活动方式，与智力发展紧密联系、相互作用。体育锻炼能够促进智力的发展。可以说，体育锻炼是智力发展的有效途径，是智力发展不可缺少的因素。

（一）体育锻炼促进智力发展的心理学机制

体育锻炼能有效提高感知能力、记忆能力、观察能力和想象思维能力，而这些能力的组合正是智力的展现。

1. 体育锻炼促进感知能力和记忆能力的发展

感知能力在心理学上的定义是人脑通过其感受器接收物理信息的能力。感知能力是智力的一种表现形式。田径、球类、体操等体育项目，对参加者的感知能力提出了很高的要求，能在一定程度上促进感知能力的发展。记忆是人脑对经历过的事物的反映。记忆能力是将获得的新信息储存于大脑一定时期的能力，是智力的重要指标。在体育锻炼中，正确识记各种动作的顺序和轨迹，形成完整的动作表象，是进行任何运动所必需的，因此体育锻炼可有效提高学生的记忆能力。

2. 体育锻炼促进观察能力的发展

在进行体育锻炼时，学生首先要对体育项目的动作进行全面的观察，特别是动作姿势、运动方法、节奏变化等，要由表及里、由整体到局部，再到全貌潜心观察，进而才能领会、模仿和演练。敏锐的观察能力为技术的掌握提供了可靠的保证。学生经过长期体育锻炼，其观察能力能够得以提高。

3. 体育锻炼促进想象思维能力的发展

创造学认为，一切创造都与想象有关。想象是对表象重新分析与综合的心理过程。在这个过程中构成的形象具有不同程度的奇特性。体育锻炼能使想象能力得到充分的发展。体育锻炼的整个过程都离不开思维，因为一切动作技能的形成与运用都是在中枢神经系统的支配与调节下进行的，运动员掌握动作的过程是形象思维与逻辑思维协同作用的结果。可以说，思维能力是伴随体育锻炼整个过程的，随着时间的推移，思维能力也在不断地发展和提高。

（二）体育锻炼促进智力发展的生理学机制

现代体育的内容和形式正在不断发生变化。它的核心——身体活动在促进人体的生长发育、预防疾病、推迟生命衰老等诸多方面，具有无可替代的作用，因而能从机体方面提供智力发展所需要的能量支撑。体育锻炼对智力促进的作用表现为体育锻炼可以提高大脑的反应能力。大脑是智力发展的物质基础，人类一切动作都必须在大脑的参与下方能实现。体育锻炼可以改善和提高中枢神经系统的工作能力，使中枢神经及其主导的部分大脑皮质兴奋增强、抑制加深，从而改善神经系统的均衡性和灵活性，提高大脑综合分析能力，增强机体适应变化的能力和工作的能力。经常进行体育锻炼的人，通常灵活性高，反应速度快。

在体育锻炼的过程中，大量的视觉、听觉、本体感觉等方面的信息有助于人们学习新的知识，积累经验，提升智力。当我们的知识结构的广度和深度需要扩展时，这些信息就成为进一步提高能力的基础，使人在积累知识、经验和技能的过程中，产生新的联想和独特的认知。这正是体育锻炼对智力的一种提高。

三、体育与美育

体育教学的独特性，使体育中的美育别具一格、独树一帜。爱美之心，人皆有之。每个人都向往美、追求美、热爱美，特别是青少年对美的追求更加强烈。然而，由于青少年的思想还不成熟，部分青少年缺乏对健康美的辨别能力。例如，有的学生一味追求形体苗条，长期节食以致精神萎靡、体质下降，进而影响学习和正常生活。因此，在教学中，教师首先要帮助学生树立正确的审美意识。体育领域中有许多审美对象，教师应结合体育教学对学生进行美的教育，传授美学知识，帮助学生认识体育运动中的形式美，感知体育运动中表现出来的心灵美、行为美，掌握身体美的内容和辨别身体健美的标准，逐步培养学生正确的审美观念。

（一）塑造学生的身体美

学校体育教学的目的和任务不仅是增强学生体质，还要塑造学生的身体美。人体的健康美、肌肉美、形体美、皮肤美和体质美是身体美的主要内容，这些内容恰恰可以通过运动的形式表现出来，并且这些美只有通过经常锻炼才能得到。大学生正处于生长发育和生理机能逐步完善的阶段，经常参加体育锻炼有利于促进机体各器官的正常发育，有利于提高身体素质和增强机体对外界环境的适应能力，有利于展现身体的动态美。

（二）塑造学生的运动美

运动美是在塑造健美身体的过程中表现出来的。在体育中实施美育，使学生意识到体育运动具有跃动美、韵律美、敏捷美、刚健美等运动美。体育锻炼能增强肌肉力量，发展协调性、柔韧性，增强节奏感，使身体具有线条美、匀称美和力量美。学生经常参加武术、健美操、艺术体操等练习，能使关节、韧带、肌腱的伸展性加强，能表现出舒展和轻松的柔韧美；经常参加各种速度练习能提高奔跑能力，给人以轻盈、矫健之美；经常参加球类运动，能给人一种舒畅、灵动之美。总之，体育运动中优美的动作、明快的节奏无不给人以美的享受。人参加体育锻炼多是为了增进健康和对自己身体、体形的审美需要。这就能激发学生的体育动机，调动其参加体育锻炼的积极性和主动性，使其倾心投入，既能塑造运动美，又能提高体育教学的效果。

（三）塑造学生的人格美

人格美主要包含心灵美、行为美、品德美、意志美等。经常参加体育锻炼，能提高人体对外界环境的敏感度和适应能力，使大脑对各种感觉的综合分析能力增强，有利于学生智力的发展和思维品质的改善，使其生命力更旺盛。体育运动中的耐力项目练习能培养学生吃苦耐劳、坚韧不拔的意志品质；球类项目能培养学生沉着冷静、机智果断、热爱集体的良好心理品质；韵律操、体育舞蹈等项目可陶冶学生的情操，培养学生良好的气质，使学生树立正确的审美意识。体育活动中表现出来的团结友爱、相互协作、忍耐、勇敢、机智、诚实等美德，无不对人的心灵、精神起着熏陶和感染的作用。同时，体育活动中表观出的以感动、愉快、积极、正义、奋发等情感体验为基础的行为美，也具有强大的感染力。因此，在体育中进行美育，能塑造学生的人格美，培养学生坚强勇敢、机智灵活、谦虚谨慎、文明礼貌、集体协作、拼搏进取等良好美德。

第三节　重视体育与健康的关系

一、体育锻炼与身体健康

大学时期是人一生中非常重要的获取知识的阶段，也是焕发青春光彩的阶段，同时我们也要清楚，青春的光彩是与身体健康紧密联系的。体育锻炼对大学生的身体健康有着积极影响，具体表现在以下几个方面。

（一）体育锻炼有助于运动系统的发展

运动系统是大学生正常生活、学习、劳动和运动不可缺少的系统。运动生理学研究表明，进行体育锻炼有助于人体骨骼的发育和生长；有助于增强关节的灵活性，增加动作的幅度；有助于增加肌肉的体积和力量。

1. 体育锻炼促进大学生身高的增长

人的身高主要与骨骼的发育水平有关。大学生在经历了青春发育的高峰期后，骨骼进入了缓慢的发展阶段，但骨化过程尚未结束，身高仍存在着相当大的可塑性。有资料表明，经常参加体育锻炼的学生与其他同龄人相比，身高平均高出4.7厘米。经常参加体育锻炼，可以有效促进人体的新陈代谢，使骨骼的血液供应充分，骨细胞生长能力增强，从而使骨的长度增加，骨密质增厚，骨变粗，骨组织的排列更加整齐且有规律，机械稳定性加强。

2. 体育锻炼可使关节的灵活性、稳定性加大，动作舒展优美

关节是构成人体形态、连接骨骼的组织。运动时，骨、关节和肌肉都得到了良好的锻炼，韧带和肌肉的柔韧性与力量都得到了增强，关节的稳定性得到了加强，活动的范围得到了扩大，从而使动作更加舒展大方、优美协调。

3. 体育锻炼能够有效地增加肌肉的体积和力量

肌肉是人体运动的动力组织，也是构成健美体形的外在组成部分。大学生的肌肉发展特点是肌纤维从纵向发展转向横向发展。体育锻炼中，肌肉的不断伸缩可使肌球蛋白不断增加；可使肌肉储存水分的能力增加，有利于肌肉的氧化反应；可使肌纤维的线粒体数量增加，不易产生疲劳；可使肌肉结缔组织增厚，肌纤维的数量增加、横断面增大，肌肉的力量增强，肌肉更加结实丰满。研究表明，经过长期的锻炼，人体肌肉质量占体重的比例会增加，身体的形态结构会得到明显改善。

（二）体育锻炼对心血管系统的作用

体育锻炼对心血管的形态结构和机能都会产生不同程度的影响。在进行体育锻炼时，心脏的工作量增加，心肌的血液代谢过程加强。久经锻炼的运动员心肌纤维增粗，心壁增厚，心脏增大，并以左心室增大最为多见，而且训练水平越高，这种变化越显著。这样不但能使心脏具有更大的收缩力，而且能增加心脏容量，从而使心脏的每搏输出量和每分钟输出量增加。在中老年时期，体育锻炼还可延缓肌纤维的退化过程。

此外，经常参加体育锻炼还会影响血管壁的结构，改变血管在器官内的分布状态，使冠状动脉口径变粗、心肌毛细血管的数量增加。因此体育锻炼是预防心脑血管疾病、保护心脏健康的积极手段。

（三）体育锻炼能够增强呼吸系统的功能

经常参加体育锻炼可使呼吸系统的机能得到改善，这是因为运动可以保持肺组织的弹性，增大胸廓活动范围，使呼吸深度加大，肺活量增加。经常进行体育锻炼的人，其肺的弹性好，呼吸肌的力量大，肺活量比一般人的大。体育锻炼也可以使呼吸系统的通气和换气功能得以增强。健康成年人在静息状态下的呼吸频率为16～20次/分，肺通气量为6～8升，经常锻炼者的呼吸频率仅8～10次/分就可达到同样的肺通气量。在定量工作时，呼吸机能可以表现出节省化现象，即呼吸系统能够较长时间地保持高效率工作，能够适应和满足较大运动负荷对呼吸系统的需求。

（四）体育锻炼对消化系统的积极作用

适宜的体育锻炼对消化系统能产生良好的作用。进行体育锻炼要消耗较多的能量物质，这能够反射性地促进肠胃的消化和吸收；体育锻炼能促使膈肌做较大幅度的升降活动，对肠胃起到按摩的作用，从而增强消化功能。饱食后，适度的活动能使消化腺分泌旺盛，内脏器官供血充足，胃肠蠕动良好；但饱食后不宜进行剧烈运动。

（五）体育锻炼能够提高机体的免疫能力

免疫系统是人体的一套防御体系，其组成包括免疫器官（如胸腺）、免疫细胞（如淋巴细胞——T淋巴细胞、B淋巴细胞、自然杀伤细胞等）和免疫分子（如免疫球蛋白、肿瘤坏死因子等）。适度体育锻炼能增强机体的免疫能力，这是由于体育锻炼能直接刺激机体的免疫系统，免疫系统通过其复杂的识别系统感受运动时机体内环境的变化，从而激发一系列免疫反应，以维持机体内环境的稳定。长期反复适宜的运动负荷刺激，可使机体的免疫状态始终维持在一个较高的水平。研究发现，一次适宜的有氧运动后，体内的白细胞数量显著增加，免疫球蛋白水平也显著提高，这可能与体育锻炼增强机体的免疫能力有关。一般来讲，一次体育锻炼对免疫系统机能的影响是暂时的，只有经常参加体育锻炼，才能对免疫系统产生持久的作用，从而增强机体的免疫能力，预防疾病的发生。

二、体育锻炼与心理健康

（一）改善情绪状态

情绪状态是衡量体育锻炼对心理健康影响的重要指标之一。不良情绪是导致生理和心理不健康的重要因素之一，而体育锻炼能直接给人带来愉快和喜悦，并能缓解紧张和不安，从而调控人的情绪，改善心理健康状况。有些大学生常因学习压力、同学间的竞争、人际关系的复杂及对前程的担忧而持续产生紧张、不安和焦虑。大学生通过参加体育锻炼，特别是自己所喜爱的项目，在与同伴的配合中、在与对手的竞争中、在竞争中赢得胜利后，可以得到美妙的快感和心理上的满足感，产生愉悦的情绪。

（二）促进智力发展

体育锻炼能为智力发展提供良好的物质基础。人脑是人体的“管家”，有思考、记忆等能力。科学的体育锻炼能够为人脑提供充足的营养和氧气供给，有助于大脑功能的开发。因此，经常参加体育锻炼有利于头脑保持清醒、精力充沛，有益于血液循环和神经细胞兴奋与抑制的交替，更有助于感知能力、记忆能力、观察能力、思维能力等智力因素的健康发展。

（三）强化自我概念

自我概念是个体主观上对自己的身体、思想、情感等的总体评价，它是由许多自我认识组成的，如“我是什么人”“我的学习成绩是否优秀”“我喜欢什么”“我不喜欢什么”等。自我概念包括身体表象（指头脑中形成的身体图像）和身体自尊（指个体对自己运动能力及身体外貌、身体抵抗力和健康状态的评价）。身体表象和身体自尊在正常人群中是普遍存在的。一些大学生对自己的身高或体重不甚满意，这种不满意可能会导致其身体自尊降低，并产生不安全感或抑郁症状。研究表明，坚持体育锻炼可使人体格健壮、精力充沛，能有效地改善人的身体表象和身体自尊，使人强化自我概念。

（四）培养意志品质

意志品质指一个人的果断、坚韧、勇敢顽强、主动独立等精神。意志品质既可在克服困难的过程中表现出来，又可在克服困难的过程中培养起来。体育锻炼本身就要求参与者不断克服各种客观困难（如气象条件变差、动作难度加大、外部障碍增多等）和主观困难（如胆怯、畏惧、疲劳、运动损伤等），从而获得成功。在体育锻炼中培养起来的意志品质能够迁移到平时的学习、生活和工作中去。

（五）消除疲劳

疲劳是一种综合症状，包括生理和心理因素。当一个人的情绪低落或任务超负荷时，其生理上和心理上都会产生疲劳。大学生持续紧张的学习极易造成身心疲劳和神经衰弱。大学生通过参加中等强度的体育锻炼，可以提高身体抵抗疲劳的能力，使身心得到放松。

（六）缓解心理疾病

随着社会竞争的日趋激烈和生活压力的增大，有些人容易产生悲观、失望的情绪，进而导致忧郁、焦虑等各种心理障碍的产生。体育锻炼是一种公认的心理疾病治疗方法。美国的一项调查显示，1750名心理医生中，80%的人认为体育锻炼是治疗抑郁症的有效手段之一，60%的人认为应将体育锻炼作为一种治疗方法来消除焦虑症。在大学生群体中，一些人由于学习和其他方面的挫折而患有焦虑性神经症、抑郁症等心理疾病，其通过体育锻炼可以缓解这些心理疾病。

三、体育锻炼与社会适应能力

（一）体育锻炼与人际关系

1. 什么是人际关系

日常生活中的人是单独的个体，许多个体又组成一定的关系网，个体在这个关系网中要相互接触、联系、影响和作用，即进行相互的交往。事实上，在社会生活实践中，个体会形成对其他个体的一种心理倾向及相应的行为，这就是人际关系。

2. 体育锻炼有利于改善人际关系

随着工业化和商品经济的发展，人类日益社会化。当今社会分工越来越细，人们之间的依赖越来越紧密。没有哪一个人可以离开其他人而独自生存下去，人与人之间的联系与交往越来越密切。与此同时，随着现代化的发展，人与人的隔阂和个人的孤独感也在加深。

体育的魅力在于使人们冲破隔阂和消除孤独感，相聚在运动场上，建立起平等、亲密、和谐的关系。体育锻炼不分地位、肤色、贫富、职业和年龄，任何人都可以参加。在进行体育锻炼时，人们能够平等而真诚地为同一目标而奔跑，为同一场比赛而呐喊、兴奋、激动。孤独、分散的人们在运动场上相聚，从而重建人际关系。

在现代社会中，竞争是不可避免的，而人类需要友谊、和谐与和平共处。体育为人类提供了一个脱离困境的办法和重建人际关系的新模式。在体育比赛中，人类的竞争被保留、升华了，同时又被限制和规范了。在体育比赛中，竞争是为了友谊，为了人类共同发展、繁荣，为了健美、幸福、快乐，而不是为了伤害和破坏。因此，参与体育比赛有利于进一步改善人际关系。

（二）体育锻炼与社会参与

1. 什么是社会参与

社会参与指人们对各种社会活动、社会团体的介入。

在社会生活中，人既需要独处的空间，又需要积极地参与社会活动。人与人的交往无疑会增进相互之间的情感交流，使人们产生亲密感，消除误会和隔阂，感到心情愉快、舒畅。

2. 体育锻炼是一种重要的社会参与

体育锻炼是人们实现社会参与的既简单易行，又最有收获的一种形式。体育对人的价值观的培养所发挥的作用是极其重要的。在进行体育锻炼的过程中，人们可培养正确的价值观念。

体育锻炼是一种充满活力的文化活动，向人们灌输着乐观主义精神，鼓励人们要有拼搏精神，要有公平意识和责任感，要有一种渴望提高和成功、获胜、成为最好的自己的愿望，要有争创第一、敢为人先的竞争意识。同时，体育要求人们遵守规则和技术要求，摒弃谎言和虚伪。因此，体育是一种宣传“真理和公平”的良好范例。体育的这种特质贯穿于体育锻炼与比赛活动的全过程，对每个参与者具有极大的促进作用。

（三）体育锻炼与健康的社会行为

1. 什么是社会行为

社会行为指由社会刺激引起的人的行为。社会中普遍存在着人与人之间的相互影响，这一相互影响则是以社会刺激作为媒介的。

人们的行为可以形成习惯，而习惯对健康的影响是十分明显的。良好的行为习惯促进身体健康，有利于激发人们对体育的参与热情；不良的行为习惯降低健康水平，抑制人们对体育的参与热情。

2. 体育锻炼对形成健康社会行为的重要作用

（1）人们在体育锻炼中能学会与人和平相处。

（2）人们在体育锻炼中能感受自由和平等。

（3）人们在体育锻炼中能体会付出与收获。

（4）人们在体育锻炼中能培养崇尚知识、崇尚人才的观念。

第四节　实施终身体育教育

终身体育思想主要来源于终身教育观念和注重个体的文化观念。终身教育的思想已成为很多国家实行教育改革的一个指导方针。体育是终身教育不可缺少的重要组成内容。终身体育着重解决的是学生在校期间的体育教育能否使其终身受益的问题。终身体育的核心在于使体育教育贯穿于人的一生，使学前体育、学校体育、社会体育等教育层次构成终身体育的教育全过程。因此，学校体育是终身体育的基础阶段。

一、高校体育在终身体育教育中的重要作用

高校是培养人才的基地，体育教育是培养人才的基础。合格的人才除了具有高尚的思想道德和渊博的专业知识外，还必须具有健康的体魄。体育可以有效地改善和提高人体的健康状况，而保持身体健康必然要坚持不懈地、经常性地进行体育锻炼。终身体

育行为的形成需要养成体育锻炼的习惯、了解相关的人体知识和掌握一定的健身方法，这些都是高校体育教育的重要内容。可见，高校体育是学生终身体育习惯养成的一个重要、关键的环节。

高校是学生接受教育的重要阵地，其教育内容对学生的影响深远。高校体育应当不失时机地加强对学生主体意识的培养，利用锻炼身体的过程，提高学生独立锻炼身体的能力，强化终身体育观念，使学生掌握锻炼身体的知识与正确方法，使高校成为养成终身体育行为习惯的实际场所。在终身体育的长河中，高校体育特别是体育教学能为学生终身进行体育锻炼做好智能储备，并提高学生的身心素质。可见，高校体育在终身体育教育中具有重要意义。

二、实施终身体育教育的措施

（一）培养终身体育意识

高校体育是学生终身体育的基础，应大力培养学生的终身体育意识。高校体育可通过相关课程使学生意识到终身体育不仅是社会发展的需要，还是个人生存、享受和发展的需要。此外，高校可通过营造学校体育氛围（如开展各种各样的体育讲座、指导学生收听有关体育的广播等），定期开展各种体育活动，培养学生的终身体育意识。

（二）培养终身体育兴趣

培养学生对体育的兴趣对在高校学生中进行终身体育教育十分重要。高校体育教育应注重培养学生的学习创造性和学习主动性，使学生积极主动地体验体育锻炼的乐趣，进而激发学生参与体育锻炼的热情，培养学生对体育的兴趣。学生若有了体育兴趣，并自觉坚持体育锻炼，则对其终身保持体育兴趣极为有利。

（三）培养终身体育习惯

终身体育习惯是经过反复练习形成的、不需要意志努力和监督就能维持锻炼的自动化行为模式。如果人们经过体育实践之后，能形成终身体育锻炼的习惯，那么终极性的体育动机——终身体育动机也就形成了。高校体育应使学生及早养成终身进行体育锻炼的习惯，养成终身体育习惯是奠定学生终身体育基础的关键。

（四）培养终身体育能力

高校体育应重视对学生能力的培养，在体育课中以传授知识和技能为主，以掌握科学锻炼方法、知识为目标，重点加强对学生终身体育能力的开发，使学生今后在各种生活条件下自觉锻炼，真正实现终身体育的长久目标。

（五）加强高校体育与健康教育的结合，提高终身体育的质量

终身体育内容不仅限于体育，还应包含健康教育的思想、理论和方法。高校应加强体育与健康教育的结合，将身体锻炼、运动技能及健康理论融为一体，进行体育健康教学，使学生掌握多方面有关健康、健身的知识与方法，并积极投身于健身活动中，成为身心健康的人，提高学生终身体育的质量。

体育思政课堂

终身进行体育锻炼是提高身体素质的有效方式，有利于学生长久地拥有健康的身体。大学生是国家未来的栋梁，拥有健康的体魄才能更好地投入中国特色社会主义现代化建设之中，为实现中国梦贡献自己的力量。

第二章 营养与健康

第一节 营养对健康的影响

营养就是生命体不断地从外界摄取所需物质以维持生命活动的过程。对于人而言，膳食营养就是人体摄取和消化食物、吸收和利用营养素及排出代谢废物以维持生长发育、组织更新和身体机能处于健康状态的全过程。人的生命必须通过膳食营养来维持。人的生命质量和精神状态与营养有极大的关系。人的智力、体力、运动能力、防病能力、康复能力、生殖能力、寿命、身高、体重等也都与营养有着不可分割的联系。营养素摄入不平衡将引起很多疾病，因此，合理营养和平衡膳食是预防疾病的重要措施。

一、促进生长发育

生长是指有机体细胞的繁殖、增大和细胞间质的增加，表现为全身组织、器官、系统的大小、长短和质量的增加。发育是指身体各组织、器官、系统功能的完善过程。营养是影响生长发育的主要因素。蛋白质是构成人体细胞的主要成分，细胞的繁殖和增大都离不开蛋白质。此外，碳水化合物、脂类、维生素、无机盐、水等营养素对人的生长发育也具有重要作用。近年来，儿童、青少年生长发育水平稳步提高，这主要是因为人们的生活水平显著提高，特别是营养状况得到极大改善。

二、提高智力

幼儿时期是大脑发育的关键时期，这时人体需要足够的营养物质，如蛋白质、二十二碳六烯酸、卵磷脂等。特别是二十二碳六烯酸，如摄入不足，就会影响大脑发育，阻碍大脑智力的开发。

三、促进优生

在影响优生的因素中，营养是一个重要的因素。在怀孕期间，孕妇膳食营养不良，可能会造成胎儿畸形、流产或早产。例如，孕妇膳食中长期缺乏锌，可能会导致胎儿的中枢神经系统畸形；膳食中长期缺乏维生素，可能会导致胎儿的骨骼先天畸形。

四、提高免疫力

免疫是人体的一种自我保护机制。如果免疫力低下，则人体容易受到各种病菌的侵害。营养不良会导致人体免疫系统的反应能力降低。食物中的营养素（如维生素C、维生素E、维生素A等）具有提高人体免疫力的作用。

五、延缓衰老

人的衰老是一种自然现象。如果注意合理膳食，则人们可以达到延缓衰老、健康长寿的目的。例如，根据人体衰老时的生理特点，人们有针对性地补充营养，多吃蔬菜、水果，避免高盐、高脂肪饮食，可有效延缓衰老。

六、预防疾病

居民营养是反映国家经济发展水平、卫生保健水平和人口健康素质的重要指标之一。通过改善膳食营养状况、均衡膳食营养，人们可以达到预防疾病、增进健康的目的。不良膳食习惯导致的营养不足和营养过剩都可能引发疾病。营养不足可引起缺铁性贫血、佝偻病、夜盲症等，营养过剩可引起糖尿病、心脑血管疾病、肥胖症等。相关调查结果表明，高能量、高脂肪膳食和久坐少动的生活习惯与肥胖症、糖尿病、血脂异常的发生密切相关。因此，人们在日常饮食中应注意保持均衡的营养。

第二节　人体与营养素

人体需要不断从外界摄取食物，经过消化、吸收、代谢，利用食物中身体需要的物质（营养学上称为“营养素”）来维持正常的生命活动。世界上没有单纯的一种营养素能满足人体生命活动的全部需要，也没有一种食物能供给我们身体所需的全部营养素。如果营养素摄入不合理，无论营养素缺乏还是过剩，都会对健康不利。大学生应掌握必要的营养知识，提高自己的健康素养。食物主要给人体提供营养素。目前已知人体需要的营养素有40余种，可分成七大类：蛋白质、碳水化合物、脂类、无机盐、维生素、水和膳食纤维。本节介绍各类营养素的功能和摄入量。

一、七大类营养素的功能

（一）蛋白质的功能

蛋白质是由氨基酸组成的一类高分子有机化合物，已知生物体内的各种蛋白质是由20余种基本氨基酸构成的。食物中的氨基酸按其功能可分为必需氨基酸和非必需氨基酸两类。必需氨基酸是人体不能合成或合成速度不能满足人体需要的速度，必须从食物中摄取的氨基酸；非必需氨基酸也为身体所需要，但是可以由人体自身合成。食物中蛋白质的营养价值取决于必需氨基酸的含量及它们之间的比例，如奶制品和蛋类中必需氨基酸的含量高，且各必需氨基酸的比例接近人体蛋白质的组成，所以奶制品和蛋类的营养价值很高。蛋白质在人体内的主要功能如下：① 构成人体成分。蛋白质的质量占人体质量的16%～20%，是肌肉等各组织、器官的重要组成成分；② 合成人体各种生理活性物质，如激素、抗体、酶等；③ 提供热量，1克蛋白质在人体内氧化产生的热量约为17千焦。

（二）碳水化合物的功能

碳水化合物包括单糖（如葡萄糖、果糖）、双糖（如蔗糖、麦芽糖）、多糖（如淀粉、糖原）。碳水化合物在人体内的功能如下：① 提供热量。人体每日所需热量大部分来源于碳水化合物，碳水化合物是人体最容易获得、最经济的热量来源。1克碳水化合物在人体内氧化产生的热量约为17千焦。② 构成机体组织并参与细胞的组成和多种生理活动。③ 节约蛋白质。摄入足够的碳水化合物可以增加肝糖原的储存，减少蛋白质作为能量的消耗。

（三）脂类的功能

脂类分为脂肪和类脂。其中，脂肪由1分子甘油和3分子脂肪酸组成。类脂中除了含有脂肪酸外，还有其他化合物，如胆固醇。在常温下，动物脂肪为固体状态，植物脂肪为液体状态。与蛋白质和碳水化合物相比，脂肪在人体内代谢可产生更多的热量。脂类在人体内的主要功能如下：① 供给热能。1克脂肪在人体内氧化产生的热量约为37千焦。② 构成机体组织。例如，类脂是细胞膜、神经组织的重要组成成分。③

促进脂溶性维生素的吸收，为机体提供必需脂肪酸（人体不能合成，必须从食物中摄取的脂肪酸）。

（四）无机盐的功能

除了蛋白质、碳水化合物、脂类等有机化合物外，人体需要的营养素还有无机盐。成年人每日需要量大于100毫克的元素称为常量元素或宏量元素（如钾、钠、钙、磷、镁、氯、硫等），每日需要量小于100毫克的元素称为微量元素（如铁、锌、碘、硒、氟、铜、钼、锰、铬、镍、钒、锡、硅、钴等）。无机盐种类繁多，功能各异。无机盐在人体内的主要功能如下：① 构成机体成分，如钙、磷等是骨骼、牙齿的重要成分；② 构成身体重要生理活性物质，如碘是合成甲状腺激素的主要成分，铁是合成血红蛋白的主要成分；③ 与生理机能有关，如维持机体内环境的稳定、平衡，与神经肌肉的兴奋和收缩等有关。

（五）维生素的功能

维生素是近百年才被人们陆续发现的一组有机营养素。人体对它们的需要量很少，但其对维持身体健康极为重要。维生素不能在人体内合成，或在人体内合成很少不能满足人体需要，必须从食物中摄取。维生素依其性质分为两大类：① 脂溶性维生素，能在体内储存，但不能随尿液排出，摄入过多可引起中毒；② 水溶性维生素，不能在体内储存，必须持续从食物中摄取，可随尿液排出，摄入过多不会引起中毒。表2-2-1为主要维生素的名称和主要功能。

表 2-2-1 主要维生素的名称和主要功能

主要维生素的名称		主要功能
脂溶性维生素	维生素A	维持正常的暗视觉；维持细胞上皮的正常功能
	维生素D	促进钙、磷的吸收和钙在骨骼中的沉积
	维生素E	保护细胞免受自由基的损害；增强免疫功能，延缓衰老
	维生素K	促进血液凝固
水溶性维生素	维生素B_1	参与机体能量代谢，提高食欲，增强消化功能
	维生素B_2	参与蛋白质代谢
	烟酸	参与体内氧化还原反应；促进消化；维持皮肤和神经的健康
	泛酸	抗应激、抗寒冷、抗感染
	维生素B_6	参与分解蛋白质、脂类和碳水化合物
	叶酸	参与遗传物质和蛋白质的代谢，提高机体免疫力
	维生素B_{12}	促进红细胞的发育和成熟，预防恶性贫血；维护神经系统健康
	维生素C	增强机体对外界环境的抗应激能力和免疫力

（六）水的功能

很多人认为，水是平常之物，尽管对人体很重要，但没什么营养，不属于营养素。殊不知，营养物质就是能为生命活动提供能量、维持人体正常新陈代谢所需的物质。水是人体的重要组成成分，是营养物质的载体，各种代谢废物也会以尿液或汗液的形式排出体外。此外，人体可通过体表水分的蒸发或汗液的分泌来调节体温；水还有润滑作用，如润滑眼球以防止干燥的泪液、滑润关节以减少摩擦的关节滑液的主要成分都是水。由此可见，水是维持人体机能必不可少的营养素之一。

（七）膳食纤维的功能

20世纪70年代以前，人们将食物用酸碱处理后的不溶物称为粗纤维，并认为粗纤维是对人体没有营养作用的非营养成分。经过近几年的研究，人们发现这种粗纤维与人体健康密切相关，将其命名为膳食纤维，称之为“第七大营养素”。1999年，美国谷物化学家协会确定膳食纤维是不能被人体小肠消化、吸收，而在大肠能部分或全部发酵的可食用植物性多糖及其相类似物质的总和，包括纤维素、半纤维素、果胶、树胶、木质素等。可溶性膳食纤维主要来自树胶、果胶、藻胶、豆胶等；不溶性膳食纤维主要来自谷皮、果皮和蔬菜的纤维素、半纤维素、木质素等。膳食纤维在人体内的主要功能如下：① 降低胆固醇水平。膳食纤维可在小肠包裹胆酸，阻断胆酸被小肠吸收回肝脏生成胆固醇，从而降低血液中的胆固醇水平，预防心脑血管疾病。② 预防便秘，减少肠道疾病的发生。膳食纤维有很强的吸水性和膨胀性，可促进肠道蠕动，加速排便，减少致癌物质在肠道内的停留时间，降低直肠癌和痔疮的发生率。③ 预防糖尿病。膳食纤维能在肠道内形成一种黏膜，延缓食物营养素的消化过程，阻隔葡萄糖的吸收，从而降低血糖水平。④ 控制体重，防止肥胖。富含膳食纤维的食物单位质量所含能量低，吸水后体积较大，易使人产生饱腹感，可抑制人的食欲。食用富含膳食纤维的食物还能减少人体对食物中脂肪的吸收，从而减少人体摄入的热量，有利于控制体重，预防肥胖。

二、各类营养素的摄入量

根据《中国居民膳食指南（2022）》、《中国居民膳食营养素参考摄入量（2013版）》和《中国居民膳食纤维摄入白皮书》等对营养素参考摄入量的推荐，18～49岁成年居民膳食营养素参考摄入量见表2-2-2。

表 2-2-2　18 ～ 49 岁成年居民膳食营养素参考摄入量

营养素的名称		参考摄入量
蛋白质		65 克 / 天（成年男性）； 55 克 / 天（成年女性）
脂类		占摄入总热量的 20% ～ 30%
碳水化合物		占摄入总热量的 50% ～ 65%
无机盐	钙	800 毫克 / 天
无机盐	铁	12 毫克 / 天（成年男性）； 12 ～ 20 毫克 / 天（成年女性）
无机盐	钠	1500 毫克 / 天
无机盐	碘	120 微克 / 天
无机盐	锌	12.5 毫克 / 天（成年男性）； 7.5 毫克 / 天（成年女性）
水		1500 ～ 1700 毫升
膳食纤维		25 ～ 30 克 / 天

营养素的名称		参考摄入量
维生素	维生素 A	800 微克 / 天（成年男性）； 700 微克 / 天（成年女性）
维生素	维生素 B_1	1.4 毫克 / 天（成年男性）； 1.2 毫克 / 天（成年女性）
维生素	维生素 B_2	1.4 毫克 / 天（成年男性）； 1.2 毫克 / 天（成年女性）
维生素	烟酸	15 毫克 / 天（成年男性）； 12 毫克 / 天（成年女性）
维生素	泛酸	5.0 毫克 / 天
维生素	维生素 B_6	1.4 毫克 / 天
维生素	叶酸	400 微克 / 天
维生素	维生素 B_{12}	2.4 微克 / 天
维生素	维生素 C	100 毫克 / 天
维生素	维生素 D	10 微克 / 天
维生素	维生素 E	14 毫克 / 天
维生素	维生素 K	80 微克 / 天

第三节　平衡膳食

平衡膳食是指膳食所含的营养素数量充足、种类齐全、比例适当，膳食中的营养素含量与机体的消耗量需要保持平衡。因此，平衡膳食要求每日膳食中的各种营养素都应品种齐全、比例恰当；所提供的热量和各种营养素都要符合身体每天的生理、学习和劳动的需要。

一、膳食平衡的条件

（一）热量平衡

食物供给的热量要与机体消耗的热量保持平衡，以保证人们生活、学习、工作及健身锻炼的需要和保持理想体重。

（二）三大营养素的合理比例

在普通人的膳食中，碳水化合物、蛋白质、脂类占总热量的百分比分别以50%～65%、15%～20%、20%～30%为宜，但可以根据不同的目的加以调整。例如，因瘦弱需要增重时，碳水化合物占总热量的百分比可达到60%以上；减脂增肌者膳食中脂类占总热量的百分比可减少到20%以下。

（三）其他营养素的比例

各种营养素在体内代谢的过程中，既有相互促进作用，又有抑制作用。例如，维生素B_1促进碳水化合物代谢，蛋白质合成、代谢需要维生素B_2，因此，当膳食中的碳水化合物和蛋白质的量增加时，这两种维生素的量也应相应地增加。又如，脂肪过多会影响钙和铁的吸收。因此，营养素唯有保持平衡和适当的比例，才能保证被机体吸收和利用。

二、中国居民平衡膳食宝塔

中国居民平衡膳食宝塔（图2-3-1）是中国营养学会根据中国居民膳食指南并结合中国居民的膳食结构特点设计的。它把平衡膳食的原则转化成各类食物的组成，并以宝塔的形式直观地表现出来，便于人们在日常生活中运用。

平衡膳食宝塔共分为5层，包含了我们每天应吃的主要食物种类。平衡膳食宝塔各层位置和面积不同，反映出各类食物在膳食中的地位和应占的比重不同。平衡膳食宝塔建议的各类食物的摄入量一般是指食物的生重或鲜重，适用于一般健康人。应用时，人们应根据自身的年龄、性别、体形、体力活动强度及季节在平衡膳食宝塔建议的范围内决定具体的摄入量，特别是供能营养素的摄入量。

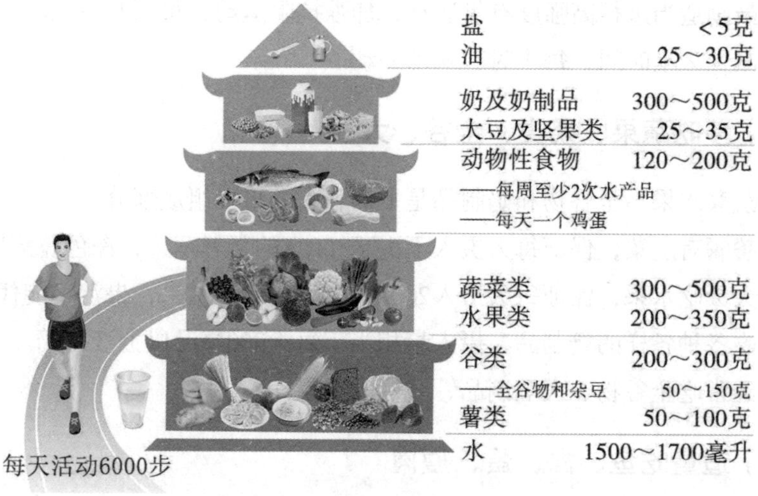

图 2-3-1

（资料来源：中国营养学会官网）

三、一般人群膳食指南

《中国居民膳食指南（2022）》针对一般人群提出了八条核心推荐：食物多样，合理搭配；吃动平衡，健康体重；多吃蔬果、奶类、全谷、大豆；适量吃鱼、禽、蛋、瘦肉；少盐少油，控糖限酒；规律进餐，足量饮水；会烹会选，会看标签；公筷分餐，杜绝浪费。

（一）食物多样，合理搭配

（1）坚持谷类为主的平衡膳食模式。

（2）每天的膳食应包括谷薯类、蔬菜水果、畜禽鱼蛋奶和豆类食物。

（3）平均每天摄入12种以上食物，每周25种以上，合理搭配。

（4）每天摄入谷类食物200～300克，其中包含全谷物和杂豆类50～150克；薯类50～100克。

（二）吃动平衡，健康体重

（1）各年龄段人群都应天天进行身体活动，保持健康体重。

（2）食不过量，保持能量平衡。

（3）坚持日常身体活动，每周至少进行5天中等强度身体活动，累计150分钟以上；主动身体活动最好每天6000步。

（4）鼓励适当进行高强度有氧运动，加强抗阻运动，每周2～3天。

（5）减少久坐时间，每小时起来动一动。

（三）多吃蔬果、奶类、全谷、大豆

（1）蔬菜水果、全谷物和奶制品是平衡膳食的重要组成部分。

（2）餐餐有蔬菜，保证每天摄入不少于300克的新鲜蔬菜，深色蔬菜应占1/2。

（3）天天吃水果，保证每天摄入200～350克的新鲜水果，果汁不能代替鲜果。

（4）吃各种各样的奶制品，摄入量相当于每天300毫升以上液态奶。

（5）经常吃全谷物、大豆制品，适量吃坚果。

（四）适量吃鱼、禽、蛋、瘦肉

（1）鱼、禽、蛋类和瘦肉摄入要适量，平均每天120～200克。

（2）每周最好吃鱼2次或300～500克，蛋类300～350克，畜禽肉300～500克。

（3）少吃深加工肉制品。

（4）鸡蛋营养丰富，吃鸡蛋不弃蛋黄。

（5）优先选择鱼，少吃肥肉、烟熏和腌制肉制品。

（五）少盐少油，控糖限酒

（1）培养清淡饮食习惯，少吃高盐和油炸食品。成年人每天摄入食盐不超过5克，烹调油25～30克。

（2）控制添加糖的摄入量，每天不超过50克，最好控制在25克以下。

（3）反式脂肪酸每天摄入量不超过2克。

（4）不喝或少喝含糖饮料。

（5）儿童青少年、孕妇、乳母以及慢性病患者不应饮酒。成年人如饮酒，一天饮用的酒精量不超过15克。

（六）规律进餐，足量饮水

（1）合理安排一日三餐，定时定量，不漏餐，每天吃早餐。

（2）规律进餐、饮食适度，不暴饮暴食、不偏食挑食、不过度节食。

（3）足量饮水，少量多次。在温和气候条件下，低身体活动水平成年男性每天喝水1700毫升，成年女性每天喝水1500毫升。

（4）推荐喝白水或茶水，少喝或不喝含糖饮料，不用饮料代替白水。

（七）会烹会选，会看标签

（1）在生命的各个阶段都应做好健康膳食规划。
（2）认识食物，选择新鲜的、营养素密度高的食物。
（3）学会阅读食品标签，合理选择预包装食品。
（4）学习烹饪、传承传统饮食，享受食物天然美味。
（5）在外就餐，不忘适量与平衡。

（八）公筷分餐，杜绝浪费

（1）选择新鲜卫生的食物，不食用野生动物。
（2）食物制备生熟分开，熟食二次加热要热透。
（3）讲究卫生，从分餐公筷做起。
（4）珍惜食物，按需备餐，提倡分餐不浪费。
（5）做可持续食物系统发展的践行者。

第四节　营养与运动

一、蛋白质与运动

蛋白质与人体的运动能力有密切的关系。实验证明，在运动训练中，供给必需的蛋白质不仅可预防运动性贫血，还可以提高训练效果。在考虑蛋白质供给量时，机体所需热量必须得以满足。如果热量供给不足，则摄入的蛋白质就不能被有效地利用，甚至不能维持氮平衡，因此只有热量供给充足，才能发挥蛋白质应有的作用。特别要注意的是，随着运动强度的增加，热量消耗增加，人体对蛋白质的需求量增加，人们一定要及时补充蛋白质才能保证机体对运动强度的适应。由于蛋白质分解代谢产物的排泄会增加肝脏和肾脏的负担，因此，蛋白质的补充也要适量。

运动时，体内蛋白质代谢速度加快，特别是进行系统力量训练时，蛋白质的代谢率会增加，蛋白质分解得多了，人们就需要从食物中摄入蛋白质来合成肌肉。因此，肌肉很发达的举重运动员、健美运动员对蛋白质的需求量比普通人几乎多一倍。追求健康的一般人群的肌肉虽不必像健美运动员的肌肉那样发达，但是其要想通过力量训练增肌，也需增加蛋白质的摄入量。

完全蛋白是非常优质的蛋白质，我们在摄取蛋白质时应尽量摄取完全蛋白。目前，植物类食物中大豆所含的蛋白质最接近完全蛋白。平时人们应把植物蛋白和动物蛋白搭配来吃，如豆制品加鸡蛋，就是不错的选择。红肉中的动物蛋白及肌红蛋白都是人体需要的，因此人们应适当补充红肉，以免造成缺铁性贫血。

二、脂类与运动

供氧充足时，脂肪是人体主要的能量来源。长时间的活动，如跑马拉松、越野跑时，体内供氧应充足，脂肪为主要能源物质。当进行长时间运动时，若供氧充足，则脂肪分解可加快，充分动员脂肪供能，这无疑会提高机体的抗疲劳能力。尽管在有氧活动中脂肪供能有很重要的作用，但在有氧活动中没有单独依靠脂肪氧化供能的情况，这是因为脂肪经过氧化生成的乙酰辅酶A必须与糖氧化分解产生的草酰乙酸结合才能进入三羧酸循环，进一步彻底氧化。因此，脂肪的彻底氧化必须依靠糖的氧化分解。另外，脂肪氧化供能的最大输出功率是糖有氧代谢最大输出功率的一半。为了获得较大的输出功率，在有氧条件下，糖和脂肪将同时供能。在供氧不足的短时间内剧烈运动时，为了获得较大的输出功率，脂肪的供能比例减小，而糖的供能比例逐渐增大。

三、碳水化合物与运动

在蛋白质、脂类、碳水化合物三大类营养物质中，碳水化合物最容易被肠道吸收并易于氧化，是高效的供能营养素。它代谢的最终产物是二氧化碳和水，因此碳水化合物的代谢不会增加体液的酸碱度。随着运动强度的增加，参与代谢的碳水化合物的比例会随之增大。碳水化合物分为单糖、寡糖和多糖三大类。葡萄糖是一种单糖，血液中的葡萄糖称为血糖；糖原是一种单糖，肝脏和肌肉中的糖原分别为肝糖原和肌糖原。糖原是葡萄糖在体内的储存形式。肝糖原可以由葡萄糖、半乳糖、果糖等单糖生成，也可由甘油、乳酸和生糖氨基酸等非糖物质生成。它不仅可以氧化以满足肝脏本身活动的需要，还可分解成葡萄糖进入血液，通过血液循环为其他组织供能，因此肝糖原对于维持血糖水平有重要作用。肌糖原只能由葡萄糖合成。当肌肉活动时，肌糖原分解可以产生大量能量，满足肌肉活动需要，但由于肌肉中缺乏葡萄糖-6-磷酸酶，因此，肌糖原不能直接分解成血糖为其他组织供能。

（一）血糖与运动能力

在正常情况下，机体内糖的分解与合成代谢是在动态平衡下进行的，血糖的含量是反映这个平衡的指标。神经系统和红细胞等组织必须靠血糖供能，而在中枢神经系统中糖的储备量极少，因而在长时间运动后，血糖水平降低会导致疲劳的产生，致使运动成绩下降。例如，运动员在参加马拉松比赛到达终点后，由于体内肝糖原几乎耗尽，无法维持正常的血糖水平，会发生眩晕甚至昏迷等现象。因此，锻炼者可在长时间运动后应补充碳水化合物，以提高血糖水平，缓解疲劳。

（二）糖原与运动能力

一般认为，体内糖原的储备和运动耐力呈正相关，糖原储备不足是运动耐力的一种限制因素。在运动过程中，肌糖原含量高可使运动能力降低的速度变慢。在正常的生理条件下，糖原是一个较稳定的成分，多食的糖并不能转变为糖原，而是变成脂肪，反而对运动不利，因而并不能靠增加糖的摄入量来增加糖原储备。

四、维生素与运动

虽然维生素在体内的含量很少，但其对人体的作用却是不可忽视的，它可以促进代谢，调节正常的生理机能。

维生素A可以维持良好的视力，经常射击、射箭等用眼较多的人应多补充。维生素A对皮肤黏膜也有很好的修复作用，经常游泳的人也应多补充。维生素A多存在于动物肝脏及橙黄色的水果、蔬菜中。当然，只有被油烹调过的蔬菜中的维生素A才能被人体吸收。

维生素B族可以有效缓解运动的压力。其中，维生素B_1可提高运动能力和防止过度疲劳。维生素B_2对进行爆发力大的运动的人尤为重要，它的缺乏将直接影响氧化供能系统，使机体在活动中由于得不到充足的能量而产生疲劳感。维生素B族多存在于粗粮中。建议经常运动的人除了多摄入一些富含维生素B_1的食物外，还可以适当补充维生素B_1片。

此外，一些维生素能够直接参与或促进代谢，如维生素C有抗氧化功能，可以防止自由基对人体的伤害，提高组织的吸氧能力，使组织的代谢功能加强，从而增强机体耐力，使机体不易产生疲劳感。运动强度高的人，应注意补充维生素C。维生素C多存在于新鲜的水果、蔬菜中。维生素E具有抗氧化作用，可以增强人体对缺氧的抵抗力，使机体耗氧减少，改善侧支循环，从而偿还运动后的过量氧耗，改善肌肉营养状况，提高机体的抗疲劳能力。

一般人体内的维生素必须从食物中摄取。合理的膳食供应，适当服用维生素片，对提高劳动效率及机体的运动能力，保证机体的健康与活动能力有重要作用。

五、无机盐与运动

钙是构成骨骼和牙齿的主要成分。一般情况下，健康成年人体内含钙的总量约1200克，其中约99%集中于骨骼和牙齿，约1%的钙以游离或结合的离子状态存在于软组织、细胞外液及血液中。心脏的正常搏动，肌肉神经正常兴奋性的维持及兴奋传导都需要钙离子的参与。若血清钙量下降，则可使肌肉神经的兴奋性增高而引起肌肉痉挛。钙还是许多酶的激活剂，如钙能激活肌细胞内的三磷酸腺苷酶，促进肌肉收缩。运动时，钙会随着汗液的排出而被消耗，缺钙容易导致肌肉痉挛。因此，健康成年人每天要补充约800毫克的钙，以保证机体正常的活动。

镁是人体必需的常量元素之一。健康成年人体内镁的含量为20～30克，其中60%～65%存在于骨骼和牙齿中，约27%分布于软组织中。镁主要分布于细胞内，细胞外液中镁的含量不超过人体内镁的总含量的1%。在细胞内，镁集中于线粒体中和许多酶体系中，特别是对与糖代谢及氧化磷酸化有关的酶体系起促进作用。镁有放松神经、保护心脏的作用，也是促进钙被人体吸收和利用的一种元素。因此，人们同时补充镁与钙可取得较好效果。

钾的主要功能为参与糖和蛋白质代谢，维持细胞渗透压，调节酸碱平衡，维持神经肌肉应激性及心脏的正常功能，对预防高血压等慢性疾病具有重要作用。钾对运动后身体的恢复有很大的帮助。在运动后，锻炼者可摄入富含钾的食物，如乳制品、水果、蔬菜、瘦肉等。

氯与钠也是人体内很重要的无机盐。如果运动中大量出汗，那么锻炼者一定要注意补充氯和钠。例如，锻炼者可在剧烈运动后适量补充淡盐水。

磷不仅是骨骼和牙齿的重要构成材料，能促进骨骼和牙齿的钙化，还能保持体内三磷酸腺苷代谢的平衡，参与体内酸碱平衡的调节，参与体内能量代谢。碳水化合物、脂类、蛋白质这三种含热量的营养素在氧化时会释放热量，但这种热量并不是一下子放出来的，这其中磷在能量储存与转移的过程中扮演着重要角色。

铁是血红蛋白的组成部分，与运动耐力有很大的关系。长期进行耐力运动的人，尤其是年轻女性，如果铁的摄入量不足，则很容易造成运动性贫血。铁多存在于动物肉及菠菜中，锻炼者可摄取这类食物，以补充铁，进而提高运动能力。

锌在运动中消耗量较大，锌的摄入量如果不足，则可能会影响运动的表现，尤其是经常参加运动并且节食减肥的人，更容易缺锌。这类人群应注意适量补锌，可食用瘦肉、鱼虾及动物内脏，也可适当补充一些锌剂。

六、水与运动

（一）运动中补充水分的重要性

剧烈的运动使身体大量流汗，体内液体流失，电解质也随汗液流失。例如，锻炼者在夏季进行4个小时的长跑训练平均出汗量可达3000毫升左右。我国马拉松运动员在比赛时总出汗量约为4000毫升，平均占体重的4.9%。若在运动前和运动中不补充水分而运动中又大量出汗，则人体就很容易发生脱水现象。体内缺水的主要表现为尿液和体液减少。大约占体重1%的水分流失会使运动时的体温上升、心率加快。脱水量约占体重2%的为轻度脱水，主要表现为细胞外液减少，身体丧失调节的能力。若没有补充所失去的水分，体温就可能会持续上升，进而导致体力的丧失。脱水量占体重的4%～6%时，肌肉力量及肌肉耐力降低，同时引起热痉挛，使机体长时间活动能力下降20%～30%，也会影响体内无氧代谢的供能过程。脱水对心血管方面的影响是可导致血浆容量下降，血液渗透压升高。低血浆容量则会导致心输出量下降、排尿量减少、体温升高、血液黏稠度增大及中暑危险增加。水分流失占体重的6%以上时，则有严重热痉挛、热衰竭、中暑、昏迷甚至死亡的可能。这些数据说明，排汗提高了散热能力，但水分及电解质的流失应立即得到补充。因此，锻炼者要想防止脱水或降低脱水程度，就应立即补充水分，从而改善运动能力。

（二）运动中补充水分的原则和途径

运动中水分的补充应以保持水分的平衡为原则，调整体内水和电解质平衡的最佳途径是喝水或喝饮料。由于体液是低渗透液，相比之下，运动期间补充水分比补充电解质更重要。在热环境下，正常人不自觉的脱水量为每小时275毫升。长时间进行耐力运动的人在热环境下脱水时间越久，对运动能力的影响就越严重，因此，锻炼者在脱水之前就应补充水分，千万不要等到口渴才喝水。当感觉口渴时，身体已处于脱水状态了。纯水或低渗透压饮料的胃排空速率高于高渗透压的饮料。因此，在热环境下进行剧烈运动时，补充水分的重要性大于补充碳水化合物及电解质。在持续时间短的运动中，锻炼者不必特意补充电解质，原因是运动中补充电解质会提高由运动引起的高渗透程度。因此，在时长为30～60分钟的运动中，水是最经济、实用的补充液体。

第五节 体重控制

人的体重由两个部分组成，即瘦体重与脂肪体重。瘦体重包括肌肉、皮肤、骨骼、器官、体液及其他非脂肪组织。减重的任务应是尽可能地减去多余的脂肪体重，保留瘦体重。影响体重的基本要素是热量摄入量与消耗量。当热量摄入量等于消耗量时，体重基本保持不变，即热量平衡；当热量摄入量大于消耗量时，体重增加，即热量正平衡；当热量摄入量小于消耗量时，体重减轻，即热量负平衡。因此，减重的最终目的主要是减去体内多余的脂肪，并且主要通过变动热量平衡来实现。

目前，专家认为，人们要想减重，一要科学控制饮食，二要加强运动。减重的人既要减少摄入的热量，又要努力消耗体内的热量。近年来，大量的相关研究证明：最佳的减重方法就是体育锻炼与控制饮食相结合。从长远的眼光看，人们要想成功地持久控制体重，避免减重后体重反弹和不利于健康现象的产生，必须养成科学控制饮食和体育锻炼的习惯。消瘦者要想改变现状，体育锻炼也是较好的方法。

一、肥胖的预防与治疗

（一）肥胖的预防

肥胖指因摄入食物的热量大于人体活动需要量，体内脂肪沉积过多的状态。体重指数大于或等于28即为肥胖。肥胖的治疗比较困难。对于肥胖，重点在于预防。因此，人们应当树立肥胖是可以预防和控制的，某些遗传因素也可以通过改变生活方式来改变的正确观念；充分认识肥胖的危害性，杜绝引起肥胖的各种因素；养成良好的行为与生活方式，使体重保持在正常范围内。

1. 知识预防

知识预防的内容如下：接受健康教育，学习有关肥胖的知识；树立健康体重的概念，知晓肥胖的危害和产生肥胖的原因；掌握评价肥胖的方法与标准及控制肥胖的方法。

2. 饮食预防

有肥胖遗传基因者和有肥胖预兆的人要特别把好饮食关。

（1）多补充含有丰富烟酸、维生素B_2、维生素B_6等的食物，促使体内脂肪释放能量。

（2）少吃高脂肪、高热量的食物，少吃味精、胡椒、盐、糖等易刺激食欲的调味品，多吃蔬菜；鼓励摄入低热量、低脂肪、含有适量蛋白质和碳水化合物、富含微量元素和维生素的膳食。

（3）烹调最好多采用蒸、煮、炖、凉拌等方式。

（4）多餐少食，根据自身情况，增加进餐次数，减少每次进餐量。

（5）餐前喝汤；进餐时，细嚼慢咽；正餐的进食时间最好不少于20分钟。

（6）食物的品种要丰富，但每种食物的摄取量不宜过多。

（7）一日三餐要做到科学定量。目前，科学的食量比例为3∶4∶3，即早餐摄入热量占一天摄入总热量的30%，午餐摄入热量占一天摄入总热量的40%，晚餐摄入热量占一天摄入总热量的30%。晚餐宜早，安排在晚上6点左右为好。晚餐过后宜散步，进餐与睡觉最好间隔三四个小时。

（8）避免滥用含有激素的补品。

3. 运动预防

适量的运动有助于预防肥胖。例如，做广播操、打太极拳、跳交谊舞、跳绳、爬山、疾走等，既能消耗脂肪，又可保持肌肉。肥胖者若要减重，无论进行何种运动项目，采取中低强度是关键。这是因为减重不仅是减体重，更重要的是减体脂，而只有长时间、中低强度的运动，才能最大限度地消耗脂肪。减重是一个长期的过程，需要有目的、有计划地进行。没有时间参加运动的人可增加一些日常体力活动，尽量做到每天都活动，如可以用骑自行车或步行代替乘车，以站立代替静坐，以走楼梯代替乘电梯，饭后步行，少看电视等。

4. 生活方式预防

（1）坚持规律作息，不贪睡、不熬夜；积极改善生活方式，包括改变膳食，增加体力活动，矫正过度进食或活动不足的行为和习惯。

（2）注意保持体重，经常测量体重、腰围、臀围。

（3）在日常生活中要注意多活动身体，可增加一些“非锻炼耗能”的小动作。

（二）肥胖的治疗

肥胖治疗的目标是减轻体重，减少各种与肥胖相关的并发症。肥胖治疗的基本方法与措施主要是控制饮食和加强体育锻炼，必要时辅以药物或手术治疗。具体治疗应根据肥胖者个人的情况，制订适合肥胖者本人的治疗方案。

1. 控制饮食

控制饮食主要是通过调整膳食结构、改变饮食习惯和控制总进食量，使热量摄入减少。控制饮食应避免吃过多油腻食物和零食，少吃高糖点心和盐；控制食欲，吃七分饱即可，减少加餐次数，不暴饮暴食；进食应有规律，每日三餐应合理安排，不要一餐过饱，也不要不按时进餐或不吃；尽量少饮用含糖的饮料，养成每日饮用白开水或矿泉水的习惯。

在选择减重膳食时，减重者应选择低热量、低脂肪的食物，减少脂肪和碳水化合物的摄入，避免摄入高糖类食物，同时注意选择一些体积较大而热量相对较小的食物，如蔬菜和水果。这类食物不仅富含人体必需的维生素和无机盐，还容易使人产生饱腹感而不致摄入过多的食物。此外，减重者还可选择一些含优质蛋白质的食物（如瘦肉、鱼、豆类等）。优质蛋白质含有较多必需氨基酸，可与植物蛋白质的氨基酸起互补作用，提高植物蛋白质的营养价值，防止因减重而导致肌肉中的蛋白质不足。总的说来，减重者应做到在营养素平衡的基础上减少每日摄入的总热量，使膳食的摄入既能满足人体对营养素的需要，又能使热量的摄入量低于机体的消耗量，让身体的一部分脂肪氧化以满足机体的能量消耗。

值得指出的是，减重者往往会陷入一个误区，即认为控制饮食就是单纯地限制谷类主食的量，因此就不吃或少食谷类主食。这种观点和做法是不可取的，因为谷类中的淀粉是复合碳水化合物，有维持血糖水平的作用，可减缓进食后血糖升高的速度，也可避免出现低血糖。因此，减重者在减少总的食物摄取量时，可相应地减少谷类主食的摄入量，但不要减少谷类食物占食物总量的比例。

减重者应依据个人情况，制订科学合理的饮食方案，使摄入的热量达到一定程度的负平衡。饮食方案的主要内容包括以下几点。

（1）确定每日热量的参考摄入量。

在限制和减少热量摄入之前，减重者首先要确定自身每天的热量需要量。

（2）根据减重的目标控制热量的摄入量。

0.5千克人体脂肪大约含有14700千焦的热量，由此可知必须消耗大约14700千焦的热量（氧化或燃烧），才能减去0.5千克储存在人体内的脂肪。减重者如果采用控制每日热量摄入量的减重方法，就应每天减少2100千焦的热量摄入，这样才能达到一周减重0.5千克的目标。相应地，减重者如果每天从食物中多摄入2100千焦的热量，就会使体重在一周内增加0.5千克。例如，一个体重70千克的25岁的年轻人，他的日常活动是轻松的办公室工作，不参加任何的体育活动，这样，他每日所需的热量大约是10080千焦。他如果想每周减0.5千克体重，则应将每日热量摄入量控制在7980千焦左右。

（3）确定食物比例及用量。

人体的热量来源是食物中的碳水化合物、脂类和蛋白质。每克碳水化合物和蛋白质分别可产生约17千焦热量，每克脂肪可产生约38千焦热量。这三类营养素普遍存在于各种食物中。在膳食中选择合适的食物比例及用量对减重者来说尤为重要。

（4）饮食控制的注意事项。

① 合理分配供能营养素的热量比例。

节食减重者由于限制了热量的摄入，要保证必需的营养素供给，这样才能保证人体正常的生理功能。在减重的过程中，三大营养素的分配比例是至关重要的。正常平衡膳食的三大营养素分配比例是蛋白质占总热量的15%～20%，脂肪占总热量的20%～30%，碳水化合物占总热量的50%～65%；用于治疗肥胖的膳食的三大营养素分配原则应是提高蛋白质占总热量的比例，降低脂肪占总热量的比例。在蛋白质的选择中，动物性蛋白质质量可占总蛋白质质量的50%左右。烹调油则应选择橄榄油、茶油、葵花籽油、玉米油、花生油、豆油等。

② 保证维生素和无机盐的供给。

由于摄入的热量受到限制，减重者在减重时，常会出现维生素和无机盐摄入不足的问题。减重者易缺乏的维生素主要有维生素B_1、维生素B_2、烟酸等，易缺乏的无机盐有钙、铁等。为了防止维生素和无机盐缺乏病，减重者必须注意合理的食物选择和搭配。新鲜蔬菜和水果、豆类、动物内脏（如肝脏）、牛奶等是维生素和无机盐的主要来源。另外，减重者可在医生的指导下，适当服用多种维生素和无机盐制剂。

③ 增加膳食纤维的供给。

肥胖者常有便秘的问题，适当增加膳食纤维的摄入量，不仅有助于缓解便秘，还可以减少脂肪和糖的吸收。因此，肥胖者应食用富含膳食纤维的食物，最好能保证每天摄入30克左右的膳食纤维，这相当于500克绿叶蔬菜和100克粗杂粮中含的膳食纤维量。

④ 戒酒。

在减重时，肥胖者最好不要饮酒。酒类的主要成分为乙醇，其不含其他营养素，1克乙醇可提供30千焦的能量。因此，饮酒常常会导致摄入的热量过多，进而导致减肥失败。

⑤ 改变膳食习惯和行为。

纠正不良的膳食习惯是减重成功的关键。要想减重成功，肥胖者必须改变一些常见的不良膳食习惯，如不吃早餐，午餐和晚餐进食过量，爱吃零食、甜食，进餐速度过快，等等。

2. 加强体育锻炼

体育锻炼可以提高人体的基础代谢率。合理的体育锻炼不仅能增加热量消耗，还能增进心肺系统健康，减少肥胖并发症。若减重者能在减重后继续保持规律性体育锻炼，则体重就不容易反弹。

二、消瘦的预防和治疗

对于消瘦的人来说，增肥是很有必要的。增肥不只是适当地增加机体的皮下脂肪，主要在于使体魄更加强健，即不仅要纠正“瘦”，还要纠正“弱”。体育锻炼是实现这一目的的有效途径。在体育锻炼的过程中要注意以下几点。

（一）合理安排运动量

运动量的安排是科学锻炼的重要环节之一。实践证明，消瘦者应以中等强度运动量（心率为130～160次/分）的有氧锻炼为宜，器械重量以中等负荷（最大肌力的50%～80%）为佳。在时间安排方面，消瘦者可每周练3次（隔天1次），每次1～1.5小时。每次练8～10个动作，每个动作做3～4组。做法是快收缩、稍停顿、慢伸展。连续做一组动作的时间为60秒左右，组间间歇20～60秒，每个动作间歇1～2分钟。一般情况下，每组动作应能连续完成8～15次。

（二）打好基础

消瘦者在初级阶段（开始锻炼后的2～3个月）最好由专业人士指导练习，以便正确、系统地掌握动作技术，全面提高身体素质。消瘦者特别要注意肌肉力量和肌肉耐力的锻炼，以逐步提高机体的适应能力，为以后锻炼打下良好的基础。

（三）有重点和针对性地训练

消瘦者经过2～3个月锻炼后，体力会明显增强，精力也会比以前充沛。消瘦者应重点锻炼大肌肉群，如胸大肌、三角肌、肱二头肌、肱三头肌、背阔肌、臀大肌、股四头肌等肌肉，要随时调整运动量。另外，对于同一个部位的肌群，消瘦者可采用不同的动作、不同的器械进行锻炼。一般情况下，练习动作一个半月到两个月变换一次。此外，锻炼时精神（意念）要集中于所练部位，切忌谈笑、听音乐等。这样，再坚持半年到一年，体形就会发生显著的变化。

（四）少进行耐力项目

消瘦者进行健美锻炼时，最好少进行耐力项目，如长跑、踢足球、打篮球等。因为这些运动消耗热量较多，不利于肌肉的增长，而且消瘦者会越练越瘦。

（五）合理膳食

只有摄入的热量大于消耗的热量，人才会变胖。因此，消瘦者的膳食一定要合理，消瘦者不可偏食。平时消瘦者除了食用富含动物性蛋白质的肉、蛋等以外，还要适当多吃一些豆制品及百合、蔬菜、瓜果等。只有饮食营养全面，有利于消化吸收，再加上适当的健美锻炼，消瘦者才能逐渐变得健壮起来。

（六）坚定信心，持之以恒

消瘦者要想由瘦变胖，由弱到壮，不是一两天、一两个月能实现的。急于求成是不可取的。消瘦者因锻炼方法不对、效果不明显而丧失信心也不行。消瘦者只有坚定胜利的信心，做好吃苦的准备，以积极的情绪进行科学、有计划、坚持不懈的锻炼，才能获得最后成功。

体育思政课堂

通过了解营养与健康的相关知识，运用营养学知识为运动训练及比赛或体育锻炼服务，学生不仅可以强化营养意识，还可以提高自身健康水平，促进健全人格的形成，为适应以后的学习和工作打下良好的基础。

第三章 科学进行体育锻炼

第一节 体育锻炼的基本原则

体育锻炼的原则是身体锻炼基本规律的反映，也是锻炼者安排锻炼计划、选择锻炼内容、运用锻炼方法所要遵循的原则。为了达到体育锻炼的目的，提高锻炼的效果，在锻炼中我们应遵循以下五条基本原则。

一、自觉积极性原则

自觉积极性原则要求锻炼者在锻炼时首先要有明确的健身目标，懂得“生命在于运动”的道理，树立锻炼有益于学习、工作和生活的信念，把个人的切身需要，体育锻炼的功效与国民体质、人口质量及国家的兴旺发达结合起来，这样才能更好地激发自己锻炼的热情。在这个基础上，锻炼者还应科学地选择适宜的体育锻炼的内容和方法，安排适宜的运动负荷，使自己在进行体育锻炼之后获得一种精神上的满足，感到有乐趣、心情舒畅。人们进行感到有趣味的体育活动时，就会对这项体育活动表现出极大的主动性和自觉性，从而更积极地参与其中。总之，体育锻炼的效果、信心、兴趣三者是相辅相成的，三者密切结合有助于锻炼者自觉积极地进行体育锻炼。

锻炼者定期检测锻炼效果，可以使自己看到锻炼的结果和进步，有助于增强自信心，不断提高自觉锻炼的积极性。

二、从实际出发原则

从实际出发原则是指锻炼者根据体育锻炼的目的、内容、方法及自身条件，选择适宜的运动负荷的原则。

运动负荷由负荷量和负荷强度组成。负荷量可以通过练习动作的次数、组数、时间、距离、负荷重量等特征表现出来；负荷强度可以通过练习动作的速度和难度、练习的密度、练习间歇时间、单次负重、投掷的距离、跳跃的高度和长度等表现出来。锻炼者要合理安排负荷量和负荷强度。负荷强度大，负荷量就要相应地减小；负荷强度小，负荷量可以相应地加大。运动负荷要适量，以练习者能够承受并感到一定的疲劳为限。

三、持之以恒原则

锻炼效应具有不稳定性，当锻炼的系统性和连续性遭到破坏而体育锻炼出现间断或停顿时，已获得的锻炼效应（机能水平的提高、运动素质的发展、运动技能的形成与巩固等）就会逐渐消退甚至完全丧失，使体质逐渐下降。贯彻持之以恒原则，应注意以下两点。

（一）安排合理的锻炼间隔时间

锻炼间隔时间太长，锻炼效应就不明显，因此每次的锻炼间隔安排要合理。显然，锻炼者在进行体育锻炼时要有长期计划、短期安排，根据身体适应运动负荷的能力合理安排锻炼间隔时间。

（二）锻炼要有恒心

坚持锻炼可使体育锻炼的健身、益心之效凸显出来，使人逐渐对体育锻炼产生兴趣，感到身心愉悦，从而养成经常锻炼的习惯。

四、循序渐进原则

循序渐进原则是指锻炼者必须根据人体身心发展规律和个人的实际情况，合理安排运动负荷，在渐进的基础上提高锻炼水平。进行体育锻炼不能急于求成。坚持循序渐进原则，应注意以下两点。

（一）选择合理的锻炼内容

锻炼者应根据自己的身体状况合理选择锻炼内容，体质不同，锻炼内容的选择也不同。体质较好的人，可选择比较剧烈的运动项目，如足球、篮球等对抗性较强的运动项目；体质较弱的人，开始锻炼时可选择比较缓和的运动项目，如慢跑、徒手操、武术、乒乓球运动等；患慢性疾病的人，可选择保健体育运动项目，如太极拳、散步等。当体质逐渐变好时，锻炼内容也可逐步由缓和运动变为较剧烈的运动。

（二）运动量逐步加大

机体对运动量的承受有一个缓慢的适应过程。锻炼时，运动量要由小到大，逐步增加。开始锻炼时，运动时间要短，运动量不要过大，待机体适应后再逐步延长运动时间，增大运动量。如果运动量长期停留在一个水平上，机体的反应就会越来越小。机体机能是按照刺激—适应—再刺激—再适应的规律有节奏地提高的，运动量也应根据这种规律来安排。锻炼者病愈后或中断锻炼后恢复锻炼，更要注意循序渐进，以免发生意外。

五、全面锻炼原则

全面锻炼原则是指体育锻炼应全面发展身体的各个部位和各个器官的机能，提高身体素质和基本活动能力，从而达到身心全面和谐发展。

人体是在大脑皮质调节下的有机统一的整体。人体各部位、各器官系统的机能，各种身体素质和基本活动能力之间是相互联系、相互制约的。身体素质是人体在运动过程中所表现出来的力量素质、速度素质、耐力素质、柔韧素质和灵敏素质等，它们是通过肌肉活动表现出来的，但同时也反映了内脏器官的机能、肌肉工作时的供能情况及运动器官与内脏器官的配合协调状况。

对于处于生长发育关键时期的青少年来说，全面发展尤为重要。各个运动项目对身体发展都有独特的锻炼作用。例如，长跑有益于发展心血管系统和呼吸系统，加强中枢神经系统的调节功能。锻炼者可结合自己的兴趣爱好选择一两个项目作为每天必练的主要项目，同时加强其他项目的锻炼以弥补主项的不足。在锻炼的过程中，锻炼者还应注意心理素质的发展，如群体意识、个性的发展等。

第二节　体育锻炼的方法与内容选择

一、体育锻炼的方法

在进行体育锻炼时，我们不仅要遵循体育锻炼的基本原则，还应掌握正确的锻炼方法，以达到锻炼的目的。

（一）重复锻炼法

在体育锻炼的过程中，用重复同一练习，两次练习间安排相对充分的间歇时间，从而增加负荷的锻炼方法叫作重复锻炼法。此方法的关键是一次练习完毕后，间歇时间应当充足，这样可有效地提高锻炼者的混合代谢能力，提高各种技术应用的熟练性与机体的耐久性。

重复锻炼是为追求必要的负荷而反复做动作的过程。这个过程的重点是运动负荷，而不在于改正动作错误。因此，运用重复锻炼法的关键是掌握好运动负荷的有效价值阈，并据此调节重复次数。在重复锻炼中，负荷量的控制和重复方法的选择，应视实际情况而定。通常认为，普通大学生的负荷心率为130～170次/分是较适宜的，若心率低于130次/分则健身效果不大，应增加重复次数；若心率超过170次/分则需减少重复次数，或安排足够的间歇时间。

在运用重复锻炼法进行体育锻炼时，锻炼者还要注意根据锻炼项目的不同特点和自身体质状况，随时调整锻炼方法，以免造成锻炼过程机械、呆板，从而产生厌倦情绪。

（二）间歇锻炼法

在体育锻炼的过程中，对多次锻炼时的间歇时间做出严格规定，使机体处于不完全恢复状态下，反复进行锻炼的方法叫作间歇锻炼法。该方法的关键是严格控制间歇时间，使机体处于不完全恢复状态，但每次练习的负荷时间较长、负荷强度适中。此方法可使锻炼者的心脏功能得到明显增强，通过调节负荷强度，可使机体各项机能产生与锻炼项目相匹配的适应性变化，并提高机体有氧代谢供能能力，进而增强体质。

同重复锻炼法一样，间歇锻炼法的间歇时间也要依据负荷的有效价值阈去调节。一般说来，当负荷反应（心率）指标低于有效价值阈时，间歇时间应缩短；而当负荷反应（心率）指标高于有效价值阈时，间歇时间应延长。在实践中，当心率在130次/分左右时，锻炼者就应再次开始锻炼。间歇时，锻炼者不要静止不动，而应边活动边休息，如慢走、放松手脚、伸伸腰或进行深而慢的呼吸等。因为轻微活动可使肌肉对血管起到按摩作用，帮助血液回流和排出代谢所产生的废物。

总之，适当的间歇能够把负荷反应调节到负荷有效价值阈，以收到良好的锻炼效果。

（三）连续锻炼法

在体育锻炼的过程中，为了保持有价值的运动负荷而不间断地连续进行运动的方法叫作连续锻炼法。此方法要求负荷强度较低、负荷时间较长、无间断地进行运动。连续、间歇、重复都是在整个锻炼过程中实现的。连续、间歇、重复等因素各有其特有的作用。其中，连续的作用在于，使运动负荷维持在一定的水平上，使身体得到充分的运动。

连续锻炼时间的长短同样要根据负荷有效价值阈而确定。通常在140次/分左右心率下连续锻炼20～30分钟可使机体的各个部位获得充分的血液和氧的供应，有效地提高有氧代谢能力，发展耐力素质。在实践中，使用连续锻炼法的运动项目主要是比较简单并已为锻炼者所熟悉的跑步、游泳、跳舞等。

（四）循环锻炼法

循环锻炼法由几个不同的练习点（或称作业站）组成，锻炼者按照既定顺序和路线，依次完成每个练习点的任务，即一个练习点上的练习一经完成，锻炼者就迅速转移到下一个练习点，后面的锻炼者依次跟上，直到完成所有练习点上的练习，才算完成一次循环。其结构因素包括每个练习点的练习内容、每个练习点的运动负荷、练习点的顺序安排、练习点之间的间歇、每次循环之间的间歇、练习的点数与循环练习的组数。

循环锻炼法对技术的要求不高，且各项目的运动负荷都较小，因此练起来简单有趣，可有效地提高不同层次和不同水平的锻炼者的运动情绪与积极性；可以合理地增大锻炼过程的练习密度；可以随时根据具体情况加以调整，做到区别对待；可以防止局部负担过重，延缓疲劳的产生；可以交替刺激身体不同部位，有利于综合锻炼，从而收到全面发展的效果。

循环锻炼法的关键是要按照全面性原则去搭配项目。锻炼者可根据已有的经验，选择6～12个已被自己掌握的简单易行的项目。搭配时，注意上肢动作与下肢动作、剧烈的跑跳动作与静力憋气动作之间应合理交替。在体育锻炼中，锻炼者可根据锻炼项目安排循环练习的各练习点，还可分队比赛，增加竞争性，以提高锻炼兴趣。

（五）变换锻炼法

通过不断变换运动负荷、锻炼内容、锻炼形式及锻炼条件，以提高锻炼者的积极性、适应性及应变能力的方法叫作变换锻炼法。此方法可以有效地调节生理负荷，提高兴奋性，强化锻炼意识，使锻炼者克服疲劳和厌倦情绪，以达到提高锻炼效果的目的。

在刚参加锻炼时，锻炼者可多做诱导性练习和辅助性练习。随着锻炼水平的提高，锻炼者应加大锻炼的难度，如用越野跑代替在田径场的长跑等。锻炼条件的变化可对锻炼者的大脑皮质产生新异的刺激，提高兴奋性，激发锻炼兴趣，从而提高机体对负荷的承受能力，增强锻炼效果。另外，不断地对锻炼的内容、时间、动作速率等提出新的要求，可有效地调节生理负荷，使机体不断产生适应性变化，达到更好地锻炼身体的目的。

（六）负重锻炼法

负重锻炼法是锻炼者使用杠铃、哑铃、沙袋等重物进行身体运动以锻炼身体、增强体质的锻炼方法。负重锻炼法既适用于普通人为增强体质而进行的锻炼，又适用于各项目运动员为提高运动成绩而进行的身体训练，还适用于患者为恢复健康而进行的康复训练。

在采用负重锻炼法进行体育锻炼时，锻炼者应该采用最大摄氧量和最大心输出量以下的负荷。因为过大的负荷可能会给心血管系统和呼吸系统带来不良的影响。为了保证这种锻炼方法对身体的良好作用，锻炼者可在负荷有效价值阈内多次重复或连续进行。

二、体育锻炼内容的选择

锻炼者选择锻炼内容时应从自身的年龄、性别、身体健康状况、职业特点、所处地域的特点等实际情况出发，体现科学锻炼的实效性和安全性。

（一）根据年龄选择锻炼内容

所处年龄阶段不同，人体的机能就不同。中老年时期，人体各系统、器官逐渐老化，运动器官机能减弱，关节的灵活性和韧带的柔韧性变差。处于这个阶段的人不宜完成幅度过大、用力过猛的动作，可选择一些相对平稳的运动项目（如健步走、慢跑、太极拳等），以避免运动损伤的发生。青壮年时期，人体各系统、器官的功能均达到高峰，运动适应性强，能承受较高的练习强度。处于这个阶段的人可选择一些对抗性强、活动较剧烈的运动项目（如球类运动、爬山等），以增加参加体育锻炼的兴趣。青少年时期，人体正处于生长发育阶段，促进身体的全面发展是锻炼的首要目的。少儿的骨骼硬度小、韧性大，因此少儿不宜进行负重练习；其心肺功能不够完善，也不要进行过于剧烈的运动，少进行屏气性动作练习和静力性练习。

（二）根据性别选择锻炼内容

男女身体结构有着明显的差异。男性肌肉发达，其肌肉质量占其体重的比例大于女性，故相对而言，男性能承受的运动负荷要比女性大，适宜进行力量类项目、速度类项目等的练习，女性则适宜进行平衡类项目、柔韧类项目等的练习。因此，男性可选择举重、拳击等运动项目，女性可选择健美操、体育舞蹈、瑜伽等运动项目。

（三）根据身体健康状况选择锻炼内容

锻炼者的身体健康状况是其选取锻炼内容的主要依据之一。锻炼前，锻炼者应先通过体质监测、医学诊断、病史调查等方法来了解自己的身体健康状况，之后再有针对性地选择适合自己的运动项目。例如，对于进行康复体育锻炼的人来说，运动负荷不宜过大，其锻炼的主要目的是恢复身体机能，或者使身体机能不致过分下降；有慢性疾病的人要有针对性地选择适合自己的运动项目；肥胖或超重者可选择长跑、长距离游泳、健美操等运动，或者按专门的运动处方进行锻炼，以达到减重的目的；偏瘦者可选择力量训练、冲刺跑等项目，同时增加蛋白质的摄入量，使身体变得健壮。

（四）根据职业特点选择锻炼内容

社会分工不同，不同职业者的职业性质差别较大。因此，锻炼者要根据自己的职业特点选择相应的锻炼内容。例如，脑力劳动者在工作时经常保持伏案的姿势，易导致颈部前倾，脑供血受阻，颈部、背部、腰部肌肉酸痛；经常低头含胸，易导致呼吸系统机能降低、体力下降等。针对这些特点，脑力劳动者应以动作舒展的户外运动为主。职业特点不同，锻炼者的锻炼内容也不同，其锻炼内容应具有针对性，主要原则如下：对于劳动中负担较重的部位和肌群，锻炼者在锻炼时，应以舒展和放松练习为主；对于劳动中负担较轻或基本无负担的部位和肌群，锻炼者在锻炼时，可适当提高该部位和肌群的运动强度；锻炼者还应注重身体各部位和身心的协调发展。

（五）根据所处地域的特点选择锻炼内容

我国幅员辽阔，不同地域有不同的地形、不同的民族、不同的气候条件。锻炼者在锻炼时要因地制宜，从各地的实际情况出发，有针对性地选择锻炼内容。例如，生活在山地较多的地区的人们，可以将爬山作为一种锻炼内容；少数民族人民可以选择本民族特色运动作为锻炼内容；生活在北方地区的人们，可选择滑冰、滑雪等运动项目。

第三节　运动处方

一、运动处方概述

运动处方类似于医生给病人开的医药处方，是针对锻炼者的年龄、性别、健康状况、运动经历等情况，用处方的形式规定的适当的运动内容、运动频率、运动时间和运动负荷。运动处方应因人而异，对“症”下“药”，这样才可以更好地达到健身和防治疾病的目的。

（一）制订运动处方的原则

（1）根据自身的体态、机能和身体素质现状，确定锻炼的内容。

（2）根据运动技术掌握的水平和体育课成绩，确定锻炼的内容。

（3）根据个人兴趣爱好，确定锻炼的内容。

（4）根据学习和生活的规律，确定锻炼的时间。

（5）根据人体生理机能活动规律，合理安排运动负荷。

（二）运动处方的内容

（1）运动目的：健身、康复或提高体能。

（2）运动种类的选择：有氧运动（如健身走与跑、游泳、球类运动、健美操、社区健身舞等）、伸展运动与保健操（如太极拳、太极剑、交谊舞等）、力量运动（如各种中等强度的力量训练）。

（3）运动强度：一般通过控制运动强度来调控运动量，而运动强度又可以通过心率换算出来。锻炼后心率的控制应与锻炼后的主观感觉相联系。

运动心率异常可能是身体不适的信号，说明上次训练后体力未完全恢复，或机体处于脱水状态，或者是患有未发现的疾病。

（4）运动时间：根据运动目的而定。每次进行20～60分钟的有氧运动比较合适。

（5）运动频率：依据运动目的的不同而不同。力量性练习一般每周进行3～4次最合适。

（6）注意事项及微调整：避免禁忌的运动项目和某些危险动作；注意运动中的自

我观察指标，当自我观察指标出现异常时应停止运动；每次运动前要做充分的准备活动，运动后一定要做整理活动。

二、常见的运动处方

（一）神经衰弱

【主要症状】头晕、失眠、多梦、精神不振、注意力分散、记忆力减退、情绪不稳，有些人还会出现多汗、耳鸣、心慌等。

【原因】精神负担过重、生活作息不规律、过度紧张和疲劳都容易导致神经衰弱，同时神经衰弱也与个人性格、精神状态等内在因素有一定的联系。一般来讲，缺乏体育锻炼或体力劳动的人易患此病。

【运动处方】根据患者不同的症状而有所差别，如精神萎靡不振的患者可进行比较生动活泼的游戏性或竞赛性的身体活动；身体健康、性格开朗的患者可参加球类运动，但要注意控制运动负荷。一般来讲，以中等负荷为宜，不要过度疲劳。

（二）关节炎

【主要症状】关节红肿疼痛，有时体温增高，严重的可出现关节变形、强直或脱位等症状。

【原因】关节炎的种类有很多，引起的原因也不一样，有风湿病引起的风湿性关节炎，有外伤引起的创伤性关节炎，也有原因不明的类风湿性关节炎。

【运动处方】主要做用于关节炎康复的活动，可分为被动活动与主动活动两类。被动活动主要用于关节炎的急性期或亚急性期，目的是防止关节畸形和关节强直，主要做关节的屈伸运动，动作幅度不能大，动作要缓和。主动活动的目的是增强肌肉力量，改善肌肉和关节的营养代谢，恢复关节的活动范围，内容以医疗体操为主，练习时先从健康关节开始，逐渐引向病患关节。除了医疗体操外，配合按摩和在温水中进行关节活动，效果更好。

（三）腰肌劳损

【主要症状】腰部疼痛反复发作。

【原因】多数是由长期进行体位固定的工作造成的。

【运动处方】主要做一些有针对性的体操。例如，取仰卧位，两腿屈膝，腹部收紧，两手抱膝，使腰背贴床，臀部高抬；左右脚交替举起，动作稍快而轻松，以不引起疼痛为适度；叉腰站立，交替向左右侧转体；分腿站立，上体前屈，动作幅度要尽量大；并腿站立，两手扶腰部做腰部旋转运动。

（四）近视眼

【主要症状】远距离视物模糊而近距离视物较为清楚。

【原因】看书、看电视或电脑时间过长且距离过近是造成近视眼的主要原因。学习环境欠佳，看书、写字时光线不足，课桌高度不符合学生身体发育情况；学习负担过重，用眼时间过长，精神紧张；不注意用眼卫生，有躺着看书、乘车看书或行车看书的不良习惯。另外，遗传因素也会导致近视眼。

【运动处方】应积极参加各种体育锻炼，如打乒乓球。适当增加户外运动的机会，一般建议每天户外阳光下的活动不低于2小时，做到劳逸结合。可采取专门的体育疗法，如每天做2～3次的眼睛保健操，每学习1个小时就进行一次眼部按摩等。

（五）胃溃疡和十二指肠溃疡

【主要症状】胃溃疡的主要症状为胃部疼痛、食欲不振、餐后腹胀或胃部不适、体重减轻等。十二指肠溃疡的主要症状为空腹时上腹痛，腹部可有局限、固定的压痛点。

【原因】胃溃疡和十二指肠溃疡与大脑皮质中形成的持续性的病理性兴奋灶有关。该兴奋灶使胃或十二指肠局部血管痉挛，黏膜的抵抗力减退，同时胃酸分泌过多，侵蚀胃肠壁而形成溃疡。

【运动处方】健身气功、太极拳是治疗胃溃疡和十二指肠溃疡重要的体育疗法。练习健身气功时，每次练习30分钟，时间逐渐增加至1小时，每天1或2次。在练习健身气功的同时，还要进行太极拳练习，每天2次，做到动静结合、意气相随，这样才能收效。

（六）慢性支气管炎

【主要症状】长期反复咳嗽，多痰，冬季加剧，久病严重者可以发展为肺气肿。除了上述症状外，还伴有胸闷、气短等症状。

【原因】多由经常患伤风感冒，或长期吸入有刺激性的灰尘和气体，或大量吸烟等引起。

【运动处方】症状轻者可进行一般性的体育活动，如慢跑、打羽毛球、打太极拳和做一些简易体操等；症状重者以做呼吸体操为主，多在户外散步。活动时，呼吸动作为鼻吸气、口呼气，多练腹式呼吸。为了加强呼气，可按一定的节拍延长呼气时间，呼气时主动收缩腹壁，可做弯腰呼吸或压腹呼吸。每天可做专门性呼吸体操1～3次，每次5～10分钟，最好与一般健身活动配合进行。另外，可练习健身气功，它对改善气急症状和膈肌活动有良好作用。

（七）肥胖症

【主要症状】体内脂肪过度蓄积和体重超重。

【原因】部分肥胖症是由遗传因素导致的，但绝大部分肥胖是热量失衡造成的，即摄入热量大于人体消耗的热量，造成营养过剩，多余热量转换成脂肪储存在人体内。

【运动处方】减重最有效的措施是运动，增加热量的消耗，其次是进行适当的饮食控制。最有效的运动方式就是持之以恒地进行有氧运动——长时间、中等负荷（心率在120～130次/分，时间30～40分钟），每周4～5次。运动项目有长跑、游泳、瑜伽等。

体育思政课堂

科学体育锻炼不仅是一种增进学生健康的手段，还可以丰富学生的生活，促进学生德智体美劳全面发展，使学生不断完善自我，成为合格的“社会人”，为中国特色社会主义现代化建设做贡献。

第四章　健康体适能

第一节　健康体适能概述

体适能的概念源自美国体育界的健康体适能教育计划，发展至今已经成为一种评价身体健康的标准。体适能可视为人体对生活、活动和环境的综合适应能力，是一种满足人们生活需要和使人们有足够的能量完成各种活动的能力。体适能一般分为健康体适能、运动技能体适能、代谢性体适能。本章主要介绍健康体适能。

健康体适能是指人体适应外界环境的能力，即人有足够的能量应对日常工作和生活，并有余力享受余暇或应对紧急事件及突发事件。健康体适能既是人体自身健康的基础，也是人们日常生活和工作的基础。健康体适能主要包括心肺耐力、肌肉力量和肌肉耐力、柔韧性、身体成分。

一、心肺耐力

心肺耐力是指身体摄取氧和利用氧的能力。心肺耐力强，人体就能适应长时间的身体活动，并能够胜任强度较高的工作。

二、肌肉力量和肌肉耐力

肌肉力量是指肌肉在工作时克服或对抗阻力的能力。肌肉强壮有助于预防关节的扭伤、肌肉的疼痛和身体的疲劳。肌肉耐力是指肌肉长时间持续工作的能力，即肌肉对抗疲劳的能力。增强肌肉耐力的重要性在于能避免肌肉萎缩、松弛，维持较匀称的身材，防止身体疲劳，减少运动损伤的发生，提高身体活动能力，提高生活质量。

三、柔韧性

柔韧性是指人用力做动作时增大动作幅度的能力，包括身体各个关节的活动幅度，以及关节周围的肌肉、肌腱、韧带、皮肤及其他组织的弹性和伸展能力。提高柔韧性对提高身体活动水平、维持正确姿势、减少运动损伤、改善动作效果等有重要意义。

四、身体成分

身体成分是指组成人体各组织、器官的总成分，包含脂肪成分和非脂肪成分。脂肪越多，心肺系统的负担就越重。要维持适宜的体内脂肪含量，人们就必须注意能量吸收与消耗的平衡。人体脂肪质量占人体总质量的比例称为体脂率。体内非脂肪成分的质量为瘦体重。体适能与体重和体脂率的控制密切相关。体重得当、身体成分适宜是健康的标志。肥胖会给健康带来危害，体重过轻也不利于健康。肥胖和体重过轻不仅对人的脑力、体力有负面影响，还会使人的体质虚弱、骨密度降低。

第二节　健康体适能的锻炼方法

一、增强心肺耐力的锻炼方法

在进行一定强度的锻炼时，良好的心肺耐力显得尤为重要。有氧运动是增强心肺耐力的基本手段。

（一）有氧运动的概念、作用和方式

有氧运动是指主要以有氧代谢方式提供运动中所需能量的运动方式。进行有氧运动时，人体内较少会出现乳酸堆积的现象，心率和呼吸保持在较为稳定的状态。因此，有氧运动的持续时间长、安全性高，并能够消耗较多的脂肪，有利于改善心血管系统的功能。常见的增强心肺耐力的有氧运动包括慢跑、健步走、爬山、跳绳、划船、骑自行车、游泳等。有大肌肉群参与的慢节奏运动大多是有效的有氧运动。各种有音乐伴奏的有氧健身活动也属于有氧运动的范畴。

（二）有氧运动的方法

有氧运动的方法包括以下四种。

（1）综合练习：由几种不同的锻炼内容组成。例如，第一天跑步，第二天游泳，第三天骑自行车。综合练习的优点之一是，锻炼者可以避免因长期进行同一种形式的练习而产生枯燥感，防止身体局部过度疲劳。

（2）持续练习：长时间、长距离、慢节奏的中等强度（运动中心率保持在约70%最大心率）的练习，是深受人们喜爱的心肺耐力锻炼方法之一。

（3）间歇练习：规律的运动强度与规定的间歇时间组合的锻炼方法。

（4）法特莱克法：跑动过程中加速跑与慢跑交替进行，速度比较随意的一种锻炼方法。法特莱克法可以减少锻炼者在运动中的枯燥感。

（三）有氧运动的频率和强度

健身效果与有氧运动的运动频率、运动强度、每次运动的持续时间有关。因此，锻炼者在进行有氧运动时，要科学地控制运动频率和运动强度。

（1）锻炼者宜选择以大肌肉群参与为主的有氧运动。

（2）锻炼者宜每周运动3～5次，一次运动的持续时间为30～60分钟。

（3）运动强度是有氧运动的一个重要因素，它与能量来源、能量需求、耗氧量、运动损伤等因素都有关系。运动强度常以运动中心率、耗氧量及安静时能量或耗氧量的倍数来表示。因为不同人在年龄、体能、健康状况等方面存在个体差异，所以不同锻炼者的有氧运动的运动强度也不相同。不同体能人群有氧运动适宜心率参考值见表4–2–1。

表 4–2–1　不同体能人群有氧运动适宜心率参考值

人群分类	适宜心率
体能良好者	最大心率 ×（70% ～ 85%）
体能普通者	最大心率 ×（60% ～ 75%）
体能不佳者	最大心率 ×（50% ～ 70%）

注：最大心率=220–年龄。

二、增强肌肉力量和肌肉耐力的锻炼方法

增强肌肉力量和肌肉耐力的锻炼方法有不少相同之处，可统称为力量练习。负重抗阻练习是增强肌肉力量的基本手段。锻炼者通过长期对抗渐增阻力的力量练习，可以增

加身体肌肉组织的含量，增强肌肉力量，促进身体健康。

根据肌肉收缩的类型，力量练习可分为等张练习、等长练习和等动练习。

（一）等张练习

肌肉以等张收缩的形式进行负重或不负重的动力性抗阻练习，称为等张练习。等张练习是常用的力量练习方法，能够有效地发展动力性力量，改善神经与肌肉的协调性。等张练习的不足之处是，在整个动作过程中不能保证每次收缩时肌肉的负荷都相等，可能导致在某些关节运动到某一角度时肌肉负荷不足，甚至在整个练习中肌肉负荷偏小。

（二）等长练习

肌肉以等长收缩的形式使人体保持某一特定姿势或对抗固定不动的阻力的练习，称为等长练习。等长练习能够有效地发展静力性力量和静力耐力。

等长练习与等张练习主要有两个方面的区别：① 等长力量的发展是高度特异性的。如果采用等长练习来发展某一特定动作的力量，则锻炼者可在动作范围内的某几点上进行不同形式的等长练习。等张练习会使在整个动作范围内的肌肉力量都得到发展。② 以较高的强度进行等长练习，由于血液循环条件不良、屏气等因素的影响，大脑血流量减少，容易引发头晕眼花等不良反应。

（三）等动练习

等动练习是锻炼者借助专门的等动训练器，在动力状态下完成练习的方法。在整个练习过程中，运动关节在各角度均受到相同的较大负荷，从而使肌肉在整个练习过程中均能产生较大的张力。

三、发展柔韧性的锻炼方法

发展柔韧性的目的是提高关节周围的肌肉、韧带等软组织的伸展性。伸展性的提高主要是力的拉伸作用的结果。柔韧性练习包括主动柔韧性练习和被动柔韧性练习，两者都包含动力性练习和静力性练习。不同类型柔韧性练习的方法及特点见表4-2-2。

表 4-2-2 不同类型柔韧性练习的方法及特点

柔韧性练习的类型	方法	特点
主动柔韧性的动力性练习	肩绕环、扩胸、振臂、转腰、涮腰、踢腿等	在主动肌的力量不断增大和速度不断加快的条件下，不断发展拮抗肌的柔韧性
主动柔韧性的静力性练习	控腿、拱腰、合桥动作等	使主动肌保持相对静止的收缩状态，有意识地逐步放松拮抗肌，使之慢慢拉长
被动柔韧性的动力性练习	压肩、压腿等	活动关节，协调主动肌和拮抗肌的运动，发展肌肉力量和爆发力
被动柔韧性的静力性练习	拉肩、吊肩、耗腿、搬腿、劈叉、压脚等	在自身体重或外力的作用下，肌肉被强制拉伸

肌肉伸展的方法有三种：主动或被动的静态伸展法、主动或被动的弹性伸展法、本体感神经肌肉促进技术。

（一）主动或被动的静态伸展法

主动或被动的静态伸展法是一种行之有效且比较流行的肌肉伸展方法。锻炼者缓慢地将肌腱、韧带伸展到有一定酸、胀、痛感觉的位置，并维持此姿势一定时间。关于在有酸、胀、痛感觉的位置停留的最佳时间，目前的研究尚无定论，研究者一般认为10～30秒较为理想。每块肌肉的伸展以连续重复4～6次为宜。

采用主动或被动的静态伸展方法，锻炼者可以较好地控制伸展时的力量。这种方法比较安全，尤其适合较少活动或未经训练的锻炼者。它可以降低肌肉伸展时的危险性，避免肌肉拉伤，且动作缓慢，一般不会引起牵张反射。

（二）主动或被动的弹性伸展法

主动或被动的弹性伸展法是指锻炼者有节奏、速度较快、逐渐加大动作幅度、多次重复同一个动作的伸展方法。主动的弹性伸展法是指锻炼者靠自己的力量重复地收缩主动肌，带动拮抗肌快速伸展的锻炼方法；被动的弹性伸展法是指锻炼者依靠同伴的帮助或借助外力进行负重伸展的锻炼方法。

锻炼者可利用主动动作或被动动作所产生的动力来伸展肌肉，所用的力量应与肌肉的伸展能力相适应。如果所用力量大于肌肉的伸展能力，肌肉就会被拉伤。运用该方法时，用力不宜过猛，伸展幅度一定要由小到大。锻炼者可先做几次小幅度的预备伸展，再逐渐加大伸展幅度，从而避免肌肉拉伤。

（三）本体感神经肌肉促进技术

本体感神经肌肉促进技术最早被用于各种神经肌肉瘫痪病人的治疗，直到近几年才开始应用于正常人改善肌肉柔韧性的伸展练习。较为流行的本体感神经肌肉促进技术包括慢速伸展—保持—放松法、收缩—放松法和保持—放松法三种。这些方法都包含主动肌、拮抗肌的收缩和放松。

以伸展股后肌群为例，慢速伸展—保持—放松法的实施步骤如下：锻炼者仰卧，伸直膝关节。同伴将锻炼者的一条腿向锻炼者的头部方向推至锻炼者髋关节有轻微酸痛感的位置，此时锻炼者的股后肌群开始收缩，以抵抗同伴的推力，保持10秒。之后，锻炼者放松股后肌群，收缩股四头肌（主动肌），以抵抗同伴的推力。此时，同伴再加力推，以帮助锻炼者伸展股后肌群（拮抗肌），该过程持续10秒。这样的过程至少重复3次。

收缩—放松法和保持—放松法是慢速伸展—保持—放松法的变形。采用收缩—放松法时，股后肌群等张收缩，事实上，腿在被推的过程中朝推力的反方向移动；而采用保持—放松法时，股后肌群等长收缩。采用这两种方法时，股后肌群的伸展是被动的。

【总结】

以上三种伸展方法都可有效地改善身体的柔韧性。主动或被动的静态伸展法是使用较为广泛的方法，原因是这种方法简单、有效、安全，锻炼者不需要同伴的帮助，通过一段时间的锻炼就可有效地提高关节的柔韧性。主动或被动的弹性伸展法比较适合经常锻炼者和专业运动员。运用本体感神经肌肉促进技术，在一次伸展过程中，锻炼者可以有效加大关节的活动幅度。这种方法的效果比主动或被动的静态伸展法的效果显著，且不易导致肌肉酸痛或损伤。因此，越来越多的人开始选择本体感神经肌肉促进技术来提高肌肉、关节的柔韧性。本体感神经肌肉促进技术的主要缺点是锻炼者需要同伴的帮助，无法单独完成。

四、改善身体成分的锻炼方法

改善身体成分的锻炼方法主要包括减少脂肪的锻炼方法和增加肌肉的锻炼方法。以下只介绍减少脂肪的锻炼方法。

（一）在水中快走

在水中快走的方法听起来很容易实施，但锻炼者尝试之后就会发现，要完成这项运动，需要付出的努力远远多于采取常用锻炼方法所要付出的努力。人体在水中受到的阻力远比在空气中受到的阻力大。锻炼者应尽自己最大的努力在水中迈大步快走，尽量把身体压低，两手要大幅度地前后摆动，使身体消耗更多的能量，这样有利于减少脂肪。以一名体重约为62.5千克的女性为例，其在水中快走时所消耗的能量约为她在陆地上快走同等时间所消耗能量的2倍。

（二）充分做准备活动

运动前的准备活动不可忽视，且一定要充分。有关研究表明，自行车运动员在短时间的准备活动之后，身体在比赛的前半段处于兴奋状态。其在比赛前半段消耗的能量比在比赛后半段消耗的能量约多10%。因此，在运动前充分做准备活动能最大限度地调动身体的积极性，同时调动体内积累的脂肪，使其在随后的运动过程中充分“燃烧”。上述现象同样出现在健步走、慢跑、游泳等其他有氧运动中。

（三）跳街舞

跳街舞能使身体各部位的肌肉运动起来。与传统的舞蹈相比，街舞的运动强度更高，人体消耗的能量更多，能够减少的脂肪更多。研究发现，一名体重约为65千克的中年女性进行街舞练习，其每分钟消耗的能量约为30千焦，而在同样的时间内以6.4千米/时的速度健步走，其消耗的能量约为20千焦。

（四）调整运动强度

人们常常希望不必运动很长时间就能消耗较多能量。要达到这个目的，关键在于调整运动强度。运动强度要因人而异，并不是所有人都要运动到心跳剧烈、大量出汗、气喘吁吁才能收到好的运动效果。锻炼者需要做的是在短时间内提高运动强度至平时运动强度的115%，持续3～5分钟，然后恢复到平时的运动强度，如此重复几次，能使身体消耗更多的能量，有利于减少体内脂肪。

体育思政课堂

健康体适能有助于提高学生的身体素质，进而使学生适应学习和工作中的压力，还有助于学生保持乐观的心态，养成健康的生活方式和良好的习惯，促进学生各方面的均衡发展。

第五章　体育卫生与保健

第一节　体育卫生与保健常识

一、做好准备活动与整理活动

体育运动过程是人体由安静状态到运动状态再到安静状态的变化过程，准备活动和整理活动就是实现这种变化的手段。

（一）准备活动

体育锻炼前进行充分的准备活动对于锻炼者来说是非常重要的。有些锻炼者就是由于不重视锻炼前的准备活动而出现各种运动损伤。不做准备活动不仅影响锻炼效果，还影响锻炼兴趣。准备活动的时间一般为5～10分钟。

准备活动的作用：克服机体的生理惰性；加速肌肉组织的新陈代谢，提高氧的利用率；调节心理状态，提高神经系统的兴奋性；预防运动损伤。

（二）整理活动

整理活动可使人体由运动状态（无序状态）过渡到相对安静状态（有序状态），是促进体力恢复的一种有效手段。整理活动应侧重于全身性放松。特别是在剧烈运动后，锻炼者一定要进行全身性放松活动，以免身体受到损伤。整理活动的时间一般为5分钟，锻炼者在做完整理活动之后，还要注意保暖，防止着凉、感冒。

整理活动的作用：一是有助于人体机能尽快恢复常态，二是有助于偿还运动后过量氧耗。

二、养成良好的运动饮食习惯

经常进行体育锻炼，可促进胃肠道的蠕动和消化液的分泌，对消化系统产生良好影响。如果在体育锻炼中不注意养成良好的运动饮食习惯，则会严重影响锻炼者的身体健康。因此，在体育锻炼中，锻炼者应养成良好的运动饮食习惯。

（一）运动后不宜立即进餐

在体育锻炼后，锻炼者不要急于进食，应待心肺功能稳定下来，胃肠道机能逐渐恢复后再用餐。这段时间一般为半小时，如果在下午进行较剧烈的体育锻炼，那么间隔的时间应更长。应注意的是，由于运动后易产生饥饿感，锻炼者在用餐时不要狼吞虎咽，更不能暴饮暴食。

（二）饭后不宜立即进行剧烈运动

饭后立即进行剧烈运动，不仅易导致消化不良，还易引起腹痛、恶心等症状，甚至造成胃下垂等疾病。因此，吃饭与运动之间要有一定的时间间隔，一般在饭后半个小时方可进行运动，剧烈运动最好安排在饭后1.5小时。缺乏体育锻炼或体质较弱的人，吃饭与运动之间的时间间隔应更长些。

（三）空腹不宜进行长时间的剧烈运动

长时间剧烈运动要消耗大量热量，而热量主要来自体内血糖的氧化。锻炼者在早晨空腹进行长时间剧烈运动时，若无充足的血糖补充，则易出现低血糖症状。另外，空腹进行长时间剧烈运动会使胃发生痉挛性收缩，出现胃痛，久而久之会导致胃炎等疾病。因此，早晨空腹锻炼的时间一般不宜超过1个小时，且运动强度以中等强度为宜。若运动强度较高，则锻炼者在运动前应吃一些食物。

（四）体育锻炼中或锻炼后正确补充水分

体育锻炼中或锻炼后补充水分前应先确认体内是否真的缺水。在短时间的体育锻炼中或剧烈的体育锻炼中感到的口渴，主要由口腔和咽部黏膜水分蒸发、唾液分泌减少引起，或者由心理紧张造成，这时候不必补充水分，只需用水漱口，增加口腔湿润度即可。对体育锻炼中失去水分的补充，要采取少量多次的办法。预防运动失水的最好办法是每15～20分钟饮水150毫升左右，这样既可以随时补充水分，又可避免对身体造成损害；在锻炼前10～15分钟，可饮水300～500毫升，以保证体内水分充足，预防失水过多。单次补水最大量不能超过800毫升。

第二节　常见运动生理反应及其预防与处置

运动使人体生理活动过程的有序性受到了暂时的破坏，从而身体常常出现某种生理反应，简称“运动生理反应”。常见运动生理反应及其预防与处置方法如下。

一、肌肉酸痛

不少锻炼者有过这样的体会：在一次运动量较大的锻炼后，或是隔了较长的时间没有锻炼，刚开始锻炼之后，往往会出现肌肉酸痛。这种肌肉酸痛不是即刻发生在运动结束后，而是发生在运动结束后一两天内，因此其也称为延迟性肌肉酸痛。

近代生理学的研究表明，运动后的肌肉酸痛是由运动时肌肉运动量过大，引起局部肌纤维及结缔组织的细微损伤，以及部分肌肉纤维的痉挛所致。这种肌纤维细微损伤及痉挛是局部的，不影响整块肌肉的运动功能，但是会使锻炼者产生酸痛感。在肌肉内部细微损伤得以修复后，肌肉组织变得更强壮。锻炼者以后以同样的运动负荷进行体育锻炼将不易再发生运动损伤。

一般在运动后的24小时之内，锻炼者会出现肌肉僵硬、酸痛和自觉酸痛部位肿胀，有压痛。这些症状多发生于双下肢主要伸屈肌群，而肌肉远端和肌肉—肌腱移行处症状一般较重，严重者肌肉全长会发生疼痛，且以肌腹为主。运动后24～48小时内，酸痛达到高峰，之后可自行缓解，5～7天消失。其过程较少受外界因素（如各种治疗措施）的影响。

（一）预防

预防肌肉酸痛可以采取以下措施：① 根据不同的体质、不同的状况科学地安排运动负荷，运动负荷不要过大，也不宜增加过猛；② 锻炼时，尽量避免长时间锻炼身体的某一部位，以免局部肌肉负荷过重；③ 在做准备活动时，应充分活动在接下来的活动中负荷重的肌肉，以预防运动损伤；④ 整理活动除了进行一般性的放松练习外，还应重视进行肌肉的伸展牵拉练习，这种伸展牵拉练习有助于预防局部肌纤维痉挛，从而避免肌肉酸痛的发生。

（二）处置

锻炼者若已经出现肌肉酸痛，采取以下措施有利于酸痛的减弱或缓解：① 可对酸痛的肌肉进行热敷，以修复受损组织，缓解痉挛。② 可对酸痛的肌肉进行局部的静力牵张练习，保持伸展状态2分钟，然后休息1分钟，重复进行。每天做几次这样的练习，有助于缓解痉挛，但注意做练习时不可用力过猛，以免导致肌纤维损伤。③ 可按摩酸痛的肌肉，以使肌肉放松，促进血液循环。④ 口服维生素C。维生素C有促进结缔组织中胶原蛋白合成的作用，有助于修复受伤组织，从而减轻或缓解酸痛。⑤ 针灸、电疗等手段对缓解肌肉酸痛也有一定的积极作用。

二、运动中腹痛

运动中腹痛多在中长跑时发生。主要原因：准备活动不充分，运动开始时过于剧烈，内脏器官尚未达到运动状态，致使脏腑功能失调，引起腹痛；运动前锻炼者吃得过饱，饮水过多，以及腹部受凉，引起胃肠痉挛而出现腹痛；少数情况是运动时间过长或运动过于剧烈，下腔静脉压力上升，引起血液回流受阻，或者肝脾淤血，膈肌运动异常，致使两肋部胀痛而出现腹痛。

（一）预防

锻炼者在饭后约1小时方可进行运动，要做好准备活动；运动量的增加要循序渐进，并注意调整呼吸节奏；在夏季运动，要及时补充水分；对于由各种慢性疾病引起的腹痛，应及时就医检查，病愈之后，应在医生和体育教师的指导下进行锻炼。

（二）处置

如果没有器质性病变迹象，则锻炼者采用降低跑速、加深呼吸、按摩疼痛部位或弯腰跑等方法，通常可减轻或消除疼痛。若疼痛仍不减轻，甚至加重，则锻炼者应停止运动，到医院做进一步检查。

三、运动性贫血

单纯由于运动训练过程中生理负荷过大，血液中红细胞数或血红蛋白量低于正常值的现象，称为运动性贫血。运动性贫血的原因主要有以下两个方面。

（1）运动时，肌肉对蛋白质和铁的需求量增加，一旦需求得不到满足，即可引起运动性贫血。

（2）运动时，脾脏释放的溶血磷脂酰胆碱会使红细胞的脆性增加，加上剧烈运动时血流加速，易引起红细胞破裂，致使红细胞的新生与衰亡之间的平衡遭到破坏，导致运动性贫血。

运动性贫血的症状为头晕、恶心、呕吐、气喘、体力下降，以及运动后心悸、心率加快、脸色苍白等。

（一）预防

锻炼者在运动时应遵循循序渐进和区别对待的原则，合理调整膳食结构。若运动时经常出现头晕现象，则锻炼者应及时就诊医治。

（二）处置

若运动中（后）出现头晕、无力、恶心等现象，则锻炼者应适当减小运动量，必要时暂停运动，立即到医院就诊。平时应注意补充富含蛋白质和铁的食物，这对缓解运动性贫血有明显效果。

四、运动性昏厥

在运动中，由脑部血液突然供给不足而引起的暂时性知觉丧失现象，称为运动性昏厥。其产生原因是剧烈运动或长时间运动，使大量血液积聚在下肢，回心血量减少。其也与剧烈运动引起的低血糖有关。

运动性昏厥表现为全身无力、头昏耳鸣、眼前发黑、面色苍白、失去知觉、突然昏倒、手脚发凉、脉搏慢且弱、血压降低、呼吸缓慢等。

（一）预防

锻炼者平时要坚持体育锻炼，以增强体质；久蹲后不要突然起立；不要带病参加剧烈运动；疾跑后不要立即停下来；不要在饥饿的情况下参加剧烈运动。如果遵循上述要求，则大多数运动性昏厥是可以避免的。

（二）处置

救助者应立即使患者仰卧，使其脚略高于头部，并对其进行由小腿向大腿和心脏方向的推摩或拍击。若患者呕吐，则应使患者头部偏向一侧；若患者停止呼吸，则应立即对其进行人工呼吸，并尽快拨打急救电话，送其至医院治疗。

五、肌肉痉挛

肌肉痉挛俗称“抽筋”，指肌肉不自主地强直性收缩。在进行体育锻炼时，身体受到强烈的寒冷刺激，可能发生肌肉痉挛；准备活动不充分、肌肉猛力收缩、肌肉收缩与放松不协调等，也可能引发肌肉痉挛；情绪过分紧张也可能导致肌肉痉挛。肌肉痉挛时，肌肉会突然变得僵硬，令人疼痛难忍，而且一时不易缓解。

（一）预防

运动前，锻炼者应做好准备活动，事先对容易发生痉挛的部位做适当按摩。夏季进行长时间运动时，要注意补充水分；冬季锻炼时，要注意保暖。下水游泳前，应先淋浴；游泳时，不要在水中停留太久。疲劳和饥饿时，不要进行剧烈运动。

（二）处置

对痉挛部位的肌肉进行热敷、按摩、拉伸等，以促进局部肌肉的血液循环。例如，腓肠肌痉挛时，锻炼者可立即伸直腿，并配合按摩、揉捏及点压委中穴、涌泉穴等，以缓解并解除肌肉痉挛。

六、“极点”现象

在剧烈运动时，特别在中长跑时，能量消耗大，下肢回流血量减少，运动后过量氧耗增加，并达到一定的程度，就会出现呼吸急促、胸闷难忍、下肢沉重、动作不协调，这在运动生理学上称为“极点”现象。

“极点”现象产生的原因主要是内脏器官的功能惰性与肌肉活动不相称，致使供氧不足，大量乳酸积累。这不仅影响神经肌肉的兴奋性，还反射性地引起呼吸系统功能紊乱，呼吸系统功能紊乱又会使大脑皮质的动力定型暂时遭到破坏。

（一）预防

（1）运动前，锻炼者要做充分的准备活动，使内脏、肌肉提高到一定的兴奋程度，以适应身体剧烈运动的需要，防止两者发生不相称现象。

（2）要根据个人的身体条件、训练水平掌握好运动速度。运动速度太快，易引起强烈的“极点”反应；运动速度太慢，又发挥不出应有的运动水平。

（3）运动时，要注意呼吸的节奏，呼吸应深且慢，吸入较多的氧气，呼出较多的二氧化碳，防止运动后过量氧耗过大。

（二）处置

“极点”现象出现后，锻炼者应继续坚持运动，但运动强度可以稍微降低。通过自主神经的不断调节，内脏器官的惰性逐渐被克服，肌肉活动能力逐渐加强，肌肉的氧气供应得到改善，同时运动强度的降低也减少了乳酸。待机体内环境逐步恢复稳定，被破坏了的动力定型得以恢复后，运动能力便会逐渐提高，这就产生了“第二次呼吸”。“第二次呼吸”的出现标志着“极点”现象已经被克服，生理状态已达到新的平衡，此后呼吸系统功能将维持在较高水平上。

七、运动性中暑

锻炼者在高温环境中长时间进行体育锻炼易发生中暑，尤其是在气温高、通风不畅、头部被烈日直接照射的情况下运动时，极易发生运动性中暑。

中暑早期表现为头晕、头痛、呕吐，随后可逐步发展为体温升高，皮肤灼热干燥，严重者可出现虚脱、抽搐、血压下降、心律失常等症状，甚至昏迷，危及生命。

（一）预防

锻炼者在高温环境中锻炼，应适当减小运动负荷，缩短锻炼时间；避免在烈日下长时间锻炼；夏天在室外锻炼，应戴遮阳帽，穿宽松薄衣；在室内锻炼时，应保持室内通风良好；应备有运动饮料。

（二）处置

救助者应将患者扶送到阴凉通风处休息，同时对其采取降温消暑手段，如解开其衣领、冷敷其额部等，给其喝些清凉饮料，补充少量水分，有条件者可补充生理盐水或葡萄糖等。对于中暑严重者，经临时处理后，救助者应迅速将其送到医院接受进一步治疗。

第三节　常见运动损伤及其预防与处置

运动损伤是指锻炼者在体育运动过程中发生的各种损伤。锻炼者在体育运动中发生运动损伤的现象是较常见的。运动损伤会严重影响锻炼者的生活，也会妨碍其正常开展体育活动。为此，锻炼者必须了解造成运动损伤的原因、运动损伤的预防、常见运动损伤及其处置，以便掌握运动损伤发生的规律，最大限度地减少和避免运动损伤，从而更有效地发挥体育锻炼对增强体质、增进健康的作用。

一、造成运动损伤的原因

造成运动损伤的原因是多方面的，既与锻炼者的运动基础、体力水平有关，也与运动项目、技术难度、运动环境等有关。锻炼者出现运动损伤的主要原因有以下几种。

（1）思想上麻痹大意，对预防运动损伤的意义认识不足，注意力不集中或争强好胜，缺乏预防运动损伤的意识。

（2）缺乏必要的运动损伤知识。

（3）运动前准备活动不充分。

（4）技术动作不合理，动作粗野或违反规则。

（5）身体状况不佳，缺乏自我保护能力。

（6）运动环境不好，场地、器材不符合要求。

（7）运动量过大或运动过于激烈。

（8）旧伤未愈就过早参加训练或比赛。

二、运动损伤的预防

（1）加强安全意识，提高预防运动损伤的意识，克服麻痹大意思想。

（2）准备活动要有针对性，加强易伤部位的防患措施。

（3）对技术较难和容易致伤的环节，应事先做好预防准备，合理安排运动量，区别对待，切忌急于求成。

（4）加强相互保护和帮助，提高自我保护能力。例如，摔倒时应立即屈肘、低头、团身，以肩背着地，顺势滚动，而不要直臂撑地。

（5）加强医务监督，善于把握自己在运动前后的生理变化。患有慢性疾病者要定期体检，并在医生和体育教师的指导下进行体育锻炼。

（6）重视运动器材、场地的安全和卫生，应经常检查和维修场地器材。锻炼者的服装、鞋子要符合体育卫生的要求。

三、常见运动损伤及其处置

（一）开放性软组织损伤及其处置

1. 擦伤

擦伤指在运动时，因摔倒或皮肤受器械摩擦致伤。擦伤后，皮肤出血或组织液渗出。

对于小面积擦伤，伤口用碘伏涂抹，待自然晾干即可；对于大面积擦伤，伤者应到医院处理。

2. 撕裂伤

撕裂伤指锻炼者在剧烈运动时突然受到强烈撞击，造成肌肉撕裂致伤。常见的撕裂伤有眉际撕裂、跟腱撕裂等。

若撕裂的伤口较小，经消毒处理后，贴上创可贴即可；若撕裂的伤口较大，伤情较重，则应立即就医。

3. 刺伤

刺伤是由尖细物刺入人体所致。其特点是伤口小而深，可能伤及身体内部组织或器官，或者异物进入伤口深处，引发感染。田径运动员常被鞋钉和标枪刺伤。此类伤口必须到医院处理。

4. 切伤

切伤是由锐器切入皮肤所致，如冰刀切伤等。切伤伤口边缘整齐，多成直线，出血较多。深的切伤能切断大血管、神经、肌腱等组织。此类伤口应立即压迫止血，并迅速到医院处理。

（二）闭合性软组织损伤及其处置

1. 挫伤

（1）原因：运动时，因撞击器械或练习者之间相互碰撞而造成。

（2）症状：局部疼痛、肿胀、皮下淤血、压痛；内脏器官有损伤时，则出现头晕、脸色苍白、心慌气短、出虚汗、四肢发凉、烦躁不安，甚至休克等症状。

（3）处置：伤者或救助者应根据情况及时处置。如果皮肤出血，则伤者应立即停止运动，先用碘伏对伤口进行消毒，再用净布包扎；如果受伤部位红肿、疼痛，则伤者可先用冷水或冰袋对受伤部位进行冷敷，抬高受伤部位，必要时加压包扎，防止出血。24小时以后改用热敷、按摩来活血、消肿、止痛。进入恢复期后，伤者可进行一些功能性锻炼。

2. 肌肉拉伤

（1）原因：肌肉猛烈收缩，超过它可承受的负荷，或突然被拉长，超过了它的伸展限度时会被拉伤。准备活动不充分、技术不正确、活动过猛、气温太低或场地条件差等，容易导致肌肉拉伤。

（2）症状：局部肌肉疼痛、肿胀、压痛、僵硬，并可摸到肿块，并产生功能性障碍。严重的肌肉拉伤是肌肉撕裂。

（3）处置：轻者停止运动，采用冷敷或用自来水冲淋、加压包扎、抬高患肢等措施以止痛、止血、减轻肿胀，还应将受伤肌肉置于放松位置，24小时后做伤部按摩。肌肉拉伤严重者，在加压包扎急救后，应立即到医院就诊。

3. 踝关节扭伤

（1）原因：运动中，身体在跳起时失去平衡，使踝关节过度内翻或外翻；准备活动不充分，场地不平或踩在他人脚上易造成踝关节扭伤。

（2）症状：伤处疼痛、肿胀，活动受限，皮下淤血，行动困难。

（3）处置：受伤后，应立即冷敷或用自来水冲淋，抬高患肢，检查踝关节是否错位、骨折，在确诊没有问题时可固定伤部、敷药，24小时后做伤部热敷、按摩。若怀疑骨折、骨裂，则应及时到医院就诊。

4. 急性腰扭伤

（1）原因：运动时，因腰部受力过重，肌肉收缩不协调，或脊椎运动超过正常生理范围而致伤，严重时可发生错位并压迫神经。

（2）症状：腰部疼痛，肌肉痉挛，运动受限；神经受压迫时下肢酸麻，甚至失去知觉。

（3）处置：腰部急性扭伤后，伤者应平卧，救助者不应立即扶动伤者。如果疼痛剧烈，则需用担架将伤者送医院诊治。处理后，伤者应该睡硬板床或者在腰后垫一个高度合适的枕头，使肌肉韧带处于放松状态，24小时后方可施行按摩、针灸、外敷等治疗。若腰部轻度扭伤，则伤者只需停止运动，等扭伤自行恢复后，加强腰部肌肉的训练即可。

5. 关节脱位

（1）原因：外力使关节的完整接连状态受到破坏。关节脱位常伴随韧带及关节囊的撕裂，甚至神经损伤。

（2）症状：关节脱位后常出现关节畸形，局部疼痛、肿胀，失去正常功能，甚至发生肌肉痉挛等现象。

（3）处置：救助者可用长度与宽度相称的夹板固定伤肢。如果没有夹板，则救助者可将伤肢固定在伤者的躯干或健肢上，防止震动，随后及时将伤者送往医院治疗。

6. 骨折

（1）原因：运动中，身体受到暴力撞击，易造成骨折。骨折是严重损伤，可分为完全性骨折和不完全性骨折。

（2）症状：骨折发生后，患处立即出现肿胀、皮下淤血、剧烈疼痛等情况，活动时疼痛加剧，肢体失去正常功能，肌肉产生痉挛。骨折部位可能变形，移动时可听到骨摩擦声。严重骨折时，常伴有大出血、神经损伤及休克等，开放性骨折还可能导致感染、发烧，甚至休克。

（3）处置：伤者一旦出现骨折，切勿随意移动伤肢，应立即就医。救助者可先用夹板或其他代用品固定伤肢，动作要轻巧、缓慢，不要生拉硬拽，以免造成错位，影响整复。救助者在搬运伤者时，用枕头或衣服垫住伤者头部，防止其头部移动，固定好后，告知伤者不要扭动伤肢。救助者将伤者送往医院时，要注意做到迅速、平稳。

7. 脑震荡

（1）原因：头部受到打击或磕碰后大脑感受器机能失调，引发短暂脑功能障碍。

（2）症状：伤者神志不清，脉搏徐缓，肌肉松弛，瞳孔稍大但尚对称，神经反射减弱或消失；清醒后，常有头痛、头晕、恶心、呕吐、注意力不集中、耳鸣、心悸、多汗、失眠、记忆力减退、情绪烦躁等症状。

（3）处置：救助者应立即让伤者平躺。若伤者发生呼吸障碍，则应按正确的方法立即对其进行人工呼吸。同时，救助者应立即将伤者送至医院救治。在运送途中，救助者要让患者平躺，固定其头部，避免颠簸。在恢复过程中，伤者应保持情绪稳定，减少脑力劳动，定期做脑震荡平衡试验，以检查伤情进展。

第四节　保健按摩

一、保健按摩概述

保健按摩指人们运用手、指的技巧，在人体的适当部位进行操作以强身保健的方法。保健按摩经济、简便，不需要特殊的医疗设备，也不受时间、地点、气候条件的限制，随时随地都可实行，且平稳可靠，易学易用，无副作用。正是由于这些优点，保健按摩成为深受广大群众喜爱的养生健身措施。对于健康的人来说，保健按摩能增强人体的抗病能力，取得保健效果；对于患病的人来说，保健按摩既可使局部症状消退，又可加速恢复患部的功能，从而收到良好的治疗效果。

二、保健按摩的种类和手法

保健按摩可分为两种：一种是主动按摩，又叫自我按摩，是自己按摩自己的一种保健方法；另一种是被动按摩，是由医者按摩患者的按摩方法。保健按摩的手法多种多样，常用手法有以下八种：按法、摩法、推法、拿法、揉法、捏法、颤法和打法。

（一）按法

医者利用指尖或掌指、掌根，在患者身体适当部位有节奏地一起一落按下的手法，叫作按法（图5-4-1）。按法通常包括单手按法、双手按法。临床上，在两肋下或腹部通常应用单手按法或双手按法；在背部或肌肉丰厚的地方可以使用单手加压按法，也就是左手在下，右手轻轻用力压在左手手背上的一种方法；或右手在下，左手压在右手手背上。

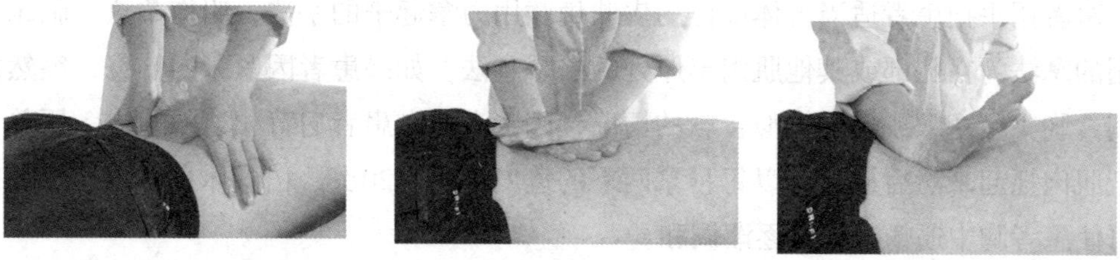

图 5-4-1

（二）摩法

摩，就是抚摩的意思。医者用手指或手掌在患者身体的适当部位，给以柔和的抚摩的手法，叫作摩法（图5-4-2）。摩法多配合按法和推法使用，有常用于上肢和肩端的单手摩法和常用于胸部的双手摩法。

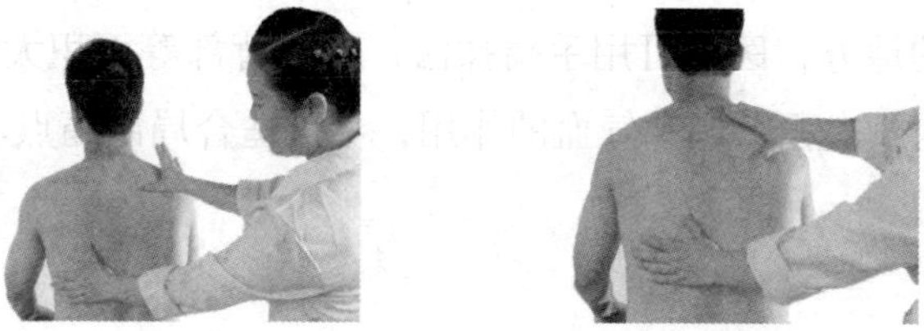

图 5-4-2

（三）推法

医者用手指或手掌在患者身体的适当部位向前用力推动的手法，叫作推法。临床上，常用的推法有单手推法和双手推法两种。因为推与摩不能分开，推中已包括摩，所以推法与摩法常配合使用。推摩多用于两臂、两腿肌肉丰厚处。一手拇指和食指夹持住所要按摩的部位，然后进行推摩，或只用拇指在所要按摩的部位进行推摩，叫作单手摩法[图5-4-3(a)]。两手拇指相对，其余四指微外撇，两手一起往前推动，叫作双手集中推法，这种方法是推法中常见的一种手法[图5-4-3(b)]。

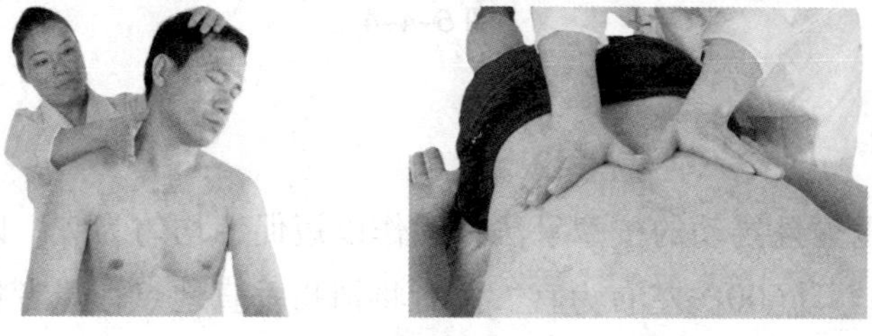

(a) (b)

图 5-4-3

（四）拿法

医者用手把患者适当身体部位的皮肤稍微用力拿起来的手法，叫作拿法。临床上，常用的拿法为在腿部或其他肌肉丰厚处的单手拿法。如果患者因紧张、恼怒，突然发生气闷、胸中堵塞，或出现类似昏厥的情况，则医者可在患者肩背相连的地方，用单手拿法把肌肉抓起来然后放下，以每秒拿两下的速度，连拿20次，稍微休息，再连拿20次。这可使患者胸中通畅，气息逐渐调和。

（五）揉法

医者用手贴着患者的皮肤，做轻微的旋转活动的手法，叫作揉法。揉法按用手数量，可分单手揉法和双手揉法。单手揉法中的单手加压揉法较为常用。例如，在揉小腿时，医者用左手按在患者腿肚处，右手则加压按在左手手背上。对于肌肉发达的身体部位，医者可使用两手揉法。根据被按摩部位面积，医者可采用手指揉法或手掌揉法。对于太阳穴等面积小的地方，医者可用手指揉法；对于背部等面积大的部位，医者可用手掌揉法。揉法具有消淤去积、调和气血的作用，十分适合局部痛点。

（六）捏法

医者利用手指把患者适当部位的皮肤和肌肉从骨面上捏起来的手法，叫作捏法（图5-4-4）。捏法与拿法有类似之处，但是拿法要求全手用力，捏法则侧重手指用力。拿法用力要重些，捏法用力要轻些。捏法是按摩中常用的基本手法，它常常与揉法配合进行。捏法可轻微挤压肌肉，能使皮肤、肌腱的活动能力加强，能促进血液循环。使用捏法时，用力轻可去风寒，可化淤血；用力重可以减轻并消除肌肉和关节疼痛。

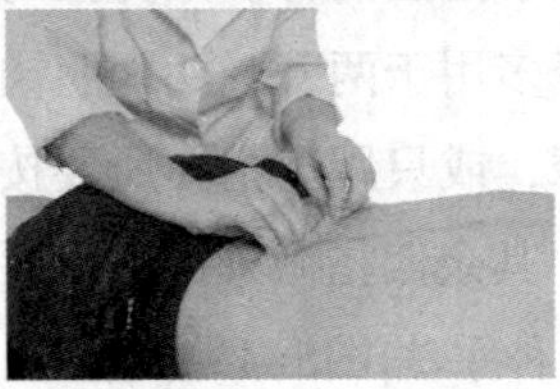

图 5-4-4

（七）颤法

颤法是一种震颤且抖动的按摩手法，动作以短促、均匀为宜。以每秒颤动10次左右，也就是1分钟颤动600次左右为宜。医者将拇指垂直地点在患者痛点，全腕用力颤动，带动拇指产生震颤性的抖动，叫作单指颤法（图5-4-5）。医者将拇指与食指或食指与中指，放在患者痛处，利用腕力进行颤动，叫作双指颤法。

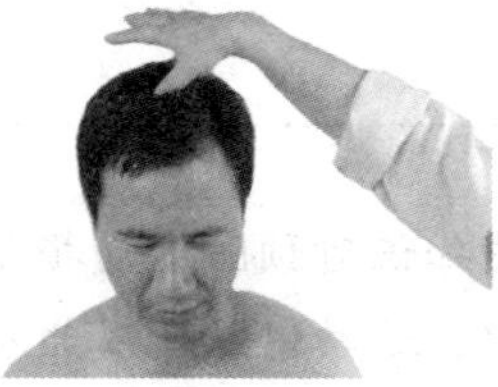

图 5-4-5

（八）打法

打法又叫叩击法（图5-4-6）。其主要用的是两手，常用手法有侧掌切击法、平掌拍击法、横拳叩击法、竖拳叩击法等。打法手劲要轻重得当，给患者以轻松感。

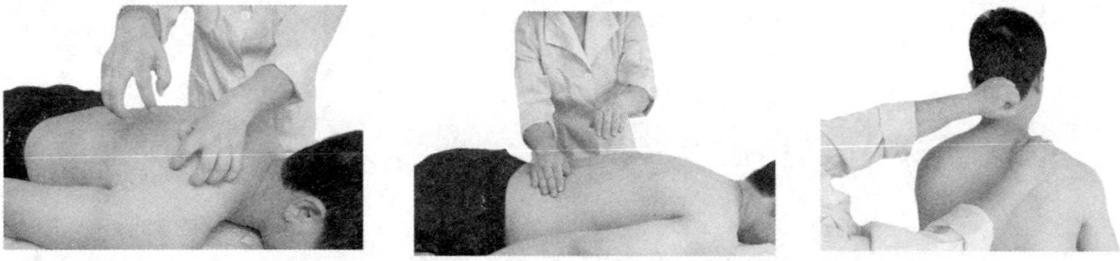

图 5-4-6

三、保健按摩的注意事项

（1）按摩者在按摩前要修整指甲，用热水洗手，同时，将指环等有碍操作的物品摘掉。

（2）按摩者与被按摩者的位置要合适，特别是被按摩者的坐卧等姿势要舒适而便于操作。

（3）按摩手法要轻重合适，按摩者应随时观察被按摩者的表情，使之有舒服感。

（4）按摩时间以每次20～30分钟为宜，以12次为1个疗程。

（5）被按摩者在饱食之后，不要急于按摩，一般以饭后2小时左右为宜。

除上述注意事项外，按摩最好早晚各1次，如在清晨起床前和晚上临睡前。为了加强疗效，防止皮肤破损，在进行按摩时按摩者可选用一定润滑剂，如滑石粉、按摩乳等。若被按摩者局部皮肤破损、溃疡，有骨折、结核、肿瘤、出血等病症，则按摩者不要在此处做按摩。做自我按摩时，按摩者最好只穿背心、短裤，操作时手尽量直接接触皮肤。当按摩后有出汗现象时，按摩者应注意避风，以免感冒。此外，在过饥、过饱、酗酒或过度疲劳时，也不要做按摩。

体育思政课堂

了解体育卫生与保健的相关知识对预防运动损伤及降低损伤程度、促进康复有一定的积极意义。在现代社会中，运动健身已成为人们的一种生活方式。在享受运动带来的健康、快乐的同时，我们尤其要重视运动安全与损伤防护并掌握一定的按摩手法，树立健康第一的理念，用体育卫生与保健知识做好安全防护，增强自身的健康意识，使体育锻炼良性开展，使自身长久受益。

第六章　体育文化与欣赏

第一节　体育文化概述

一、体育文化的含义

把体育作为一种文化现象来加以认识，于是就产生了综合全部体育活动的上位概念——体育文化。德国学者G. A. 菲特在1818年出版的《体育史》一书中，就已使用“physical culture”一词。他用该词来指沐浴和按摩等保健养生活动。《韦氏国际大辞典》也称身体文化为“有关身体系统的保养”。有的解释更为宽泛，认为身体文化是包括身体涂油剂和颜料、营养摄取、体育设施及身体训练的运动器械在内的各种文化现象的总和。第二次世界大战后，世界各国把“身体文化”作为体育的广义概念来使用，认为它是整个文化的组成部分。在历史的长河中，由于受世界各国、各民族社会生产力发展的影响，体育文化的内容和形式随着时代的变化而演进，因而人们对体育文化的理解见仁见智。当今，体育文化的内容和形式有了更大的发展。为了适应新时期的体育特征，我们把体育文化的概念概述为，体育文化是在人们增进健康、提高生活质量的过程中创造和形成的一切物质与精神财富的总和，是关于人类体育运动的物质、制度和精神文化的总和。

二、体育文化的功能

（一）保存、传递和传播文化的功能

体育拓展了文化交往的时空。体育之所以能够担负起保存文化、传递文化、传播

文化方面的任务，主要原因在于：体育离不开确定体育内容，而确定体育内容的过程，实际就是选择文化的过程。人们将自己的体育认识、价值观、体育习惯、体育内容和方法等，经过选择之后组成课程，课程的内容是经过长期实践证明有价值的文化。人们参与体育学习和体育锻炼，使这些文化长期地保存下去。体育文化是一个复杂的整体，它是人们社会生活的一个方面。体育文化就是人们在体育实践中的种种尝试，包括体育观念、运动方式、体育组织管理方法等。

（二）吸收、融合世界优秀文化的功能

体育是加速民族文化交流的重要的和有效的途径。通过体育来吸收其他民族的优秀文化，一般有一个积极的选择过程，即取其精华，去其糟粕。我们应当力求把其他民族的某些优秀文化特质纳入本民族的文化体系中，从而大大减少吸收的盲目性，提高青年一代的民族自尊心。同时，青年一代思想活跃，眼界开阔，对新兴事物很敏感，容易接受新的观念与新的工作方式、生活方式，这对通过体育融合来吸收各民族的文化无疑是极为有利的。体育运动中的无数事实表明，当融合进世界体育的潮流时，我们就充满时代感，体育就繁荣发展；当游离于这个世界的体育潮流之外时，我们就有封闭感，体育发展也会较为缓慢。

（三）创造、更新文化的功能

现代体育具有更为强大的创造、更新文化的功能。一方面，体育为社会文化的不断更新发展，提供身心健康、具有创造活力的人才；另一方面，现代体育与文化创造紧密结合，成为促使文化变革与发展的一个重要渠道。在现代体育中，体育人对作为体育内容的文化素材，已不是简单机械地照搬，而是根据体育原理和各种文化素材的特点进行再加工和再创造。体育运动是对外开放的一个窗口，但这个窗口是双向的，要实行文化的对流。我国在体育运动方面，不仅要以灿烂的传统文化使世界惊异，还要在世界体育运动中显示出我们当代的创造性。另外，以科学研究为主要形式的文化创造活动已经成为现代体育不可缺少的组成部分。

在体育运动中所提出的新概念、新观念和新模式，潜移默化地进入了中国特色社会主义现代化建设者的精神生活。体育运动所需要的不断开拓精神成为社会所追求的高尚情操，激励着各行各业的人着眼未来和整个世界，这恰恰是中国特色社会主义现代化建设所需要的社会品质。

第二节 校园体育文化

一、校园体育文化概述

校园体育文化作为学校教育的重要组成部分，在德智体美劳全面发展的教育方针中和在培养身心健康、具有创新精神与实践能力的社会主义现代化合格人才中具有十分重要的作用。

当代校园体育文化在新时代中国特色社会主义体育教育方向的指引下，既要发展中华民族传统的体育文化，又要引进国际先进的体育文化。为完成未来体育教育的使命，我国当代校园体育肩负着以下历史使命。

（1）树立健康第一的教育指导思想。校园体育要树立在生理上、心理上与社会相适应的全面健康的理念，加强对学生的心理健康教育，增强学生对社会的责任感，培养学生坚韧不拔的意志和艰苦奋斗的精神。

（2）为推行素质教育服务。体育教学推行素质教育要更多地关注学生的个性发展，提高学生人文体育的素养，培养学生健康的人格，增强学生的健身意识，提高学生的品德修养，协调其人际关系，培养其合作精神。

（3）培养学生终身体育的观念。为实现自身的全面发展及适应现代社会发展需要，学生应树立终身体育观念。校园体育应重视培养学生终身体育的观念，为学生终身体育打下坚实的基础。

二、校园体育文化的内容

（一）体育课

体育课是大多数大学生参与校园体育活动的重要途径。教育部于2002年印发的《全国普通高等学校体育课程教学指导纲要》规定，普通高等学校的一、二年级必须开设体育课程（四个学期共计144学时）。修满规定学分、达到基本要求是学生毕业、获得学位的必要条件之一。普通高等学校对三年级以上学生（包括研究生）开设体育选修课。2014年，教育部印发《高等学校体育工作基本标准》，文件规定要严格执行《全国普通高等学校体育课程教学指导纲要》，必须为一、二年级本科学生开设不少于144学时

（专科生不少于108学时）的体育必修课，每周安排体育课不少于2学时，每学时不少于45分钟。因此，对于绝大多数大学生来说，体育课是大学体育学习的基本组织形式。

高校可以根据高等学校教育的总体要求和体育课程的自身规律，面向全体学生开设多种类型的体育课程，可以打破原有的系别、班级建制，重新组合上课，以满足不同层次、不同水平、不同兴趣学生的需要。对部分身体异常和病、残、弱及个别高龄等特殊群体的学生，学校可以开设以康复、保健为主的体育课程。

（二）体育俱乐部

20世纪80年代以来，我国大学体育受世界大学体育思想和高等学校体育管理模式的影响，体育俱乐部研究作为高校体育改革具有标志性的课题逐渐兴起，受到了极大的关注。进入20世纪90年代，高校体育俱乐部作为一项牵动学校体育整体改革的研究，呈现出多样化的局面。在我国，大学体育俱乐部主要有三种形式：课内体育俱乐部、课外体育俱乐部和课内与课外相结合的体育俱乐部。

大学体育俱乐部在参与形式、学习方式、文化氛围、生活方式等方面都最接近大众体育，贴近家庭和社会生活，这就给大学生无形地注入了闲暇体育思想和终身体育思想。闲暇体育的生活气息、生活方式、兴趣指向、行为养成等在有效地增进大学生身心健康的同时，对学生体育意识、行为、能力的培养也有着积极的促进作用。因此，大学体育俱乐部的形式得到了当代大学生的普遍认可，呈现出良好的发展态势。

（三）课余运动竞赛

课余运动竞赛是指在课余时间，以争取优胜为主要目的，以运动项目为内容，根据规则的要求，进行个人或集体的体力、技艺、心理的相互较量的体育活动。多国大学校园基本上每年都举行各种各样的课余运动竞赛，如校级田径运动会和班级或院系篮球赛、足球赛、排球赛、羽毛球赛等。每4年一届的全国大学生运动会是对我国各大学体育运动技术水平的检阅。在每2年一届的世界大学生运动会上，来自世界各国的大学生在运动场上奋勇拼搏，体现了当代大学生努力进取的精神风貌。

（四）体育节

体育节常以“体育周”和“体育日”两种形式出现。

一些大众体育活动开展得比较广泛的国家都相继确定了各自的体育节。我国将每年8月8日定为“全民健身日”，以此来倡导人民群众更广泛地参加体育健身活动。自全民健身日设立以来，国家体育总局各级体育部门和社会体育组织根据不同地区、不同行业的特点，精心组织和策划了一系列丰富多彩、贴近百姓、参与性强的全民健身系列活动。美国规定每年的10月9日为“美国跑步日和健康日”，这一天将在全国举办各种娱乐性跑步、竞走、老年人散步、健康商品展销等活动。日本的体育节即“国民体育大会”则分冬季大会和秋季大会（2006年以前，大会分为冬季、夏季和秋季运动会）。法国从1972年起每年举办全国性的“跑步日”“自行车日”“徒步旅行日”“游泳日”“长距离滑雪日”各1次。还有的国家是结合某一重大事件确定体育节日。

第三节　体育欣赏

一、体育欣赏的意义

随着社会的进步，以及竞技体育和新媒体技术的迅速发展，欣赏体育比赛已成为人们业余生活的重要内容。体育欣赏丰富了人们的生活，对体育的了解和爱好逐渐成为评判一个人受教育水平的标志之一。

体育欣赏在人们的生活中所占的分量越来越重，人们的文化生活也越来越离不开它。体育比赛所独有的审美价值是其他文化娱乐活动不能取代的。体育欣赏能调节身心、陶冶情操，满足人们追求完美、高品质生活的需求；能振奋民族精神，启发和增强大众的体育意识，使人们全面投入全民健身活动中。

具体而言，体育欣赏的意义表现在以下几点。

（一）体验不同的体育文化

作为人类智慧的结晶，体育比赛集中反映了不同国家、不同民族的风俗民情和意识观念。例如，极富内向、务实色彩的东方体育比赛与具有外向、开放性特征的西方体育比赛，就是两种风格迥异的体育文化形式。体育文化体现在围绕体育比赛而进行的文化艺术活动中，如比赛期间的文艺演出、绘画展览、新闻报道、电视转播、发行邮票和纪念币等。由于这些活动的开展，风格各异的体育文化形式得以在世界各地传播。通过欣赏体育比赛，人们除了可以了解各种人文景观外，还可以欣赏到独具特色的文化艺术形式。

（二）陶冶情操

当代人把欣赏体育比赛作为社会文化生活中的一项重要内容。在现实生活中，人们追求的是完美的、高品质的生活，而体育比赛可以在一定程度上满足现代人的需求。

任何一项比赛都是通过个人或集体进行的，是人们在体格、体能、运动能力、智慧等方面的角逐。通过欣赏体育比赛，观众不仅能欣赏到运动员强壮、匀称、优美的体形，还能欣赏到运动员展现出来的准确、干净、利落、新颖、洒脱的动作造型，从而产生愉悦的感受。另外，欣赏体育比赛还能激发欣赏者热爱体育、追求美好生活的热情。

（三）振奋民族精神

欣赏体育比赛可以强化人们的集体观念，激发人们的爱国主义热情，振奋民族精神。各式各样比赛的运动员都具有一定社会群体的代表性，他们在比赛场上既要实现自己的价值，又要为其所代表的群体争取荣誉，而观众往往与运动员有着千丝万缕的社会联系，因此，运动竞技的胜负荣辱与欣赏者息息相关。例如，在美国洛杉矶举行的第23届奥运会上，中国体育健儿实现了奥运金牌零的突破，全国人民无不欢欣鼓舞。中国体育健儿在奥运会上的优秀表现激发了全国人民“团结起来，振兴中华”的热情，也感染了海外侨胞。中国体育健儿夺得金牌是中华民族的光荣和骄傲。

（四）激发体育意识

体育意识是人们对体育这一社会现象及其功能、作用的认识和反应。体育比赛能启迪和激发人们的体育意识。

1. 健康意识

举办各种体育比赛的主要目的是加深人们对体育的认识，鼓励人们积极参加体育活动，以提高全民族的健康水平。

2. 拼搏意识

运动员在场上表现出的高超的技艺、灵活多变的战术和充沛的体力，都是其多年大负荷运动训练、战胜身体上和精神上的疲劳及努力拼搏的结果。没有拼搏意识和拼搏精神，运动员就不可能取得成功。这种拼搏意识是激发人们在各项事业中取得优异成绩的精神力量。

3. 创新意识

一名运动员或一个运动队要在比赛场上战胜对手，除了要不断提高自己的身体素质外，还要根据自身的特点，不断改进和创新技战术。创新意识是运动员争夺冠军的重要保证。创新意识可以促进社会各项事业不断发展。

4. 道德意识

道德是社会意识形态之一，是人们共同生活及其行为的准则和规范。运动员在赛场上应胜不骄、败不馁，互相尊重，团结友爱，文明礼貌，遵守纪律，公平竞争。拥有这些良好道德行为的运动员是观众学习的榜样，能够影响整个社会风气。

5. 规则意识

在任何运动项目的比赛中，运动员都要严格遵守比赛规则，服从裁判员的裁决，否则就要受到惩罚。这种规则意识可以使比赛有序进行，也会对社会产生积极的影响。

6. 竞争意识

体育比赛具有强烈的竞争性。双方对垒，全力以赴，追求卓越。这种竞争意识对于当今社会中的每个人来说都是一种不可缺少的素质。

二、体育欣赏的内容

（一）体育欣赏内容的界定

体育欣赏内容是指体育美的内在要素总和。体育美是把人的思想感情和美的意志透过体育动作与活生生的机体而表现出来的一种特殊的艺术，是通过体育实践对健康体魄的美的创造过程，是人的本质力量的感性显现。体育美的内容极为丰富，种类繁多，主要由身体美、运动美和精神美等方面组成，而它们又各自包含着更低一层次的美。

（二）体育欣赏的基本内容

1. 身体美

身体美是指人类健康的身体所呈现的美，是由机体良好的生理和心理状态综合显现出来的健康之美。体育充分地展示了充盈着生命力的身体美，这种美主要通过运动过程表现出来。体育能创造出适应社会不断发展所需要的体力和脑力劳动的能力与体质。经常进行体育锻炼的人，其挺拔粗壮、匀称的身材，丰满坚实、刚劲有力的肌肉，功能强健、代谢旺盛的器官、系统，以及灵活均衡、兴奋抑制、高度集中的大脑中枢神经，形成了一个直观而完整的富有健康美的人体。身体美由以下几个方面组成。

（1）身体素质美：主要是人体活动显示出的力量、速度、柔韧性、灵敏性、耐力等能力。力量——身体运动时肌肉收缩的能力，可以表现出强大的生命力之美；速度——速度美；柔韧性——人体骨骼关节、韧带、肌腱及皮肤等的伸展性带来的身体曲线的变化，能表现柔和、弛缓和轻松的柔韧美（协调美）；灵敏性——身体在紧急情况下的反应所能表现的灵敏美，常给人带来意想不到的愉快情绪；耐力——良好的耐力素质能充分地显示身体的坚毅美。例如，伸肌与屈肌、正关节与反关节、作用力与反作用力等呈现出的动态美。

（2）形体美：主要是指身体外表令人悦目的体形和优美的姿态。形体美往往可分为体形美——身体的曲线美、匀称美、强壮美和肤色美；姿态美——坐姿美、立姿美和行姿美。

（3）体质美：包括身体各部位器官美和各系统功能良好美。美的身体将带来美的运动，竞技运动在现代社会观赏性较强，更富于娱乐性。大量艺术性较强和充分显示身体美的新项目不断涌现，比赛时无疑有一定的“印象分”，以体操、跳水、健美、舞蹈、花样游泳等项目最为明显。因此，研究身体的形体美，有利于这些项目的发展，有助于提升运动员的表演效果，对提高运动员的竞技运动水平也具有举足轻重的作用。

（4）风度美：主要是指人的言谈、举止、态度的良好表现。其内容表现为气质美——人的心灵、性格、修养、情操的外在表现；神态美——通过动作行为表现出来；魅力美——在神奇力量的吸引下产生的美感，如气质有俊气、秀气、雅气、灵气、阔气、刚气、柔气等。

（5）容颜美：主要是指人的音容笑貌，包括面容美——面貌、容貌所展现出的美；眼睛美——通过各种眼神反映出来；笑容美——通过笑容传达美的情感；青春美——从年龄的角度来观察美的特征；朴实美——质朴无华、淡雅大方之美。

（6）运动服饰美：主要是指身体着装之美，包括个性美——正确选择和使用颜色，以突出服装个性；表现美——与人的气质、修养有关；和谐美——各因素之间协调一致；平衡美——注重个性与共性、部分与整体之间的联系。

2. 运动美

运动美是身体的运动之美。

（1）动作造型美：身体活动表现的运动美主要是在身体形态美和身体素质美的基础上的动作造型美。技术动作随着时代和社会的不断变化而发展，向着高、难、快、变、新、美方面发展，动作造型随着技术动作的变更越来越科学、惊险和复杂，甚至令人难以捉摸。动作造型美表现为干净、敏捷、协调、连贯、舒展、跳动富有节奏。运动员优美的动作造型不仅给观众以美的欣赏，还会使运动员自身在完成这些动作之后产生一种满足感、获得感。这种感触的反馈会加倍激发运动员进一步去掌握和规范优美的技术动作，从而不断提高运动技术水平。

（2）技战术美：竞技是充分发挥技巧的竞争活动，是提高运动技术水平的重要途径。丰富的运动形式，使得单纯地表现体力的方法和手段与竞技要求不相适应，因此运动员必须提高技术、战术水平。运动员不但要善于掌控自己的身体，还要注意身体与器械的配合，与同伴的默契，以及了解对手的情况。现代竞技运动训练由原来的经验、体力投入型转为科学、智力投入型，融合了许多学科的知识，这使各种比赛日益复杂化和立体化。这就要求运动员在运动过程中用熟练的技术，把各种动作合理地组合起来，表现出运动美。运动员应遵循运动训练规律，尽可能减少能量的消耗，这样才能充分表现训练有素的技术美，才能创造优异成绩。战术美是建立在技术美和身体素质美的基础之上的。战术美在竞赛中具体表现为运动员能根据不同的变化而采取灵活的对策，能根据对手技术、战术的运用，而随时改变自己的战术形式。克敌制胜的战术就是美的战术，美的战术能使体育竞赛的艺术色彩更浓。

3. 精神美

运动中的精神美是运动员在运动过程中表现出来的道德美、意志美、风尚美、情感美。

（1）道德美：运动员在进行技术表演和展示健美形体时所表现出的良好的社会公德、伦理道德和职业道德。

（2）意志美：运动员为国争光的顽强拼搏精神和胜不骄、败不馁、机智勇敢、沉着果断等优良品质。观众在观看运动员精彩的表演时会潜移默化地受到意志美的感染和熏陶。

（3）风尚美：人们在参与集体练习的过程中所展现的默契配合、团结协作的集体主义精神，以及运动员在各类比赛中服从裁判、尊重观众、听从指挥的行为都表现了一定的风尚美。

（4）情感美：由思想和感情综合形成。体育活动以美感人，以情动人，不论是直接参加者还是观赏者，都能得到精神调节。运动中的情感美可使人们认识到人的价值力量，感受到人类蓬勃向上的精神风貌。

三、大学生体育欣赏能力的培养

（一）体育课堂教学

体育课堂教学是培养大学生体育欣赏能力的主要途径。教师在体育课上传授学生体育理论知识，培养学生的运动能力，通过具体教学活动对学生进行潜移默化的引导，使学生在练习中明白，比赛过程中的种种困难均可能导致运动员成绩不理想，乃至比赛失败，从而要求学生在欣赏体育比赛时鼓励和支持运动员，不要喝倒彩，做一个文明礼貌的欣赏者。

（二）参加体育课外活动

体育课外活动是相对于体育课而言的，其是以锻炼身体、放松身心为目的的体育活动。体育课外活动一般指课间活动、课外活动、学校运动会、班级体育联赛等。这些体育课外活动具有一定的竞争性、娱乐性、游戏性，能够激发大学生参与体育活动的热情，使大学生充分投入体育活动中，欣赏体育精神、欣赏比赛的形式与过程等，从而能够有效培养和提高大学生的体育欣赏能力。

（三）学校体育工作者的引导

教师通过引导学生观看体育比赛，接受体育信息，并重视体育知识的积累，结合平时的教学、训练、比赛对学生进行全方位的教育，让学生了解任何一项体育运动都有自己完整的技术和战术体系、特定的场地和比赛规则，而且体育项目的技术、战术和比赛规则也在不断发展与演变。例如，我们在欣赏世界排球锦标赛时，首先应知道现在排球比赛规则的计分方法和得分制。欣赏者只有掌握了这些体育知识，才能有效地、专业地观看比赛，其心情才会跟着比赛的节奏起伏，从而专注地投入比赛之中，取得体育欣赏的最佳效果。

（四）积极举办校园体育文化活动

教师可利用体育节开展体育知识讲座、体育知识竞赛、体育图片展览等活动，还可通过组织学生集中观看国内外一些重大比赛，让学生感受到体育的力与美，感悟到体育发展的原动力——对抗与竞争，从而使体育精神、体育思想植根于学生的心底，使当代大学生从体育欣赏中终身受益。

体育思政课堂

通过学习体育文化与欣赏的相关知识，学生不仅可以培养竞争精神、自我超越精神、团结协作精神及规则意识，还可以提高“懂比赛、学技术、会欣赏”的全方位体育素养，更加深刻地体会体育的意义，感受体育精神。此外，观看体育比赛是学生寄托爱国主义情感的重要实现途径与方式，是培育学生爱国主义精神不容忽视的手段。

第七章　体育课程思政

第一节　体育课程思政概述

一、体育课程与思想政治教育融合的必要性

2016年，习近平总书记在全国高校思想政治工作会议上强调，要“使各类课程与思想政治理论课同向同行，形成协同效应”。高校的各类课程都要发挥课程的思想政治教育作用。2020年5月，教育部印发了《高等学校课程思政建设指导纲要》，要求高校结合各专业的特点，全方位推进各类专业课程思想政治建设工作，构建促进各类课程思想政治建设的人才培养体系、教学制度、课程内容和目标体系，深入挖掘课程育人价值。“课程思政”成为新时代教育领域实现“立德树人”根本任务的重要抓手和着力点，也是课程与教学领域开展综合改革的重点方向和指南。

大学体育课程是高校促进大学生身心全面发展，寓思想品德教育、文化科学教育、生活与体育技能教育于身体活动的教育过程，是高校实施素质教育、贯彻落实“立德树人”根本任务和培养全面发展的人才的重要途径。

为了贯彻和落实国家的相关文件精神、发挥好每门课程的育人作用、提高高校人才培养质量，加强高校体育课程的思想政治建设，推进体育课程与思想政治教育的融合具有很强的必要性。

二、体育课程蕴含丰富的思想政治教育资源

体育教学和体育竞赛蕴含着人文关怀、进取精神、团队意识和健康向上的文化追求。对于高校思想政治教育来说，这些蕴含在体育教学和体育竞赛中的思想政治元素是独特而富有成效的隐性资源。体育锻炼鼓励大学生挑战自我、追求卓越、自强不息。体

育竞赛需要参与者遵守一定的竞赛规则，这有助于培养大学生自律自制的习惯和按规则行事的规则意识。体育竞赛还需要参与者与他人形成合作或竞争的关系，这对培养大学生的集体主义精神和团结合作意识有一定的积极作用。此外，体育文化倡导的身心全面发展、健康的生活理念，胜不骄、败不馁的生活态度，以及乐观向上、积极健康的生活方式等，对大学生形成正确的世界观、人生观和价值观具有很好的导向作用。“立德树人”是高校教师的首要责任，是高校教育的中心环节。我们应推进高校体育课程的思想政治建设，不断挖掘体育课程和体育教学过程中的思想政治元素，强化体育课程的育人作用。

第二节　体育课程思政的内容

一、体育与公平竞争

（一）培养大学生公平竞争精神的意义

公平竞争精神是人生存和发展的重要素质。从个人生存价值方面来看，竞争在当代社会无处不在。一个人一旦缺乏公平竞争精神，就难以立足于社会。从社会教育价值方面来看，培养大学生的公平竞争精神，是教育的培养目标，也是提高教育效率的手段，既有目的价值，又有手段价值。其具体表现在以下几个方面：第一，竞争可以激发大学生的原始动机和内驱力，促进大学生积极思考，勤奋学习，努力实践，探索创造；第二，竞争可以为大学生提供展示其特长与个性、潜能与价值的机会或舞台；第三，竞争可以为大学生提供模拟的社会竞争环境，为其搭建从大学生内部竞争到社会外部竞争、从仿真竞争到真实竞争实现“软着陆”的平台。

具备公平竞争精神是社会发展对现代人提出的基本要求。公平竞争精神是大学生必备的基本素质，这是由社会的发展所决定的。现代社会是一个充满竞争的经济社会，而未来社会是一个竞争更加激烈的多元社会。现代化经济体系的建立，要求现代人必须形成适应社会经济发展的生存意识和竞争意识。竞争有助于个人潜能的发挥和自身价值的实现，有助于个人适应社会、成就事业，有助于增强全民族的竞争意识，推动社会进步。

（二）体育课程如何培养公平竞争精神

体育课程是公平竞争精神表现尤为突出的学科，也是培养大学生公平竞争精神的良好途径。竞争是体育的灵魂，没有竞争就没有超越，没有竞争就没有创新和发展。竞争是体育固有的属性，是体育的强大生命力。体育竞争激励着人们利用体能、勇气、技术、智慧去奋勇拼搏、积极进取、大胆创新，为集体争取荣誉。公平竞争精神是竞技体育的内在要求。体育比赛的最大魅力在于竞争，更在于有规则的、公正的、平等的竞争。

在体育教学中，教师要依靠体育自身所特有的竞争性，培养大学生的公平竞争精神。在体育教学中，竞争无处不在，其形式多种多样。体育比赛本身存在一定的竞争性，教师可以组织体育比赛（如篮球比赛、足球比赛等），鼓励学生积极参与，引导学生在体育比赛中培养公平竞争精神。此外，教师还可以改变体育比赛形式，如改变比赛方法，突出体育比赛的竞争性。在学生参与体育比赛的过程中，教师要引导学生遵守规则，注重安全，大胆竞争。此外，在体育课成绩考核与达标测试中，教师可建立不同层次的竞争机制，使大学生有明确的奋斗目标，从而努力锻炼，缩小与他人的差距。

二、体育与规则意识

（一）培养大学生规则意识的意义

规则是社会运行的基石，是社会有序运转、人与人和谐共处的基本条件，也是促进现代社会良性发展的基本条件。规则无处不在，任何社会个体与外界的交流都离不开规则的限制，不同的社会角色须遵守不同的规则。规则是任何活动有效进行的必要前提和基本保障。

规则意识是个人素质的重要方面，也是素质教育的重要组成部分。随着时代的发展，社会对人才的要求在不断提高且日趋多元化，但无论人才的标准怎么变化，规则意识都是基本要求。未来社会将是极其讲究规则的社会。从长远来看，在遵守规则的基础上，大学生可以更好地适应社会发展。因此，大学生的规则意识及执行规则的能力是其适应社会发展极其重要的前提，也是大学生学习、生活的基础与保证，有利于大学生顺利地成长为对社会有用的人。

（二）体育课程如何培养规则意识

在现代社会中，大学生的社会适应能力越来越受到教育者的关注。大学生可以通过多种途径提高自己的社会适应能力，体育课程的学习便是其中较为重要的途径之一。社会适应能力涵盖的内容非常广泛，包括建立和谐的人际关系、学会尊重与关心他人、理解不同角色的任务、识别体育中的不道德行为、关心体育与健康问题等。任何体育项目的顺利开展均建立在参与者遵守比赛规则的前提下，体育对大学生规则意识的培养有着得天独厚的优势。

规则意识是不可能自然形成的，要依靠后天的教育与培养，而学校教育是诸多教育途径中极为重要的一环。体育的特性决定了与体育有关的活动均与规则相关联，加上体育课程在教学内容和教学目标上接近规则意识教育的要求，体育课程便成了规则意识教育的重要渠道之一。在体育课程中，教师可重点讲解运动项目规则，向大学生列举一些遵守运动项目规则的典型事件，使学生加深对运动项目规则的认识，从而培养规则意识。另外，教师可组织大学生进行游戏，并在游戏过程中强调规则的重要性，使大学生切身体会规则的含义及重要意义，从而自觉并主动地树立规则意识。个人在大学时代具备了遵守规则的强烈意识，将会对其形成终身遵守规则的意识和行为起到促进作用。

三、体育与人格塑造

（一）体育对健全学生人格的促进作用

健全人格因个体差异不同，所表现出的要素各不相同。健全人格是一个多层次、各要素相互联系的结构。个体在满足社会需求的过程中，通过自身的努力，激发内在潜能，促使自我人格不断完善，以适应社会发展。作为人类社会实践的产物，体育对个体健全人格的塑造有着独特的促进作用。体育锻炼不仅能促进个体身体机能的发展，丰富个体精神层面的需求，还能促进个体“心理人格”的平衡、协调，“法律人格”的平等、公正，“道德人格”的友爱、高尚，从而使个体实现全面发展、全面健康的目标。

（二）学校体育对塑造学生健全人格的作用

1. 促进学生道德规范的形成，增强法规意识

体育比赛讲究公开、公平、公正。任何人参加体育比赛都必须遵守比赛规则，从而形成有组织、有纪律的公平竞争环境。大学生通过参与各项体育运动，能接触和了解体育比赛的规则和程序，并在体育运动中逐渐接受和认同这种行为准则，在日常的学习和生活中约束自己，形成固有的法规意识，进而养成遵守社会规范的习惯。学生在参加体育赛事的过程中，一举一动都代表着学校的形象，道德准则在此过程中逐渐被强化。遵守规则、尊重裁判员、尊重对手，贯穿比赛的全过程，使道德规范逐渐地形成行为准则，进而有助于大学生提高道德品质与思想素养，促进大学生健全人格的形成。

2. 使学生形成正确的价值观

价值观是一个人对事物是非好坏、善恶美丑的直接评判，它是人生观、道德观、世界观的核心基础。正确引导大学生树立社会主义核心价值观，是健全人格的必备条件。体育运动所特有的实践性、直观性、竞技性和参与性，都为个体形成正确的价值观、世界观提供了适宜的发展环境。通过参加体育锻炼，学生可领悟“公平、公正、公开”的竞赛原则，了解“更快、更高、更强——更团结”的奥林匹克格言。体育在构建大学生的完整价值观体系中发挥着重要作用。

3. 培养学生个性美、心灵美和审美能力

从古至今，“美”是人们追求的崇高理想，是健全人格必不可少的特性之一。体育运动带给人们健康之美。经常参加体育锻炼的人，其精神面貌或心理面貌良好，表现为朝气蓬勃、神采奕奕、自信乐观等，展现出一定的个性美；经常参加体育锻炼的人，其大多具备规则意识、公平竞争精神、集体主义思想、进取精神等，而这些正是心灵美的重要内容；经常参加体育锻炼的人，其大多具有一定的审美能力，如健美爱好者大多体格健壮，健美操、体育舞蹈爱好者大多体态优美等，这些美正与不健康的身体美形成鲜明对比，体现出锻炼者较高的审美能力。

四、体育与爱国主义精神

中华民族是有着悠久的爱国主义传统的伟大民族。早在古代，我国就一直弘扬爱国主义精神，赞颂先人的家国情怀，倡导“修身、齐家、治国、平天下”的家国抱负。在战争年代，爱国主义精神集中体现在浴血奋战、保家卫国的抗争上，是一种崇高的民族精神和爱国情怀。在和平年代，爱国主义精神有着团结人民、凝聚共识的作用。对于大学生而言，加强爱国主义教育，不仅能展现他们对祖国的深厚感情，还能促使他们发愤图强，为祖国的繁荣和富强贡献自己的力量。因此，加强对大学生的爱国主义教育，增强大学生对祖国的自豪感和信心很有必要。

作为一种广泛的社会行为，体育不仅是一种强身健体的手段，还具有一定的社会性功能，即增强国民的体质，激发国民的爱国热情，促进民族兴旺和国家昌盛。体育可以唤起人们的民族归属感、认同感，增强民族凝聚力。在体育赛场上，升国旗、奏国歌的场景总能激发人们的民族自豪感和爱国热情，同时使爱国主义精神得到弘扬。

（一）体育为开展中华民族优秀传统文化教育提供了土壤

中华民族优秀传统文化是文明发展沉淀下来的精神财富，是经历了五千多年历史发展的文化瑰宝。弘扬中华民族优秀传统文化是爱国主义的重要体现。因此，对大学生进行爱国主义教育须重视中华民族优秀传统文化的作用。通过中华民族优秀传统文化教育，大学生能够增强对优秀文化的认同与自信，能够弘扬爱国主义精神。

武术是中华民族优秀传统文化的代表。武术文化源远流长、博大精深。例如，太极拳的拳理就是以中国传统文化为理论基础的，“虚实转换”“以柔克刚”等技艺精髓无不建立在中国古代哲学观的基础之上。这些体育活动发展到今天，展现了中华民族优秀传统文化的魅力，有力地弘扬了中华民族自强不息、不卑不亢、顽强拼搏的伟大精神。充分利用体育活动传承体育精神，使大学生对中华民族优秀传统文化有更深的认识是必要的，也是可行的。

（二）体育为实现祖国繁荣富强的愿望提供了情感寄托

实现祖国的繁荣富强是每一个中华儿女的殷切期盼和共同愿望，也是每一个中华儿女的使命和责任。当代大学生作为祖国未来发展的希望，与祖国的命运和前途紧密相连。因此，培育大学生的家国情怀、唤醒其时代担当，是当下教育刻不容缓的使命；而参加体育活动或观看体育比赛，是大学生寄托爱国主义情感的重要实现途径与方式，是培育大学生爱国主义精神不容忽视的手段。大学生在观看体育比赛时总能不自觉地将自己与祖国联系起来。例如，当我国运动健儿取得优异成绩时，当赛场上升起我国的国旗、奏响我国的国歌时，大学生便会产生强烈的民族自豪感，并对祖国繁荣富强的信心倍增。这种民族自豪感无疑是爱国主义教育最为生动的一课。

体育思政课堂

中国高等院校建设发展既要符合当代大学建设的基本规律，又要符合中国国情。坚持用马克思主义理论指引高等院校的办学方向，把“课程思政”理念贯穿高等院校教育教学全过程，既符合我国国情，又是中国特色社会主义高校应有之义。

第八章　田径运动

第一节　田径运动概述

田径运动作为竞技项目可以追溯到古希腊时期，那时赛跑就是古希腊奥林匹亚祭典的主要内容。近代田径运动是于19世纪初在英国兴起的，之后传到美国及欧洲国家，随着1896年第1届现代奥运会的举行而在世界各地普及。

田径运动是人们在长期的社会实践中发展起来的，它由走、跑、跳、投等基本活动技能构成。这些基本活动技能从古代起就是人类生存所必不可少的，在人类的生活、生存和发展中起到了积极作用。随着社会的发展，人类已清楚地认识到这些基本活动技能对于自身生存和发展的意义，因此，田径项目也成了人类最古老和主要的运动项目，受到人们的重视。

田径运动是一种结合了速度与力量、能力与技巧的综合性体育运动。在田径运动中，田赛是在专门场地上举行的比赛项目，以距离的远近、高低决定胜负；径赛是在跑道或公路上进行的比赛项目，以时间的多少决定胜负。另外，由部分跑、跳、投掷项目组合的比赛为全能比赛。

田径运动是其他各项运动的基础。它能全面、有效地提高人的身体素质，对其他各项运动技术的发展和运动成绩的提高都有很好的促进作用。

田径运动具有竞技、健身、娱乐等各种特征，一般为个人运动项目。其运动强度高、竞争性强、锻炼形式多样，场地、设备比较简单，不易受性别、人数、时间、季节等条件的限制，便于广泛开展。

田径运动历史悠久，具有广泛的群众基础。田径运动在国际体坛中影响较大。在历届奥运会和其他大型运动会中，田径比赛是设奖牌最多的竞赛项目。世界各国都很重视田径运动的发展，并把田径运动技术水平作为衡量一个国家总体体育运动水平的重要标志。

中国现代田径运动从19世纪末开始发展。中华人民共和国成立后，各级体育组织都很重视田径竞赛活动的开展。在2004年雅典奥运会上，刘翔获得男子110米跨栏跑的冠军，邢慧娜获得女子10000米跑的冠军，这激发了中国人民对田径运动的极大热情。在2020年东京奥运会男子100米跑半决赛中，苏炳添以9.83秒的成绩顺利晋级决赛，并打破亚洲纪录，成为中国历史上首位闯进奥运会男子100米跑决赛的运动员，并在决赛中获得第六名；在男子4×100米接力决赛中，苏炳添、谢震业、吴智强、汤星强递补获得铜牌。

第二节 跑

一、短跑

短跑项目包括100米跑、200米跑、400米跑等。

（一）100米跑

1. 起跑

在短跑比赛中，运动员必须采用蹲踞式起跑姿势，必须使用起跑器，要按发令员的口令完成起跑动作。起跑器的安装方式主要有普通式和拉长式两种。运动员应根据个人的身高、体形、身体素质、技术水平等情况来选择起跑器的安装方式。

（1）普通式：前起跑器距起跑线约一脚半长，后起跑器距前起跑器约一脚半长。前后起跑器的抵足板与地面的夹角分别约为45°和75°，两个起跑器的左右间隔约为15厘米。

（2）拉长式：前起跑器距起跑线约两脚长，后起跑器距前起跑器约一脚长，起跑器的抵足板与地面的夹角及两个起跑器左右间隔与普通式基本相同。

起跑技术包括“各就位”“预备”和鸣枪三个阶段。

听到“各就位”口令后，运动员走到起跑器前，俯身，两手撑地，两脚依次蹬在前后起跑器的抵足板上，脚尖应触及地面，后腿膝关节跪地。接着两臂收回到起跑线后撑地，两臂伸直，两手间距离比肩稍宽，四指并拢与拇指成八字形，颈部自然放松，身体重心落在两手、前腿和后膝之间，注意听“预备”口令。

听到“预备”口令后，运动员逐渐抬起臀部和后膝，臀部要稍高于肩部，身体重心适当向前上方移动，肩部稍超出起跑线，身体重心落在两臂和前腿之间。两脚紧贴起跑器抵足板，集中注意力听枪声。

听到枪声后，两手迅速推离地面，两臂屈肘并积极、有力地前后摆动，同时两腿快速用力地蹬起跑器，后腿快速蹬离起跑器后迅速屈膝向前上方摆出，前腿快速、有力地蹬伸。

2. 起跑后的加速跑

起跑后的加速跑是从蹬离起跑器到途中跑之间的一个跑段。其主要任务是使运动员尽快加速并达到最快速度。

起跑后第一步约为三脚半长，第二步为四脚至四脚半长，以后步长逐渐增大，直至增大到途中跑的步长。脚蹬离起跑器后，身体处于较大幅度的前倾姿势，为了不使身体向前摔倒，要积极加快腿的蹬伸与臂的摆动，保持身体的平衡。

最初几步两脚着地点并不在一条直线上，随着速度的加快，两脚内侧着地点逐渐趋于在一条直线上。

3. 途中跑

途中跑在整个短跑中是距离最长的跑段。其主要任务是使运动员继续保持较快速度。其动作特点是前脚的脚掌落在身体重心投影点的稍前处，脚触地后，膝关节微屈，脚跟下沉，使身体重心很快地移过垂直面；接着后腿同侧髋关节、膝关节、踝关节依次迅速伸展，完成快速、有力的后蹬。后蹬角度要适当，后蹬方向要正。随着脚的落地，摆动腿的大腿迅速前摆，大腿和小腿随惯性折叠。蹬地脚蹬地时，摆动腿的大腿积极向前上方摆动，并把同侧髋一起带出。落地前，摆动腿的大腿要迅速、积极地下压，这时由于惯性，摆动腿小腿自然前伸，接着前脚掌迅速且有弹性地向下、向后做扒地动作。

途中跑时，头要正对前方，两眼要向前平视，上体保持正直或微向前倾。以肩关节为轴，两臂轻松而有力地前后摆动。前摆时，手不超过身体中线和下颌，上臂与前臂之间的夹角约为90°；后摆时，肘关节要稍微向外。摆臂动作应以自然协调为原则。

4. 终点跑

终点跑是全程跑的最后一个跑段，要求运动员在离终点线15～20米处时，尽力加快两臂摆动的速度并增强力量，上体保持前倾。当离终点线一步时，上体急速前倾，两臂后摆，用胸部或肩部冲向终点线。跑过终点线后，运动员要逐渐减速。

（二）200米跑和400米跑

200米跑和400米跑有一半以上的距离是在弯道上进行的。弯道跑的技术与直道跑的技术有所区别。

1. 弯道起跑和起跑后的加速跑

为了便于弯道起跑后能有一段直线距离进行加速跑，起跑器应安装在弯道跑道的右侧，对着弯道的切线方向。弯道起跑后，运动员前几步应沿着内侧分道线的切线跑进。加速跑的距离应适当缩短，上体抬起的时间稍早一些。在进入弯道时，运动员应尽可能地沿着跑道内侧跑，身体及时向内侧倾斜。

2. 弯道跑技术

运动员从直道进入弯道时，身体应有意识地向圆心方向倾斜，加大右腿和右臂的摆动力量和幅度。后蹬时，右脚用前脚掌的内侧蹬地，左脚用前脚掌的外侧蹬地。两腿摆动时，右腿膝关节稍向内摆动，左腿膝关节稍向外摆动。两臂摆动时，右臂前摆稍偏向左前方，后摆稍偏向右后方；左臂稍离躯干前后摆动。弯道跑时，两腿蹬地与摆动方向都应与身体向圆心方向倾斜趋于一致。从弯道跑进直道时，身体应在弯道跑的最后几步逐渐减小内倾角度，自然地跑几步，然后做一个进入直道的调整，按直道途中跑技术跑进。

二、中长跑

中长跑项目包括800米跑、1500米跑、5000米跑、10000米跑等。

（一）起跑和起跑后的加速跑

中长跑运动员采用站立式起跑姿势。当听到“各就位”的口令后，运动员迅速走到起跑线后，通常将力量较大的脚放在起跑线后，前后脚距离约一脚长，左右脚距离约半脚长，后脚前脚掌触地，目视起跑线前方5～10米处，两臂一前一后，身体保持稳定，集中注意力听枪声。当听到枪声后，两腿迅速用力蹬地，两臂配合腿部动作做快速、有力的摆动，使身体迅速向前冲出，在短时间内获得较快的跑速，然后进入匀速、有节奏的途中跑。

（二）途中跑

途中跑是中长跑各跑段中距离最长的跑段，是中长跑的主要部分。中长跑的途中跑的运动强度低于短跑的途中跑，跑速相对较慢，动作幅度和用力程度相对较小。除了因战术需要而改变跑的节奏外，运动员在途中跑时一般采用匀速跑，跑时要做到技术合理、速度均匀、节奏感强、全身动作协调有力。

（三）终点跑

终点跑是运动员在十分疲劳的情况下，竭尽全力进行的最后一段距离的冲刺跑。在运动员实力接近的条件下，终点跑是决定比赛结果的关键。

终点跑的动作要领与短跑的动作要领相同，只是距离长一些。运动员一般根据自己的训练水平、战术要求和个人体力确定冲刺的距离和速度。一般情况下，800米跑，运动员可在距离终点200～300米处开始加速；1500米跑，运动员可在距离终点300～400米处开始加速；5000米及以上距离跑，运动员可在距离终点400米或稍长距离处开始加速。在冲刺时机选准后，运动员要动员全身力量，以顽强的毅力冲过终点。

（四）中长跑的呼吸

中长跑时，运动员应注意呼吸的节奏。呼吸应自然且有一定的深度，一般是跑两三步一呼气，再跑两三步一吸气。随着跑速的提高，呼吸频率也相应加快。中长跑时，由于运动强度高、竞争激烈，运动员为了提高呼吸效率可采用口与鼻子同时呼吸的方法，以最大限度地满足机体对氧气的需要。

中长跑时，运动员跑一段距离后会出现不同程度的胸部发闷、呼吸困难、动作无力的现象，迫使跑速降低，这种生理现象叫作“极点”。当“极点”现象出现时，运动员应适当降低跑速，深呼吸，特别是加深呼气，同时要以顽强的意志坚持下去。

第三节　跳

一、跳高

随着跳高技术的发展，在正式比赛中，运动员普遍采用背越式跳高技术。背越式跳高技术由助跑、起跳、过杆和落地四个部分组成。（图8-3-1）

图 8-3-1

（一）助跑

助跑一般分为前段直线跑和后段弧线跑。运动员在助跑的前段采用直线助跑，用前脚掌着地，富有弹性地跑，提高身体重心，步幅均匀，不断加速；进入助跑的后段时采用弧线跑，前脚掌沿弧线落地，外侧摆动腿有弹性地蹬地，上体逐渐向弧线内侧倾斜。助跑的节奏要快，特别是助跑的最后两步，髋关节前送幅度要大。迈步时，上体保持较垂直的姿势，摆动腿积极、充分后蹬，起跳腿快速前伸，髋部自然前送。助跑时，两臂应积极、有力地前后摆动；进入弧线跑时，外侧臂的摆动幅度应大于内侧臂的摆动幅度。

（二）起跳

起跳腿以大腿带动小腿积极下压着地，起跳脚脚跟外侧先着地，接着过渡至全脚掌着地，脚尖朝向弧线的切线方向。随着身体由内倾转为垂直，运动员的起跳腿迅速地完成缓冲和蹬伸动作，顺势向上跳起。

摆动腿蹬离地面以后，髋部发力，带动大腿加速向前摆，同时以膝关节领先，摆动腿屈膝折叠。摆动腿摆过起跳腿前方后应向里转，而小腿和脚要稍外展。摆动腿沿着助跑弧线的延伸方向加速上摆，直至减速制动。两臂的摆动要与摆动腿的摆动协调配合。

（三）过杆

在起跳腿蹬离地面结束起跳以后，身体应保持伸展的姿势向上腾起，同时在摆动腿和同侧臂的带动下，围绕身体纵轴旋转，使身体背对横杆。当头和肩越过横杆以后，及时地仰头、倒肩和展体，并利用身体重心向上的速度，收腿挺髋，身体成反弓形。这时，两腿屈膝稍后收，两臂置于体侧。当身体重心移过横杆时，含胸收腹，同时髋部发力，带动大腿和小腿加速向后上方甩，使整个身体越过横杆。

（四）落地

身体保持屈髋伸膝的姿势下落，最后背部先落于海绵垫上。运动员落在海绵垫上后，要做好缓冲控制，防止受伤。

二、跳远

跳远技术由助跑、起跳、腾空和落地四个部分组成。（图8–3–2）

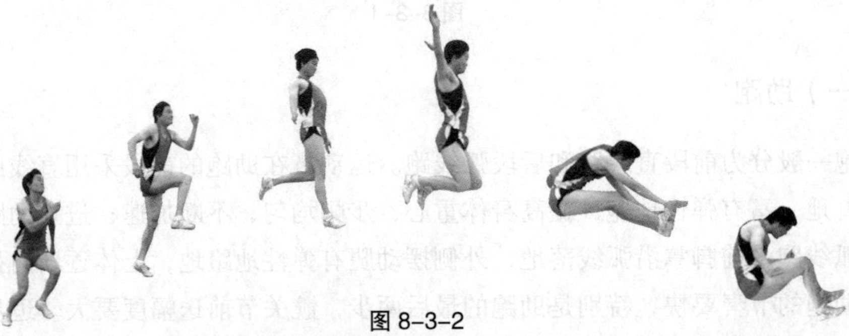

图 8–3–2

（一）助跑

助跑是为了获得理想的水平速度，并为准确踏板和快速、有力起跳做好准备。助跑距离与运动员的年龄、运动水平和发挥速度的能力有关，一般为28～50米。在助跑过程中，运动员注意把握身体重心和节奏，最后一步达到助跑时的最快速度。

（二）起跳

在助跑的倒数第二步，摆动腿着地时，上体正直，起跳腿膝关节迅速前移，自然积极地前摆。在起跳腿大腿前摆时，抬腿高度要比短跑时低些，大腿积极主动下压，全脚掌踏上起跳板，然后两腿屈膝缓冲，身体重心稍降低。当身体重心移至起跳腿支撑点的垂直部位时，起跳腿迅速用力蹬伸，使髋、膝、踝三个关节迅速伸直，上体挺起，摆动腿大腿积极向前上方摆至水平位置，小腿自然下垂，完成起跳动作。

起跳腿同侧臂屈肘向前上方摆起，异侧臂屈肘向侧方摆起。当两臂肘关节摆至略低于肩或与肩同高时，两臂停止摆动，使身体借助摆臂的惯性提肩、拔腰、挺胸、顶头，帮助提高身体重心，以增强起跳效果。

（三）腾空

起跳腾空后的空中动作主要有挺身式、蹲踞式和走步式，以下介绍挺身式。

起跳腾空后，摆动腿大腿积极下放，小腿随之向下、向后摆动，起跳腿向摆动腿靠拢。当达到腾空最高点时，身体充分伸展，形成挺胸展髋姿势。两臂上举或后摆，收腹团身。落地瞬间，两腿前伸，成落地姿势。（图8–3–3）

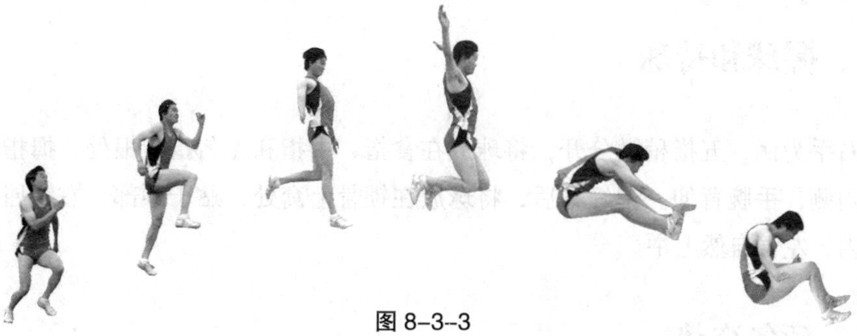

图 8–3–3

（四）落地

落地前，上体不要过分前倾，大腿要尽量上抬至靠近胸部。将要落地时，小腿积极前伸；两脚接触沙面后，两腿迅速屈膝缓冲，两臂积极向前挥摆，臀部前移，上体前倾，使身体重心迅速移过支撑面。为了避免落地时身体后坐，运动员可采用以下两种落地姿势：① 前倒姿势，即当脚跟着地后，前脚掌下压，两腿屈膝前跪，身体移过支撑点后继续向前移动，并向前倒下；② 侧倒姿势，即当脚跟着地后，一腿紧张支撑，另一腿放松，身体向放松腿的前侧方倒下。

第四节　投

投掷是人体利用自身能力，通过一定的运动形式，将器械掷至最大远度的一种运动方法。在田径运动中，投掷项目有推铅球、掷铁饼、掷链球、掷标枪等。下面主要介绍滑步推铅球技术。

滑步推铅球技术由握球和持球（图8-4-1）、预备姿势、滑步、最后用力和保持身体平衡五个部分组成。

(a) 握球

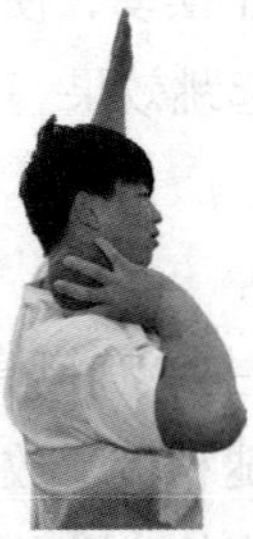
(b) 持球

图8-4-1

一、握球和持球

以右手为例，五指稍微分开，将球放在食指、中指和无名指指根处，拇指和小指扶在球的两侧，手腕背伸。握好球后，将球放在锁骨上窝处，贴于颈部，右臂屈肘向外，掌心向内，左臂自然上举。

二、预备姿势

持球后，运动员站在投掷圈的后部，背对投掷方向，右脚在前，贴近投掷圈，身体重心落在右脚上，左脚在后，以脚尖自然点地。身体从正直姿势开始向前屈体，待上体与地面平行时，右腿屈膝下蹲，形成团身动作。

三、滑步

预备姿势完成后，臀部带动身体重心略向投掷方向移动，使其移离身体的支撑点（右脚），以便于滑步并避免身体重心起伏过大。左腿以大腿带动小腿迅速向抵趾板方向摆出并外旋，右腿积极蹬伸，及时拉收并内旋，两腿协调配合，推动身体向投掷方向快速移动。

四、最后用力

最后用力是推铅球技术的重要环节。滑步结束后，左脚脚掌内侧着地支撑，右腿弯曲，身体重心落于右腿。左脚脚尖与右脚脚跟在一条直线上，肩轴与髋轴成扭紧状态，右腿积极蹬伸，推动右髋向投掷方向转动，左臂由胸前向投掷方向牵引摆动，身体重心逐渐移至左腿，左腿被动微屈。左臂由上向身体左侧靠压制动，右臂向投掷方向转动，用力推球。铅球快离手时，手腕、手指向外拨球。

五、保持身体平衡

铅球离手后，两腿前后交换，降低身体重心，以保持身体平衡。

体育思政课堂

田径运动中的中长跑、接力跑等运动项目可以磨炼大学生的意志；跳高、跳远、三级跳远可以培养大学生不怕困难、挑战自我的精神；投掷项目可以增加大学生的勇气，培养大学生的冒险精神。通过观看田径比赛，大学生可以增强自己的规则意识和竞争意识，提高自己的体育欣赏能力和体育文化素养。

第九章 球类项目

第一节 足球运动

一、足球运动概述

中国是足球的故乡。中国古代的“足球”游戏称为“蹴鞠”。早在2000多年前的春秋战国时期，我国就有了蹴鞠游戏。西汉时修建有“鞠城”，专供竞赛之用。1863年10月26日，英国人在伦敦成立了世界上第一个足球运动组织——英格兰足球总会，并统一了足球规则，人们称这一天为现代足球的诞生日。这次制定的足球规则是现今足球规则的基础。1904年5月21日，国际足球联合会（简称“国际足联”）在巴黎成立，并于1930年起每4年举办一次国际足联世界杯。从此，现代足球运动日益发展。20世纪50年代至60年代初，我国足球运动水平有了大幅度的提高，并在亚洲处于领先地位，与欧美强国有了一定的抗衡能力。1994年开始的中国足球职业联赛，共有23支俱乐部球队参加，实行升降级制度。从此，我国的足球运动走上了职业化的道路，更好地与国际足球接轨。在职业化的推动下，在2002年第17届世界杯上，中国国家男子足球队首次打入世界杯的决赛圈，冲出亚洲，走向了世界。中国国家女子足球队是亚洲劲旅，曾获得女足亚洲杯七连冠，并获得第26届奥运会亚军和第3届女足世界杯亚军。2022年2月，中国国家女子足球队在亚洲杯决赛中战胜韩国队，第9次夺得亚洲杯冠军。

二、足球基本技术

足球基本技术是运动员在足球比赛中所采用的合理行动和动作方法的总和。其主要包括踢球、运球、停球、头顶球、抢截球、掷界外球等。

（一）踢球

踢球动作一般由助跑、支撑脚的站位、踢球腿的摆动、踢球脚的触球部位和踢球后的随摆等要素组成。

1. 脚内侧踢球

脚内侧踢球常用于踢定位球，也可以用于踢各方向来的地滚球和空中球。

脚内侧踢定位球时，直线助跑，支撑脚落在球的侧后方15厘米左右处，两腿微屈，踢球腿以髋关节为轴，膝关节外转约90°，踢球脚脚底约与地面平行，同时距地面高度不得高过球，由后向前摆动，用脚内侧触球的后中部。（图9–1–1）

脚内侧踢球

图 9–1–1

脚内侧踢空中球时，踢球腿大腿抬起，小腿拖后，脚内侧对准出球方向，利用小腿的向前摆动敲击球的后中部。

2. 脚背内侧踢球

脚背内侧踢球用于踢定位球、转身踢球、踢过顶球、远距离传射。下面主要介绍前两种。

脚背内侧踢球

脚背内侧踢定位球时，助跑方向与出球方向约成90°。支撑脚脚掌外沿积极踏在球的侧后方25～30厘米处，支撑腿膝关节弯曲，支撑脚脚尖指向出球方向，支撑脚踏在球的横轴（与出球方向垂直的轴）的延长线上，身体向支撑脚一侧稍倾斜。在支撑脚着地的同时，踢球腿以髋关节为轴，大腿带动小腿由后向前挥摆。当身体转向出球方向、膝关节大约摆至球的正上方时，踢球腿小腿加速前摆，脚尖稍外转并下压，以脚背的内侧踢球的后中部。踢球后，踢球腿继续向出球方向摆动。（图9–1–2）

图 9–1–2

脚背内侧转身踢球时，在助跑最后一步蹬离地面时，身体转向出球方向。支撑脚以脚掌外沿着地，脚尖指向出球方向，上体侧前倾，支撑腿膝关节弯曲，后面的动作与脚背内侧踢定位球的动作相同。

3. 脚背外侧踢球

脚背外侧踢球

脚背外侧踢球用于踢定位球、踢弧线球、踢弹拨球等。

脚背外侧踢定位球时，直线助跑，最后一步稍大，支撑脚积极地以脚跟着地，踏在球的侧后方10～15厘米处，脚尖正对出球方向，支撑腿膝关节微屈；摆动腿以膝关节为轴，大腿带动小腿积极向前摆动，用脚背外侧接触球。在踢球腿膝关节大约摆至球的正上方，小腿加速前摆的一刹那，踢球腿的膝关节与脚尖内转，脚背绷直，脚趾扣紧，以脚背外侧踢球的后中部。踢球后，踢球腿继续前摆。（图9–1–3）

图 9–1–3

（二）运球

1. 脚背正面运球

脚背正面运球

脚背正面运球常用于快速前进。

跑动时，身体自然放松，上体稍前倾，两臂自然摆动，步幅不宜过大。运球脚脚跟提起，脚尖下压，用脚背正面推拨球前进。（图9–1–4）

图 9-1-4

2. 脚背外侧运球

脚背外侧运球常用于快速奔跑和向外改变方向。

脚背外侧运球的技术动作与脚背正面运球的技术动作相似，不同的是运球脚的脚尖稍内转，用脚背外侧触球。

脚背外侧运球

3. 脚背内侧运球

脚背内侧运球常用于变向和用身体掩护球。

跑动时，身体自然放松，步幅不宜过大，上体稍前倾并向运球方向转动。运球脚提起时，运球腿微屈，运球脚脚跟提起，脚尖稍外转，在迈步前伸着地前，用脚背内侧推拨球。

脚背内侧运球

4. 脚内侧运球

脚内侧运球是运球技术中最慢的一种运球方法，常结合身体掩护球使用。

脚内侧运球时，支撑脚向前跨出一步，踏在球的前侧方，支撑腿微屈，上体稍前倾并向里转。随着身体向前移动，运球脚提起，用脚内侧推球的后中部。

脚内侧运球

（三）停球

停球是指队员有目的地用身体的合理部位，把运行中的球停或接到所需要的控制范围内。停球是为了更好地传球、运球、过人和射门。

1. 脚内侧停球

脚内侧停球触球面积大，易停稳球，便于变向和衔接下一个动作，多用于停地滚球、反弹球和空中球。

（1）脚内侧停地滚球：支撑脚对正来球，两腿微屈，停球腿膝关节外转并前迎。在球与脚接触前的一刹那，停球脚开始后撤，在后撤过程中用脚内侧触球，把球停在需要的位置上。（图9-1-5）

脚内侧停地滚球

（2）脚内侧停反弹球：支撑脚踏在球的落点的侧前方，两腿微屈，上体稍前倾并向停球脚方向微转，同时停球脚提起并放松，用脚内侧对准球的反弹方向。当球落地反弹刚离地时，用脚内侧触球的中上部。（图9-1-6）

脚内侧停反弹球

图 9-1-5

图 9-1-6

脚内侧停空中球

（3）脚内侧停空中球：一种方法是根据来球的高度，停球脚抬起，脚内侧对准来球方向，在脚与球接触前的一刹那开始后撤，在后撤过程中用脚内侧触球，把球控制在下一个动作需要的地方（图9-1-7）；另一种方法是停球脚抬起，稍高于选择的停球点，在脚与球接触前的一刹那，用脚内侧切球的侧上部，把球停在地面，这种方法停球往往不稳，需要及时调整。

图 9-1-7

2. 脚底停球

脚底停球常用于停地滚球和反弹球。

脚底停地滚球

脚底停地滚球时，两腿微屈，支撑脚脚尖对正来球，同时停球脚提起，脚尖翘起，脚跟不得高于球的上沿，停球腿膝关节自然弯曲，踝关节放松，用前脚掌触球的中上部。（图9-1-8）

图 9-1-8

脚底停反弹球时，支撑脚踏在球落点的侧后方。在球着地的一刹那，用停球脚前脚掌对准球的反弹方向，触球的中上部。

脚底停反弹球

3. 胸部停球

胸部面积较大，有弹性，位置高，能停高球和空中平球。胸部停球有收胸式停球和挺胸式停球两种。

（1）收胸式停球：一般用于停胸部高度的平直球。停球时，面对来球，两脚开立，两臂自然张开，挺胸迎球。在球与胸部接触前的一刹那，迅速收胸、耸肩、收腹，缓冲来球力量，将球停在身前。如果要把球停向左（右）侧，则上体在接触球的同时向左（右）侧转动，并用同侧胸部触球。（图9–1–9）

收胸式停球

图 9–1–9

（2）挺胸式停球：一般用于停高于胸部的下落球。停球时，面对来球，两脚开立，两腿微屈，正对来球。在球与胸部接触前的一刹那，收下颌，挺胸，上体后仰成反弓形，以缓冲来球力量，使球弹起再落于身前。（图9–1–10）

挺胸式停球

图 9–1–10

（四）头顶球

头顶球是运动员在比赛中争取时间和取得空中优势的主要技术，在攻防中都起着重要作用。头顶球可分为前额正面头顶球和前额侧面头顶球两种。前额正面和前额侧面这两个部位都可以用于原地头顶球、跳起头顶球和鱼跃头顶球。下面主要介绍原地头顶球。

1. 原地前额正面头顶球

身体正对来球，两脚开立，两腿微屈，上体后仰，两臂自然分开，两眼注视来球。在球即将飞行至身体正上方时，两脚用力蹬地，收腹，身体迅速前摆。当球飞行至身体正上方时，颈部紧张，收颌甩头，用前额正面击球的后中部，然后上体随球继续前摆。（图9–1–11）

图 9–1–11

2. 原地前额侧面头顶球

两脚前后开立，两腿微屈，上体和头部稍向出球方向异侧转动，身体重心放在后脚上，两臂自然张开，两眼注视来球。当球飞行至出球方向同侧肩的前上方时，后脚用力蹬地，上体迅速向出球方向扭转，同时甩头，用前额侧面击球的后中部。

（五）抢截球

抢球是把对方控制的或将要控制的球夺过来或破坏掉。截球是将对方传出的球堵截住或破坏掉。

1. 正面抢截球

正面抢截球有正面跨步抢截球和正面铲球。

正面跨步抢截球

（1）正面跨步抢截球：两脚前后开立，两腿微屈，身体重心下降，落在两脚之间，面向控球者。当控球者运球前进，脚触球即将着地或刚着地时，抢球者一脚用力蹬地，抢球脚以脚内侧对正球并向球跨出一步，抢球腿膝关节弯曲，上体前倾，身体重心移至抢球脚上，另一脚立即前跨成支撑脚。若双方的脚同时触球，则抢球者要顺势向上提拉球，使球从控球者的脚背滚过。抢球者身体要迅速跟上，把球控制住。（图9–1–12）

图 9-1-12

（2）正面铲球：两脚前后开立，两腿微屈，身体重心下降，落在两脚之间，面向对手。在对手运球前进，脚触球的一刹那，抢球者一脚用力后蹬，另一脚前伸，然后将球踢出。

2. 侧后铲球

侧后铲球是抢截球技术中难度较大的技术动作。侧后铲球有同侧脚铲球和异侧脚铲球。

（1）同侧脚铲球：在控球者拨出球的一刹那，抢球者来球方向异侧脚用力蹬地前跨，来球方向同侧脚以脚外侧沿地面向前外侧滑出，用脚背外侧将球踢出，然后小腿外侧、大腿外侧和臀部依次着地。

同侧脚铲球

（2）异侧脚铲球：在控球者拨出球的一刹那，抢球者来球方向同侧脚用力蹬地前跨，来球方向异侧脚以脚外侧沿地面向前内侧滑出，用脚底将球踢出，然后小腿外侧、大腿外侧和臀部依次着地。

异侧脚铲球

（六）掷界外球

掷界外球不受越位限制，是组织进攻的机会。如果掷球既远又准，则能加快进攻速度。

1. 原地掷界外球

面对出球方向，两脚前后开立，两腿微屈，上体后仰成反弓形，身体重心移到后脚上，两手自然张开，拇指相对成八字形，持球侧后部，两臂屈肘将球置于头后。掷球时，后脚用力蹬地，两腿迅速伸直，身体重心由后脚移到前脚，收腹屈体，同时两臂急速前摆，当摆到头上时用力甩腕将球掷入场内（图9-1-13）。掷球时，后脚可沿地面向前滑动，两脚均不可离地或踏入场内（但允许踏在线上）。

原地掷界外球

图 9–1–13

2. 助跑掷界外球

两手持球于胸前。在助跑迈出最后一步时，上体后仰成反弓形，同时两手将球举至头后。掷球时的动作与原地掷界外球的动作相同。

助跑掷界外球

三、足球基本战术

运动员在足球比赛攻守过程中采取的个人行动和集体配合，称为足球基本战术。足球基本战术可分为进攻战术和防守战术两大类。进攻战术和防守战术都包含个人和集体的战术。

（一）比赛阵形

比赛阵形是指比赛场上队员的基本位置排列，是本队攻守力量分配和分工的形式。本队选择阵形要以本队队员的特长、体能与技术水平的特点为依据。

目前，世界上普遍采用的阵形有“4–3–3”阵形、“4–4–2”阵形、“4–1–2–3”阵形、“3–5–2”阵形等。在以上阵形中，除“4–4–2”阵形以防守为主、反击为辅外，其他阵形均以进攻为主，尤以“3–5–2”阵形突出。

（二）进攻战术

1. 个人进攻战术

个人进攻战术包括摆脱、跑位、运球过人等。个人进攻战术指的是运动员在对方紧逼防守的情况下采取有效措施，摆脱自己的对手，跑到有利的位置，接应控球的同伴，巧妙地传球配合，以达到进攻目的的方法。

2. 局部进攻战术

局部进攻战术是指两人以上的战术配合行动。局部进攻战术可以丰富和完善集体进攻战术，是实施集体进攻战术的基础。

常用的局部进攻战术有以下几种。

（1）斜传直插二过一：如图9–1–14所示，⑦ 将球横传给 ⑨ ，⑨ 斜线传球，⑦ 直线插入接球；⑥ 斜线传球给 ⑩ ，⑩斜线传球，⑥ 直线插入接球。

（2）直传斜插二过一：如图9–1–15所示，⑦ 将球横传给 ⑨ 后立即斜线插上接 ⑨ 的直传球；⑩ 运球过人后将球传给 ⑧，再斜线插上接 ⑧ 的直传球。

（3）反切二过一：如图9–1–16所示，⑦ 回撤接 ⑨ 的传球，若防守队员跟上紧逼，则 ⑦ 将球回传给 ⑨ 并转身切入，接 ⑨ 传至对手身后空当的球。

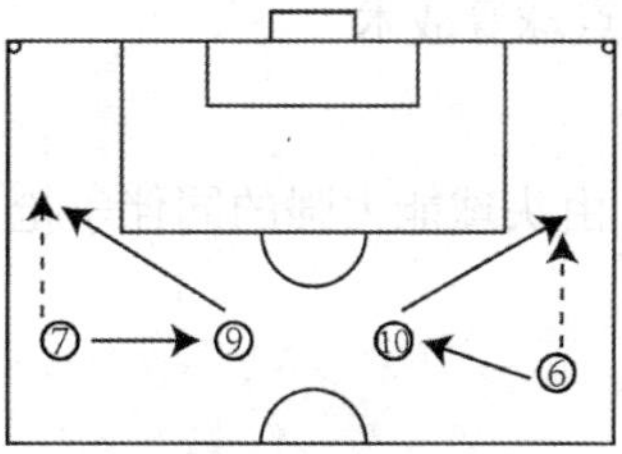

图 9–1–14

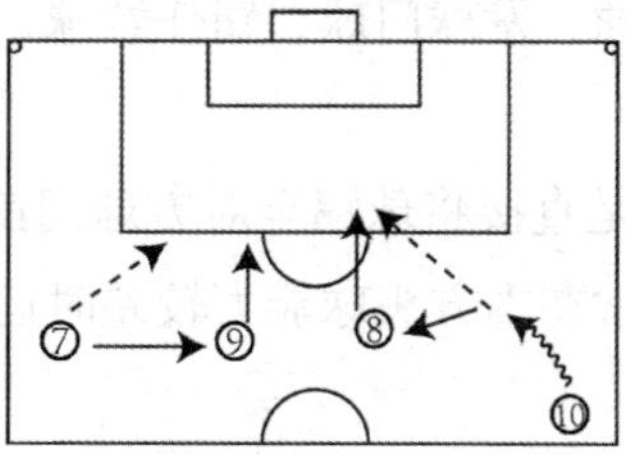

图 9–1–15

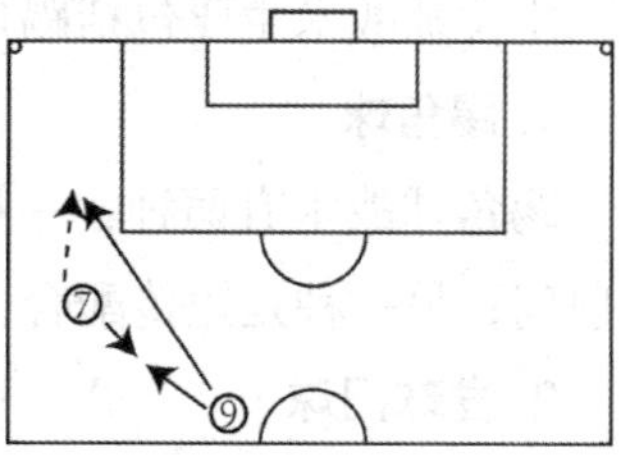

图 9–1–16

3. 集体进攻战术

（1）边路进攻战术：边锋、交叉到边上的中锋或直接插上的前卫、边后卫运用个人带球突破或传球配合，以达到突破对方防线传中（外围传中、下底传中、切底迂回传中），最后由中锋包抄射门的目的。

（2）中路进攻战术：能直接威胁对方球门，但中间区域防守队员密集，不利于本方突破，因此，本方要通过中锋、内切的边锋或插上的前卫的配合或个人运球过人等方法突破对方防线。

（3）转移进攻战术：当一侧进攻受阻，另一侧进攻有利时，进攻队员要及时快速地转移进攻方向。此战术多通过有效而准确的中长距离传球来实现，用以拉开对方的防守，达到声东击西的进攻目的。

（4）快速反击战术：进攻队员在防御中积极拼抢，一旦得球，乘对方立足未稳时，快速传球，形成以多打少的局面，达到射门得分的目的。

（三）防守战术

1. 个人防守战术

个人防守战术是局部防守战术和集体防守战术的基础，包括堵（迎面堵、贴身堵）、抢（迎面抢、侧面抢、侧后铲）、断等技术的运用。此外，选位与盯人也是重要的个人防守战术。

2. 集体防守战术

集体防守战术有全攻全守的全场防守、半场防守、紧逼防守、区域防守等，也有与盯人结合的区域防守、密集防守等。不论采用哪种战术，防守方都要考虑到本队的特长和对方的进攻技术，采用有效的防守战术，破坏对方的进攻。

3. 造越位战术

造越位战术是指防守队员主动制造对方越位，以破坏对方的进攻节奏和攻势的一种战术。造越位战术是一种由守转攻的手段。

（四）定位球战术

定位球战术主要包括踢角球、发球门球、罚任意球、罚点球等战术。

1. 踢角球

踢角球战术有两种：一种是直接将球踢至对方球门前，由头球能力强的同伴争抢头球射门；另一种是短传配合，常在本方头球能力较差时运用。

2. 发球门球

发球门球的原则是及时、快速、准确、有效地发起进攻。发球门球时，守门员可与后卫做一次配合，以改变传球路线，也可踢远球给进攻的一线队员。

3. 罚任意球

罚任意球分为罚直接任意球和罚间接任意球两种。罚直接任意球时，队员可采用弧线球直接踢入，或者采用过顶吊入传切配合的方法；罚间接任意球时，传球次数要少，运用假动作声东击西，传球要及时，以免越位。

4. 罚点球

罚点球时，主罚队员要沉着、机智，有高度的信心、熟练的假动作技术和过硬的脚法。

第二节　篮球运动

一、篮球运动概述

篮球运动是1891年美国马萨诸塞州斯普林菲尔德市的体育教师詹姆斯·奈史密斯为了解决学生们在寒冷的冬季上体育课的难题而发明的室内集体游戏活动。它源于儿童游戏的启示，借鉴当时已有的足球、长柄曲棍球和玛雅人古老的场地球等运动，后来逐渐发展完善，成为世界上影响极大的运动项目之一，深受人们的喜爱。1904年，美国青年男子篮球队在第3届奥运会上进行了篮球表演赛。1908年，美国制定了全国统一的篮球规则，并用多种文字出版，在全世界推广发行。这样，篮球运动逐渐传遍美洲、欧洲和亚洲，成为世界性的运动项目。1936年，第11届奥运会将男子篮球列为正式比赛项目。1976年，第21届奥运会将女子篮球也列为正式比赛项目。

篮球运动于19世纪末传入我国，至今已有100多年。中华人民共和国刚刚成立时，我国就组成了大学生篮球队去参加国际比赛。之后，国家又采取了一系列措施，极大地促进了篮球运动在我国的普及和发展。1994年底，我国开始篮球赛制改革，尝试将以前联赛的赛会制改为主客场制，并在1995年初试着举办了八强主客场赛，取得了巨大的成功。于是从1995年底开始，中国篮球联赛的赛制改为跨年度的主客场联赛，即中国男子职业篮球联赛。这一改革举措促使中国的篮球运动进入了一个新的发展阶段。2001年底，中国女子篮球也开始效仿中国男子篮球，举办了主客场联赛，即中国女子篮球联赛。中国男子篮球队曾多次获得亚洲男子篮球锦标赛的冠军，并分别于1996年、2004年、2008年获得奥运会男子篮球赛第八名；中国女子篮球队曾在1984年洛杉矶奥运会上获得铜牌，在1992年巴塞罗那奥运会上获得银牌；在2020年东京奥运会上的三人篮球项目中获得铜牌。2021年4月，国家体育总局授予中国国家女子篮球队“中央和国家机关三八红旗集体”荣誉称号，以表彰其顽强拼搏的精神。

二、篮球基本技术

（一）基本姿势

1. 动作方法

两脚前后（或左右）开立，两脚左右间距与肩同宽，两腿屈膝，大腿与小腿之间的夹角约为135°，身体重心落在两脚之间，上体略微前倾，两臂屈肘，自然下垂，置于体侧，两眼平视，注意场上情况。防守时的站立姿势是，两脚距离比肩略宽，两臂屈肘，左右或前后张开。

2. 动作要点

两腿屈膝下蹲，便于起动，两眼平视，注意场上情况。

3. 练习方法

以一只脚为轴做跨步、撤步、同侧步、交叉步和转身后，迅速恢复成基本姿势。

（二）移动技术

1. 动作方法

移动技术是通过脚的蹬地、碾地或着地后的制动等动作，使力作用于地面，通过地面的反作用力来实现的。脚给地面的作用力与腿部的伸展力是分不开的，即踝关节、膝关节、髋关节预先弯曲到一定程度，然后主动伸展，腰部协调配合，对地面施加作用力，并利用地面的反作用力来克服人体重力和惯性，以保持身体平衡和控制身体重心，从而使人体获得起动、起跳、旋转、制动等能力，以实现场上更合理、有效的移动。上肢的协同动作能更好地保证各种脚步动作的协调性、快速性、实效性，有利于维持身体的平衡。

2. 动作要点

移动动作要突然、快速和灵活。

3. 练习方法

（1）利用篮球场上的线、圈和固定目标进行各种徒手移动练习。

（2）结合运球、传球、抛球等方式做起动、急停、变向、转身等练习。

（3）结合实战练习：两人一组，一攻一防，结合各种脚步移动练习，提高练习质量。

（三）传接球技术

传球是比赛中进攻队员有目的地转移球的方法，是队员之间互相配合和完成进攻战术的纽带。

1. 持球方法

两手持球时，两手自然分开，拇指相对成八字形，掌心空出，握球的后侧方，手腕放松，两肘弯曲，自然下垂；单手持球时，手指自然分开，掌心空出，托球的后下部，手腕背伸，前臂上举，用手指和指根控制球。

2. 传球动作

（1）双手胸前传球：身体成基本姿势，将球置于腹前，两眼注视传球目标。传球时，后脚蹬地，身体重心前移，同时两臂前伸，手腕由伸到屈，拇指用力下压，食指和中指用力拨球将球传出。出球后，掌心和拇指向下，其余手指指向前方。（图9-2-1）

双手胸前传球

图 9-2-1

【动作要点】传球时，蹬地、伸臂、伸腕、屈腕、拨球的动作要协调连贯，两手用力要均匀。

单手肩上传球

（2）单手肩上传球：两手持球于腹前，两脚左右开立。以右手肩上传球为例，传球时，左脚向传球方向跨出半步，同时将球引到右肩上，右臂上臂与地面近似平行，前臂与地面近似垂直，右手手腕背伸，持球的后下方，左肩对着传球方向，身体重心落在右脚上。出球时，右脚蹬地的同时转体带动右臂上臂，肘部领先，前臂迅速前甩，右手手腕前扣，通过食指、中指和无名指的弹拨下压动作将球传出。（图9–2–2）

图 9–2–2

【动作要点】单手持球的后下方，利用蹬地、转体动作，向前甩臂，扣腕，将球传出。

（3）反弹传球：反弹传球的击地点一般应在离接球队员的1/3处，因为球在向后旋转击地反弹后，球速减慢并向斜上方弹起。反弹传球便于接球，且传球速度更快。传球手法与各种传球动作基本相同，但腕、指用力更大。

【动作要点】腕、指急促抖动用力，出球快，击地点适当。

3. 接球动作

接球是持球进攻的基础。接好球，有利于更好地组织进攻。

（1）双手接球：目视来球，两臂伸出迎球，两手五指自然张开，拇指相对成八字形，其他手指指向前上方，两手成半圆形。当手指触球时，两臂顺势屈肘后引，以缓冲来球的力量。两手持球于胸腹间，动作连贯、协调。（图9–2–3）

图 9–2–3

【动作要点】接球时，两臂主动伸出迎球，两手拇指相对成八字形，虎口相对，指尖向前。手触及球后，迅速将球置于身前或体侧。

（2）单手接球：以右手接球为例，左脚向来球方向迈出，两眼注视来球，右手手指自然分开，向来球方向伸出。手指触球时，右臂顺势收至身体右侧，左手立即协助握球，两手持球于腰腹之间。（图9–2–4）

单手接球

【动作要点】接球时，手臂自然伸出迎球，五指自然分开，掌心对球，手臂做顺势缓冲引球动作。

图 9-2-4

（四）投篮技术

1. 动作方法

这里着重介绍三种常用的投篮动作：原地单手肩上投篮、跳投和行进间单手低手投篮。

（1）原地单手肩上投篮：以右手投篮为例，右手持球于右肩上，左手扶球的左侧，右臂屈肘，前臂与地面接近垂直。两脚开立，两腿微屈。投篮时，两腿蹬地发力，右臂向前上方伸直，手腕前屈，食指和中指用力拨球，全身协调用力将球投出。（图9-2-5）

原地单手肩上投篮

图 9-2-5

（2）跳投：跳起后将球投出的投篮方法。这种投篮动作的出手点较高，防守队员较难防守。准备动作与原地单手肩上投篮相似，不同之处是两膝屈曲程度更大，以便发力起跳，当身体接近最高点时将球投出。（图9-2-6）

图 9–2–6

（3）行进间单手低手投篮：通常称为“三步上篮”，以左手投篮为例，运球或接球时，左脚跨出一大步，同时两手持球于体前，右脚再跨出一小步，用力起跳，左腿屈膝上提，左手向前上方举球。当身体接近最高点时，左手屈腕，用手指拨球投篮。（图 9–2–7）

图 9–2–7

2. 动作要点

投篮动作要协调、连贯，不能出现明显的顿挫动作，稳定身体重心，保持身体平衡。行进间投篮时，要体会“一步大、二步小、三步高跳”的动作节奏。

3. 练习方法

（1）原地投篮练习：练习者由原地模仿投篮开始，过渡到定点投篮练习；待熟练掌握正确动作后，进行不同角度、不同距离的投篮练习。

（2）行进间投篮练习：由徒手模仿投篮开始，练习者按照先跨右脚接球，然后上左脚起跳，最后腾空投篮的动作顺序做徒手模仿投篮练习；持球直接做“一步大、二步小、三步高跳”的投篮练习；慢跑中做自抛球的近距离投篮练习；由做运一次球投篮练习到做连续运球投篮练习。

（五）运球技术

运球技术有高运球、低运球、体前变向换手运球、背后运球、转身运球、胯下运球等。运球队员可根据防守队员的不同情况选择运球方法。

1. 动作方法

两脚前后或左右自然开立，两腿微屈，上体前倾，目视前方。运球时，一臂自然屈曲，以肘关节为轴，用前臂和手指的力量控制运球方向，另一臂自然张开，以保护球。

2. 动作要点

运球时，手按拍球的后上部，球的落点在身体的侧前方。高运球时，球的反弹高度在胸腹之间；低运球时，球的反弹高度在膝关节以下。

高运球

3. 练习方法

（1）做原地高运球、低运球练习，体前单手、双手左右推拉球练习，体侧单手、双手前后推拉球练习，体会运球的动作要点。

（2）在两条端线间做运球跑练习，运球到罚球线、中线和对面罚球线，做运球急起急停练习。

低运球

（3）在两条端线间做运球跑练习，运球到罚球线、中线和对面罚球线，向后运球1～2米后快速起动向前运球跑。

（4）在两条端线间沿曲线做体前运球、背后运球、转身运球和胯下变向运球练习。

体前变向换手运球

（六）持球突破技术

1. 动作方法

交叉步突破

（1）交叉步突破：以右脚为中枢脚为例，两脚左右开立，两腿微屈，两手持球于胸腹间。突破时，左脚前脚掌内侧迅速蹬地，上体稍右转，身体重心向右前方移动，左脚向右侧前方跨出，将球引于左脚右侧前方，然后右脚迅速向前跨出，超越防守队员。注意先运球，再抬起右脚，练习时注意防止带球跑违例。

（2）同侧步突破：准备姿势和突破前的动作与交叉步突破相同。以左脚为中枢脚为例，突破时，右脚向右前方跨出一步，向右转体探肩，身体重心前移，右手运球，左脚前脚掌迅速蹬地，向右前方跨出，突破防守队员。

同侧步突破

（3）后转身突破：以左脚为中枢脚为例，背对球篮站立，降低身体重心，两手持球于腹前。突破时，以左脚为轴转身，右脚向右侧后方跨步，上体向右后方转，右手向右脚前方运球，左脚内侧迅速蹬地，向球篮方向跨出，运球突破防守队员。

后转身突破

（4）前转身突破：以左脚为中枢脚为例，突破时，身体重心移至左脚上，右脚前脚掌内侧蹬地，以左脚为轴，右脚向左前方跨出。右手运球后，左脚蹬地，向前跨出，突破防守队员。

前转身突破

2. 动作要点

突破动作的关键是动作的突然性，迅速起动是摆脱对手的有效手段。突破前，队员可以先做假动作迷惑对手，进而达到突破的目的。无论采用哪种突破技术，第一步都要突然，第二步要加速摆脱防守队员。

（七）防无球队员

1. 动作方法

（1）选位：站在对手与球之间偏向有球的一侧。

（2）原则：不让对手进入限制区及在限制区附近接球，做到“以球为主，人、球、区兼顾”和“内紧、外松、近球紧、远球松、松紧结合”。

防无球队员

（3）施压：要积极破坏对手接球后的身体平衡，使其不便于衔接下一个动作。

2. 动作要点

防守无球队员时，要集中注意力，人球兼顾，不仅要观察自己防守的队员，还要观察持球队员的传球意图，以便提前抢占有利的防守位置。

（八）防持球队员

1. 动作方法

（1）选位：在对手接球后，己方队员必须迅速调整防守位置和距离，占据对手与球篮之间的有利位置，并与对手保持适当距离。一般来说，对手离球篮远，防守距离远；对手离球篮近，防守距离近。此外，防守距离还要根据对手善投、善突等特点和战术需要而有所调整。

（2）视野：眼睛主要盯住进攻队员的腰部，用余光观察对手是否投篮。

（3）手脚位置：以左脚在前为例，左臂屈肘上举，指尖向上；右脚在后，右手置于体侧，指尖向下，防止对手传球和突破。

2. 动作要点

防守队员可根据对手的特点采用以下两种防守姿势：① 平步防守，即与持球队员平行站立的防守姿势。这种姿势防守面积大，便于左右移动，对防守对手突破比较有利。② 斜步防守，即两脚前后斜步站立的防守姿势。这种姿势便于前后移动，有利于防守对手投篮。

三、篮球基本战术

（一）进攻战术基础配合

传切配合

掩护配合

1. 传切配合

传切配合是指进攻队员之间利用传球技术和切入技术组成的简单配合，包括一传一切配合和空切配合。

（1）一传一切配合：如图9-2-8所示，⑤传球给④后，迅速摆脱对手的防守向篮下切入，接④的回传球投篮。

（2）空切配合：如图9-2-9所示，④传球给⑤后，⑥立即摆脱对手的防守向篮下切入，接⑤传来的球投篮。

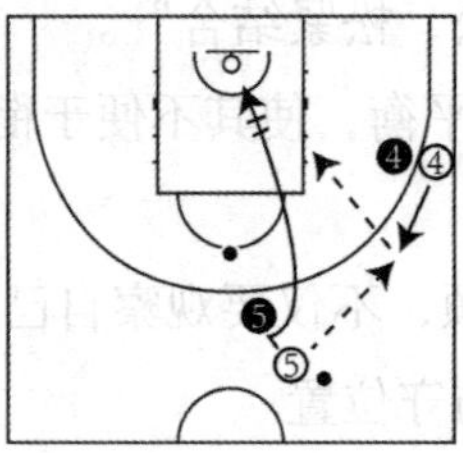

图 9-2-8

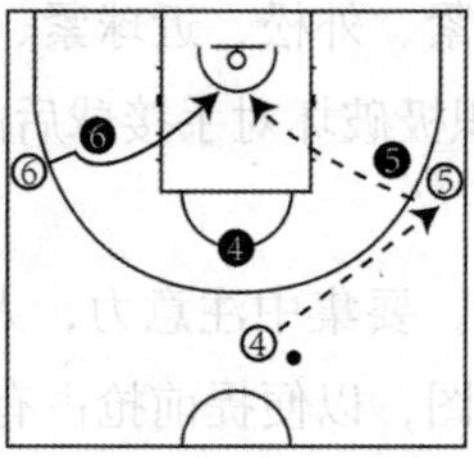

图 9-2-9

2. 掩护配合

掩护配合是掩护队员采用合理的行动，用自己的身体挡住同伴的防守者的移动路线，从而使同伴摆脱防守，或利用同伴的身体和位置使自己摆脱防守的一种配合方法。

（1）给持球队员做掩护：⑤传球给④后跑到④的防守队员的侧面做掩护，④接球后做投篮或突破的假动作，吸引防守队员。在⑤达到掩护位置后，④在⑤的掩护下持球从左侧突破投篮，⑤完成掩护后迅速移动到有利位置去接球或抢篮板球。（图9-2-10）

（2）给无球队员做掩护：⑤传球给④后跑去给同伴⑥做掩护，④接到⑤的传球后要做投篮、突破的假动作吸引防守队员。在⑤到达掩护位置后，⑥利用⑤的掩护切入篮下，接④传来的球投篮。注意，当⑥切入篮下时，④要及时将球传给⑥。（图9-2-11）

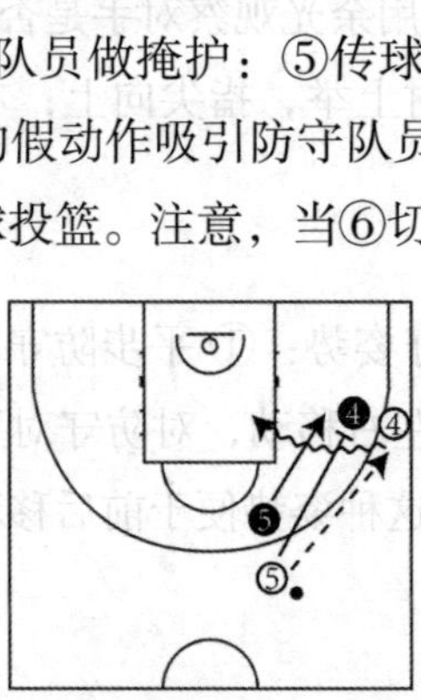

图 9-2-10

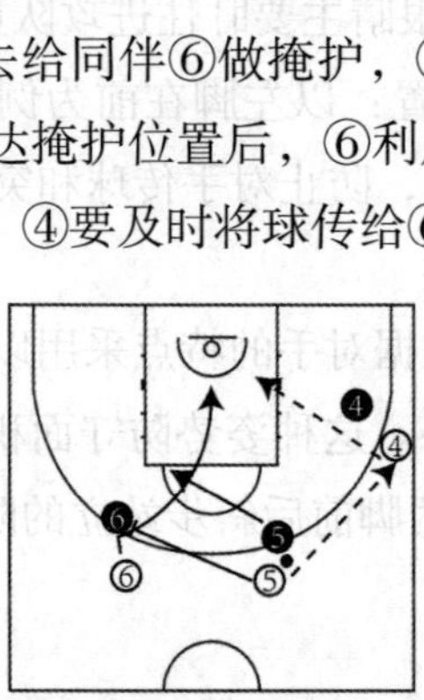

图 9-2-11

3. 策应配合

策应配合是指进攻队员背对或侧对篮筐接球，由其作为枢纽，与同伴空切相互配合而形成的一种里应外合的配合方法。

④摆脱防守后插到罚球线进行策应，⑤将球传给④后摆脱防守空切至篮下，接④的策应传球进行投篮。（图9–2–12）

策应配合

4. 突分配合

突分配合是持球队员运球突破后，主动或应变地利用传球与同伴配合的方法。

⑤从防守队员左侧突破，吸引对方两名防守队员同时封堵突破路线。此时，④及时跑到有利的进攻位置，接⑤的传球进行投篮或做其他配合。（图9–2–13）

突分配合

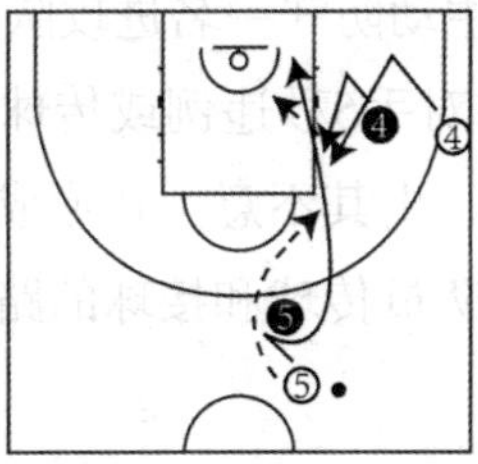

图 9–2–12

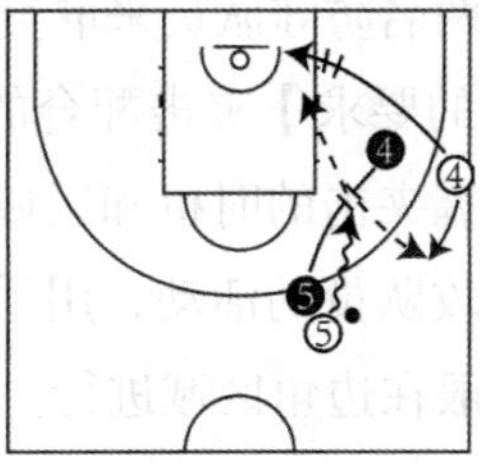

图 9–2–13

（二）防守战术基础配合

1. 抢过配合

抢过配合是防守队员破坏对方掩护配合的非常有效的方法之一。防守队员在掩护队员靠近自己时，要迅速向前跨出一步，贴近自己的防守对手，从掩护队员前面抢过去，继续防住自己的对手。防守掩护队员的同伴要及时呼应，并配合行动，以备补防。

【抢过配合的要求】抢过时，防守队员要贴近进攻队员，抢前一步的动作要迅速、突然、有力。发现对方实施掩护时，防守队员必须提醒同伴。防守队员要选择好有利于协防的位置，密切注意两名进攻队员的行动，及时做好补防。

2. 穿过配合

穿过配合是防守队员破坏对方掩护配合、及时防住自己对手的一种配合方法。当进攻队员进行掩护时，防守掩护队员的队员要及时提醒同伴并主动后撤一步，让同伴快速从自己与掩护队员之间穿过，从而继续防住各自的对手。

穿过配合

【穿过配合的要求】防守掩护队员的队员要及时提醒同伴并主动让路，穿过队员要迅速穿过，并调整防守位置和距离。穿过配合通常在无投篮威胁时运用。

3. 绕过配合

绕过配合是防守队员破坏对方掩护配合、及时防守自己对手的一种配合方法。当进攻队员进行掩护时，防守掩护队员的队员积极贴近对手，让同伴从自己的身旁绕过，继

绕过配合

续防住各自的对手。

【绕过配合的要求】防守掩护队员的队员要及时提醒同伴并贴近自己的对手，绕过队员要快速调整位置和距离，继续防住对手。

4. 关门配合

关门配合

关门配合是两名防守队员靠拢并协同防守突破的一种配合方法。

【关门配合的要求】防守队员应积极堵截进攻队员的突破路线，靠近突破一侧的防守队员要及时向同伴靠拢，不给突破队员留有通过的空隙。关门配合也常运用于区域联防。

5. 夹击配合

夹击配合

夹击配合是两名防守队员采取突然的行动，主动防守一名进攻队员的配合方法。

【夹击配合的要求】夹击配合的目的是造成对手5秒违例或传球失误，因此，防守队员要正确地掌握夹击的时机和区域，行动果断，出其不意。在形成夹击时，防守队员要用身体限制进攻队员的活动，用手臂封堵进攻队员传球和接球的路线，同时要防止犯规。夹击配合一般在边角区域进行。

6. 补防配合

补防配合

补防配合是指防守队员在同伴漏防时迅速放弃自己的对手，去补防威胁最大的进攻队员，而漏防的防守队员及时进行换防的一种配合方法。

【补防配合的要求】补防队员动作要迅速、果断、及时，补防意识要强。如果发生漏防，邻近的队员要积极补防，其他防守队员要密切注意场上的情况，及时调整防守位置。

第三节　排球运动

一、排球运动概述

1895年，美国马萨诸塞州霍利奥克城的威廉·摩根发明了排球。当时，美式足球、篮球和网球运动在美国已经比较流行，但美式足球和篮球运动具有对抗性强、运动剧烈的特点，主要适合青年人，网球运动对参加活动的人数又有较大限制。因此，威廉·摩根希望找到一种运动量适中、趣味性强且老少皆宜的运动方式。

威廉·摩根从网球运动中受到启发，将网球的球网升高，让多人隔着球网用手直接拍击球进行游戏，并先后用网球、篮球进行了试验。结果，网球太小不易拍击，篮球太重不易控制。最后他委托某体育用品公司试做了一批特殊规格的球。这就是第一代排球，与现代排球相似。

起初，威廉·摩根将这种隔网用手拍击球的游戏称为“minitonette”，意为“小网子”。1896年，美国马萨诸塞州体育指导大会在霍利奥克城举行，大会期间举行了“小网子”表演。来自斯普林菲尔德市的哈尔斯戴特在观看了表演后认为，“小网子”这个名字没能充分表明游戏的本意，他提议根据游戏特点将“minitonette”改为“volleyball”。“volley”是网球运动术语，意为“截击”，即“在球落地前将球击回”。这一提议形象地概括了“小网子”游戏的特点和性质，即“双方隔网击球使其不在本方场区内落地”。该提议得到了大家的一致同意。从此，“volleyball”就成为排球运动在国际上的正式名称，并一直沿用至今。

1905年，排球运动传入中国。中国最初开展排球运动时采用的是十六人制。每队16人上场，分别站成4排，每排4人，故中国人称此项运动为“排球”。经过百余年几代排球工作者的努力，排球运动在中国逐步得到发展和普及，运动技术水平不断提高。中国国家女子排球队（简称“中国女排”）是中国各体育团队中成绩突出的体育团队之一，曾在1981年和1985年世界杯排球赛、1982年和1986年世界排球锦标赛、1984年洛杉矶奥运会上夺得冠军，成为世界上第一个五连冠排球队；又在2003年世界杯排球赛、2004年雅典奥运会、2015年世界杯排球赛、2016年里约热内卢奥运会、2019年世界杯排球赛五度夺冠，极大地振奋了中国人的精神。中国女排所体现出来的顽强拼搏、团结协作的精神激励着一代代中国人不断奋斗。

二、排球基本技术

排球技术多种多样。人们通常把垫球、传球、扣球、发球和拦网称为排球的五大基本技术。除五大基本技术以外，排球技术还有一般准备姿势、各种移动步法和起跳等几种无球技术。

（一）垫球技术

垫球是排球基本技术之一，是接发球、接扣球及后排防守的主要技术动作，是组织反攻战术的基础。垫球技术是影响排球比赛结果的重要因素。垫球有正面双手垫球、体侧垫球、背垫球、单手垫球、前扑垫球、鱼跃垫球、侧卧垫球、滚翻垫球等。其中，正面双手垫球是各种垫球技术的基础，适合接速度快、弧度小、力量大和落点低的来球，在排球比赛中运用较多。

垫球

1. 正面双手垫球

正面双手垫球是排球比赛中运用较多的垫球技术，是两手在腹前垫击来球的一种垫球方法，适合接各种发球、扣球和拦网球，也可以用来组织进攻。

（1）技术动作。

准备姿势：面对来球，成稍蹲或半蹲准备姿势站立。（图9-3-1）

垫球手型：两手掌根相靠，手指上下重叠，两手拇指平行放在上面手食指第二指节上，手腕下压。（图9-3-2）

图 9-3-1

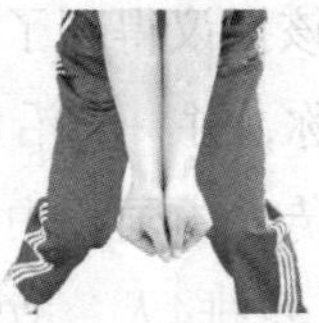

图 9-3-2

垫球动作：垫球主要靠手臂上抬的力量，增加球的反弹力。当球飞至腹前约一臂距离时，两臂夹紧前伸插到球下，向前上方抬起，以全身协调动作迎向来球，身体重心随垫球动作稍向前移，利用两臂前臂腕关节以上10厘米左右的桡骨内侧所构成的平面垫球的中下部。垫球瞬间，两臂要保持稳定，身体重心向抬臂方向移动，动作结束后，立即做好下一个动作准备。（图9-3-3）

图 9-3-3

（2）技术要领。

插：两臂前伸插到球下。

夹：两臂夹紧，掌根相靠，手腕下压。

抬：用蹬地抬臂、提肩顶肘的动作迎击球。

2. 其他垫球

（1）单手垫球。

单手垫球是垫球技术的一种，一般用在来球低、速度快及距离远时。单手垫球可结合滚翻、前扑、鱼跃等动作来完成。垫球时，用虎口或手背垫球的后下部。垫球时，手腕有上翘的动作。

（2）背垫球。

背垫球是垫球技术的一种，即背对出球方向的垫球，常用在接应同伴来球或第三次处理过网球时。

（3）鱼跃垫球。

鱼跃垫球是垫球技术的一种，常用在来球低且距离远时。队员先放低姿势，上体前倾，以前脚掌用力蹬地向远处跃出，将垫球臂插入球下，用虎口或手背将球垫起。身体落地时，两手先着地支撑，两肘缓慢弯曲以缓冲下落力量，同时抬头、挺胸、挺腹，身体成反弓形，手臂、胸部、腹部和大腿依次着地。手的支撑着力点均要在身体重心运动的轨迹上。

（4）滚翻垫球。

滚翻垫球是垫球技术的一种，常用在来球低且距离远时，且常被女子运用。滚翻垫球可充分发挥队员的移动速度，保护其身体免受伤害，并使其迅速转入另一动作。滚翻垫球有双手滚翻垫球、单手滚翻垫球。

（二）传球技术

传球

传球是排球基本技术之一，有正传、背传、侧传和跳传四种。这四种传球技术的传球手型基本相似，并且击球点都在额前上方。传球主要运用于二传（把本队防守的球传给扣球队员进攻，为进攻创造条件）。一个队的进攻水平能否充分发挥在很大程度上取决于二传水平的高低。另外，传球经常用于接对方的推攻球、被拦回的高球，应急情况下的接发球和接轻扣球，也可用于二传吊球和处理球。

1. 正传

面对目标的传球称为正传。这是基本的传球方法。

（1）技术动作。

准备姿势：面对来球，成稍蹲准备姿势站立，上体稍挺起，抬头看球，两臂屈肘伸腕，两手自然抬起，放在体前。（图9–3–4）

传球手型：手触球时，两手自然张开成半球状，两手拇指相对成一字形，手腕稍后仰，以拇指内侧、食指全部和中指的第二指节、第三指节触球的后下部，无名指和小指辅助控制传球方向。

传球动作：当来球接近额前时，开始蹬地、伸膝、伸臂，两手手指微张在脸前上方迎球，在额前上方约一球距离处击球。全身协调用力，伸膝、伸髋、屈踝、抬臂、伸肘和送肩。手触球时，手指、手腕用力将球传出。（图9–3–5）

（2）技术要领。

两脚蹬地，两臂伸展，两手对正来球，在额前上方迎击球，触球手型成半球状，借助手指、手腕的力量缓冲球的反弹力并将球传出。

图 9–3–4

图 9–3–5

2. 其他传球

（1）背传。

背传用力方向与正传相反，击球点比正传偏后。传球时，用力蹬腿、展腹、抬臂、伸肘，通过手指、手腕的弹力把球向后上方传出。背传动作比较隐蔽，能出其不意，增加战术的变化。

（2）跳传。

当一传来球较高时，二传队员常跳起在空中做二传。起跳后，两手放在脸前。当跳至最高点时，两手伸至额上方击球，用手臂和手腕的力量将球传出。

（三）扣球技术

扣球

扣球是排球基本技术之一，是进攻的有效方法，也是得分和得发球权的重要手段。一个队的攻击力往往取决于该队的扣球技术水平。扣球由准备姿势、助跑、起跳、空中击球和落地动作衔接而成，其主要有正面扣球、勾手扣球、扣快球、单脚起跳扣球、轻扣球、小抡臂扣球等。

1. 正面扣球

正面扣球是基本的扣球技术，其他扣球技术都是在正面扣球的基础上派生出来的。初学者必须先掌握好正面扣球技术，再开始学习其他扣球技术。下面以两步助跑为例介绍正面扣球（图9–3–6）。

图 9–3–6

（1）技术动作。

准备姿势：由稍蹲准备姿势开始，两臂下垂，站在离球网3米左右处，身体转向来球方向。

助跑：两步助跑开始时，左脚向前迈出一步，接着右脚快速跨出一大步，左脚及时跟上，并踏在右脚之前，两脚脚尖向右转，准备起跳。

起跳：在助跑最后一步，两臂经体侧后引，向后积极摆动。随着两腿蹬地向上起跳，两臂配合用力，向前上方及时快速摆动。两臂摆动时，可依据个人习惯，采用小画弧摆臂、大画弧摆臂或前后摆臂。助跑制动后，两腿从弯曲制动的最低点用力蹬地向上起跳。整个起跳动作要协调、连贯，具有爆发力。

空中击球：起跳后，挺胸、展腹，上体随右臂向后上方抬起稍向右转，使身体成反弓形。挥臂时，以迅速转体、收腹的动作发力，依次带动肩、肘各关节向前上方鞭甩式挥动。击球时，五指微张，全掌包住球，在右肩前上方触球的后中部，同时用力屈腕、屈指向前推压球，使扣出的球成上旋。

落地：左脚往往先落地，为了避免左腿负担过重，应力争两脚同时落地，以前脚掌着地过渡到全脚掌着地，两腿顺势屈膝，以缓冲下落力量。

（2）技术要领。

助跑：步幅由小到大，步速由快到慢。

起跳：依球落点决定起跳点，后脚及时并向前脚，两脚用力蹬地；依球高度决定起跳时机；起跳时，向上摆臂的动作要协调。

挥臂击球：腰腹发力，挺胸展体，右臂向扣球方向鞭甩式挥动，全掌包球将球击出。

2. 其他扣球

（1）勾手扣球。

勾手扣球是队员起跳后，侧对球网，手臂由体侧下方通过转体动作发力，经过头前上方做抡摆式挥动击球的一种扣球方法。这种扣球技术适用于扣远网球或扣后排队员调整过来的斜球。

（2）扣快球。

扣快球是扣球队员在二传队员传球前或传球的同时起跳，并迅速把二传队员传来的低弧球或平弧球击入对方场区的一种扣球方法。扣快球可分为扣近体快球、扣背快球、扣短平快球、扣平拉开球、扣半快球、扣调整快球、扣远网快球、扣单脚起跳快球、扣后排快球等。

（3）单脚起跳扣球。

助跑单脚起跳扣球是扣球队员在助跑的最后一步以单脚踏地，而另一脚直接向前上方摆动帮助起跳的一种扣球方法。这种扣球方法，最后的制动比较困难，对二传队员的配合要求较高。

（4）轻扣球。

轻扣球是扣球队员佯作大力扣杀，在击球的瞬间突然降低手臂挥动速度，把球轻轻地击入对方场区空当的扣球方法。轻扣球助跑起跳、挥臂动作与大力扣杀一样，但击球前瞬间，挥臂速度突然降低，手腕保持一定的紧张程度，以全掌向前上方做"推搓"动作，使球越过球网后成弧线落入对方场区空当。

（5）小抡臂扣球。

小抡臂扣球是扣球队员以肘关节围绕肩关节做回旋加速挥臂击球的一种扣球方法。其特点是动作连贯、协调，便于发挥手臂挥动的加速度。

（四）发球技术

发球是排球基本技术之一。排球比赛以发球开始。有威力的发球可以直接得分或破坏对方的一传，取得先发制人的效果。好的发球可以使本方争取主动，在心理上给对方造成威胁。如果本方发球失误或发球后对方能很容易地组织进攻，则本方会直接失去发球权或防守起来较为困难。因此，发球既要有攻击性，又要有准确性。

1. 发飘球

两脚自然开立，左脚稍前，左手托球于胸腹前。左臂上抬，左手平托上抛，将球平稳地抛于右肩的前上方；同时，右臂上摆至头后，再向前上方伸直击球。击球时，右手五指并拢，手腕稍后仰，以掌根短促有力地击球，使作用力通过球心。击球时，手指、手腕紧张，手型固定，不加推压动作（图9-3-7）。飘球不旋转，但在飞行中因周围空气对球的压强不同而产生上下或左右的飘晃。飘球常使接发球队员判断失误，从而增加了发球的威力，在比赛中被广泛运用。按发球的姿势，发飘球分为正面上手发飘球和勾手发飘球。

图 9-3-7

2. 发旋转球

发旋转球时，击球的某一侧，使球产生旋转。旋转球转速快、力量大，可以使对方判断错误而造成对方接发球失误。按发球的姿势，发旋转球有正面上手发旋转球、大力勾手发旋转球和侧面下手发旋转球三种。

3. 发高吊球

面对球网站立，左手将球抛至右肩前方，与肩同高。击球时，右臂前臂向上猛挥，以右手虎口击球下部，使球经高空落入对方场区。其特点是球旋转性强、弧度大、下降速度快，接发球队员难以判断球的落点，可以降低接发球一传的到位率。

（五）拦网技术

拦网是排球基本技术之一。拦网是得分、得发球权的重要手段，是反攻的重要环节。拦网水平的高低直接影响比赛的胜负。拦网由准备姿势、移动、起跳、空中击球和落地动作衔接而成，分为单人拦网（图9-3-8）和集体拦网。成功的拦网能直接阻止对方的进攻，使本方由被动变为主动，并能削弱对方的士气，给对方造成较大的心理压力。

拦网

图 9-3-8

三、排球基本战术

（一）排球基本战术的分类

排球基本战术是指运动员在比赛中，根据排球竞赛规则和运动规律，以及临场竞赛状况的发展变化，有意识地运用合理技术与配合所进行的有目的、有针对性的活动。排球基本战术可分为个人战术和集体战术两大类。集体战术又进一步分为接发球及其进攻（一攻）、接扣球及其进攻（防反）、接拦回球及其进攻（保攻）和接传垫球及其进攻（推攻）四个战术系统。

（二）阵容配备

阵容配备是指比赛时场上人员的搭配布置。阵容配备的目的是合理分配全队的力量，更有效地发挥每一名队员的特长和作用。为此，在组织阵容时，本队应该根据队员的身体素质、技术水平，合理安排其在阵容中的位置，合理搭配进攻力量强的队员和防守技术好的队员，使本队在每一轮次中都有较强的进攻能力和较好的防守能力；把主攻队员、副攻队员和二传队员分别安排在对称的位置上，以便在轮转时保持比较均衡的攻防力量；根据战术需要和队员间的默契程度，把平时配合较好的进攻队员和二传队员安排在相邻的位置上；扣球技术好的主攻队员一开始站在最有利的位置上，如4号位；防守技术好的队员应站在后排；本方有发球权时，发球技术好的队员最好站在1号位；对方有发球权时，本方发球技术好的队员可站在2号位；尽量不要把一传水平较差的队员安排在相邻的位置上，避免产生薄弱区。根据各队不同的技术水平和战术特点，阵容配备一般有以下三种。

1. "四二"配备

"四二"配备即场上4名进攻队员（其中2名主攻队员和2名副攻队员）和2名二传队员分别被安排在对称的位置上。其优点是每一轮次前排都有1名二传队员和2名进攻队员，便于组织前排二传队员传球的两点进攻和后排二传队员插上传球的三点进攻；缺点是一名进攻队员必须熟悉2名二传队员的传球特点，配合比较困难。

2. "五一"配备

"五一"配备即场上有5名进攻队员和1名二传队员。为了弥补主要二传队员来不及传球时所出现的被动局面，通常在二传队员的对角位置上，配备1名有进攻能力的接应二传队员，进而增强进攻和拦网的力量。在"五一"配备中，全队进攻队员只须适应1名二传队员传球的习惯和特点，容易建立配合的默契；但防守时，二传队员如果在后排，则插上传球的难度较大。

3. “三三”配备

“三三”配备即3名进攻队员与3名传球队员间隔站立，使每一轮次都有传有扣。“三三”配备是初学者常用的阵容配备。

（三）位置交换

排球竞赛规则规定，发球以后，队员在场上可任意交换位置。利用这一规则，各队通常采用专位进攻、专位防守的方法。一般来说，前排的主攻队员换到4号位，拦网技术好、移动速度快和连续起跳能力强的副攻队员换到3号位，二传队员换到2号位；后排的主攻队员换到5号位，副攻队员换到6号位，二传队员换到1号位。这种位置交换，使队员专位化，便于发挥每名队员的特长，有利于队员集中学习并掌握某项实用技术，但专位化也容易造成队员技术不全面。

换位时应注意：换位前，各队员应按排球竞赛规则的要求站位，防止“位置错误”犯规；发球队员发球后，应迅速换到预定位置；接发球队应首先准备接球，然后换位，以免影响接发球；本方发球时，换位队员应面向对方场区，观察对方动态；成死球后，各队员应立即返回原位，及早做好下一个球的准备。

（四）进攻战术

进攻战术是在接对方发过来、扣过来、拦过来、传过来、垫过来的球后，全队所采取的有目的、有组织的配合进攻行动。进攻战术包括进攻战术阵形和进攻战术打法两个方面。

1. 进攻战术阵形

进攻战术阵形是指进攻时采取的队形。进攻战术阵形主要有“中一二”进攻战术阵形、“边一二”进攻战术阵形和“插上”进攻战术阵形三种。

（1）“中一二”进攻战术阵形。

“中一二”进攻战术阵形是3号位队员做二传，将球传给4号位、2号位队员进攻的组织形式，适合初学者采用。其优点是一传队员向3号位垫球比较容易，有利于组织进攻；二传队员在网前接应一传的移动距离近，向2号位、4号位传球的距离较短，容易传准。其缺点是战术变化少，容易被对方识破进攻意图。（图9-3-9）

（2）“边一二”进攻战术阵形。

“边一二”进攻战术阵形是2号位队员做二传，将球传给3号位、4号位队员进攻的组织形式。其优点是右手扣球队员在3号位、4号位扣球比较顺手，战术变化较多；缺点是5号位队员接应一传时，向2号位垫球距离较远。（图9-3-10）

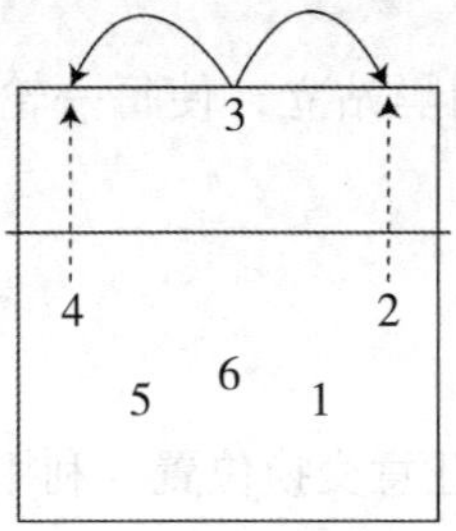

图 9-3-9

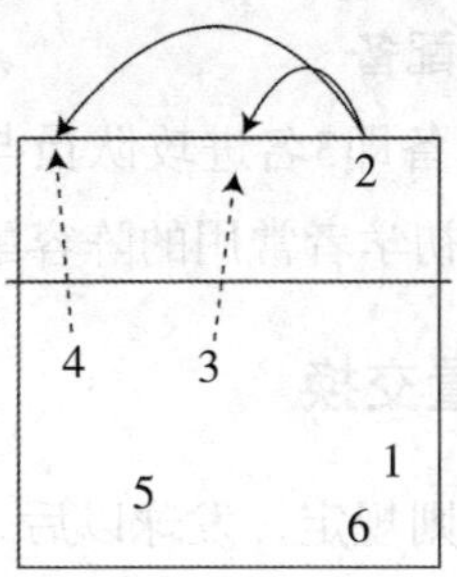

图 9-3-10

（3）“插上”进攻战术阵形。

“插上”进攻战术阵形是二传队员由后排插上前排做二传，把球传给前排4号位、3号位、2号位队员进攻的组织形式。高水平的球队多采用“插上”进攻战术阵形。其优点是能保持前排三点进攻，战术配合变化多，并能利用网的全长组织进攻；缺点是对插上的二传队员要求较高。

2. 进攻战术打法

进攻战术打法是指二传队员与扣球队员之间所组织的各种进攻配合，包括强攻、快攻和两次球进攻三种基本打法。每种打法中又有若干不同的战术配合。所有打法都可以运用在“中一二”进攻战术阵形、“边一二”进攻战术阵形和“插上”进攻战术阵形中。

（1）强攻。

强攻是指在没有同伴掩护、对方有拦防准备的情况下，强行突破的进攻。强攻对二传球要求较高。根据不同的二传球位置，强攻可以分为集中进攻、拉开进攻、围绕进攻、调整进攻等。后排队员的高球进攻也属于强攻打法。

（2）快攻。

快攻是指扣二传队员传出的各种平快球，以及用这些平快球作为掩护所组成的各种战术配合。快攻可以分为平快球进攻、自我掩护进攻和快球掩护进攻三类。平快球进攻常用的有前快球进攻、背快球进攻、短平快球进攻、平拉开球进攻、背溜球进攻、调整快球进攻、远网快球进攻、后排快球进攻、单脚起跳快球进攻等。自我掩护进攻包括时间差进攻、位置差进攻和空间差进攻。快球掩护进攻包括交叉进攻、夹塞进攻、梯次进攻、前排快攻掩护后排进攻的本位进攻等。

（3）两次球进攻。

两次球进攻是指一传来球较高，又在网前适合扣球的位置上，前排队员跳起来直接进行扣球，如遇拦网就在空中改做二传，把球传给其他前排队员进攻的战术配合。

（五）防守战术

排球的防守战术是组织进攻或反攻战术的基础。没有严密的防守，进攻就无从组织。一切防守战术都应从积极为进攻和反攻创造条件的角度进行设计。

1. 接发球的防守战术

当对方发球时，本方处于防守地位，是组织第一次进攻的开始。事先站好位置，摆好阵形，是接好发球的基础。站位阵形不仅要有利于本方接球，还要有利于本方采用进攻战术。另外，本方还要根据对方发球的特点，采取不同的站位阵形。常见的站位阵形有五人接发球站位阵形和四人接发球站位阵形。

（1）五人接发球站位阵形。

五人接发球站位阵形是指除1名二传队员站在网前或从后排插上准备二传不接发球外，其余5名队员都担负一传任务的接发球站位阵形。其优点是队员分布均衡，每人接发球的范围相对较小；组织进攻比较方便，适合接发球水平不太高的球队。其缺点是一传队员从5号位插上时距离较长，难度大；3号位队员接球时，不便于组织快攻；不利于队员间的及时换位；队员之间空隙较多，配合不默契时，容易互相干扰。

（2）四人接发球站位阵形。

四人接发球站位阵形是指插上二传队员与同列的前排队员均站在网前不接发球，其他4人站成弧形接发球的站位阵形。其特点是便于后排队员插上和不接发球的前排队员及时换位；缺点是要求接发球的4人有较强的判断能力、移动能力，以及较好的接发球技术。

2. 接扣球的防守战术

接扣球的防守与组织反攻是密不可分的。防守成功是富有成效地组织反攻的重要前提。接扣球的防守战术是前排队员拦网与后排队员防守的整体配合。接扣球的防守阵形一般可分为不拦网的防守阵形、单人拦网的防守阵形、双人拦网的防守阵形和三人拦网的防守阵形。

（1）不拦网的防守阵形。

在对方进攻力量较弱、没有必要进行拦网时，本方可以采用不拦网的防守阵形。这种阵形与五人接发球站位阵形相似，前排进攻队员要撤到进攻线后，准备防守和防守后的反攻；后排队员后退，准备防后场球；二传队员留在网前，准备接对方吊到网前的球和组织进攻。

（2）单人拦网的防守阵形。

当对方扣球威胁不大、扣球路线变化不多和轻打中吊球较多时，本方可以主动采用单人拦网的防守阵形。拦网队员拦扣球队员的主要进攻路线，不拦网队员及时后撤防守前场区或保护拦网队员，后排队员后撤加强后场防守。

（3）双人拦网的防守阵形。

当对方水平较高、进攻力量较强及进攻路线变化较多时，本方多采用双人拦网的防守阵形，即2人拦网、4人接球。双人拦网的防守阵形通常分为“边跟进”阵形和“心跟进”阵形两种。

“边跟进”阵形。这种阵形多在对方进攻力量较强、吊球较少时采用。以对方4号位队员进攻为例。本方2号位和3号位队员拦网，1号位队员“边跟进”防守吊球，兼顾防守直线球及打手出界的球。6 号位队员防守后场球，并注意补防1号位和5号位的空隙。5号位队员防斜线球和中场空心地区，4号位队员后撤防小斜线球及吊球。其优点是加强了拦网力量，缺点是边上队员既要防直线，又要跟进防前场区，比较困难。（图9–3–11）

“心跟进”阵形。这种阵形一般在本方拦网能力强、对方采取打吊结合时采用。当对方4号位队员进攻时，本方2号位、3号位队员拦网，后排中间的6号位队员在本方拦网时跟在拦网队员之后进行保护，其余3名队员在后排成弧形防守。其优点是提高了前场区的防守能力，缺点是后排防守队员之间的空当较大。（图9–3–12）

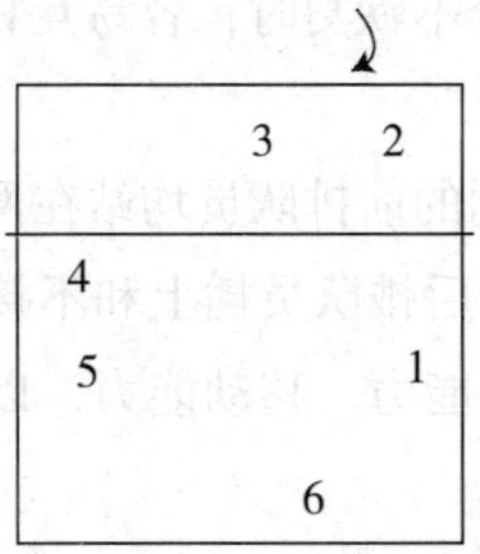

图 9–3–11

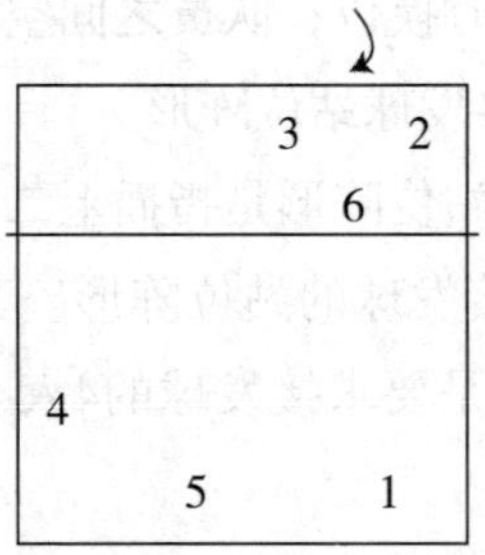

图 9–3–12

（4）三人拦网的防守阵形。

在对方主要扣球队员的进攻实力很强但不善于吊球的情况下，本方可采用三人拦网的防守阵形。三人拦网的防守阵形加强了网上力量，但后方防守的空隙也相对增大。采用三人拦网的防守阵形时，后排防守的6号位队员可以跟进到进攻线附近保护，也可以退至端线附近防守。

3. 接拦回球的防守战术

本方扣球时必须加强保护，积极防起被拦回来的球，并及时组织继续进攻。由于拦网队员可以将手伸过球网进行拦网，拦回的球通常速度快、角度小，因而接拦回球的保护阵形应形成多道弧形防线，且第一道防线紧跟在扣球队员身后。以本方4号位队员进攻、其他5名队员保护为例，5号位队员向前移动和向左后方移动的3号位队员形成一道防线，1号位队员保护后场，为另一道防线。从其他位置进攻时，保护的阵形也可按同样的道理排布。

4. 接传球、垫球的防守战术

当对方无法组织进攻，被迫用传球、垫球将球击入本方场区时，本方便可采用接传球、垫球的防守战术。这种战术被初学者采用较多。由于来球的攻击性小，本方的防守阵形与不拦网情况下的防守阵形相同，即前排除二传队员外，其他队员都迅速后撤到各自的位置上，准备接球后组织进攻。需要注意的是，队员在后撤和换位的过程中，动作要迅速，并随时做好接球的准备。

5. 攻防转换

在排球比赛中，攻与防是密切联系、相互转换和连续进行的。这不仅在于排球技术本身具有攻与防的双重含义，还在于全攻全守、攻防兼备是当前排球运动的发展趋势。正在进攻的一方必须同时注意防守，处于防守的一方必须随时准备反攻。在进攻与防守的转换中，队员如果准备不充分，一味进攻，就可能贻误战机，导致失败。因而，队员在进攻的时候准备防守，在防守的时候想到进攻，才能有备无患，掌握主动权；同时，在阵容部署上也要有相应的措施和方法。

（1）由进攻转入防守。

在球被扣入对方场区后，进攻的一方应立即转入防守状态。在球被扣过网或二传队员不慎传球过网后，前排队员应迅速到网前站位，准备拦网；后排队员迅速退守原位，准备防守。

（2）由防守转入进攻。

在对方扣球过网后，本方转入进攻。这是由于后排队员在防守来球时，必须根据本队所采用的进攻战术，有目的地将球垫到预定目标，并根据保护扣球的部署，立即跟进保护前排队员进攻。前排拦网队员在完成拦网动作后，必须立即转身或后撤，准备接应或反攻扣球。前排未拦网队员在后撤防守后，转入接应或反攻扣球。

第四节　乒乓球运动

一、乒乓球运动概述

乒乓球运动起源于英国，由网球运动派生而来。19世纪后期的某一天，英国一些大学生在室内以桌为台、书为网、酒瓶软木塞为球，在桌上推来挡去，演示网球比赛的场景，形成了“桌上网球”游戏。1890年左右，英格兰著名越野跑运动员吉布从美国带回了空心塑料球，用它代替了软木塞。空心塑料球击在木板拍上会发出乒乓声响，故称“乒乓球”。1891年，英国的巴克斯特申请了乒乓球商业专利。

1904年，上海一家文具店的老板从日本买回10套乒乓球器材，将乒乓球引入中国。乒乓球被称为中国的“国球”。中华人民共和国成立后，乒乓球运动得到了快速发展和普及，中国乒乓球队的竞技水平位居世界前列。自容国团1959年赢得第一个世界冠军至今，中国乒乓球队为祖国夺取了多个世界冠军，涌现出一批世界著名乒乓球运动员。现今的中国乒乓球拥有完备的人才培养体系、强大的人才储备及教练队伍。

二、乒乓球基本技术

以下所有技术均以右手持拍为例。

（一）握拍方法

1. 直拍握法

直拍握法

拍前，以食指第二指节和拇指第一指节扣拍；拍后，中指、无名指、小指三指弯曲贴于拍的1 / 3上端。（图9-4-1）

图 9-4-1

2. 横拍握法

横拍握法

握拍时，虎口贴拍，中指、无名指、小指握住拍柄，拇指在拍前，食指斜伸在拍后。（图9-4-2）

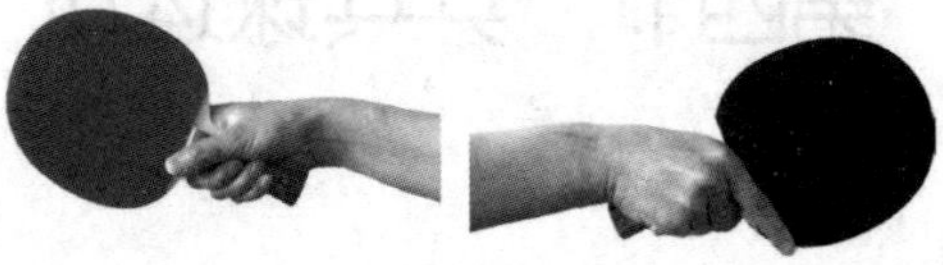

图 9-4-2

（二）准备姿势与站位

身体距球台20～40厘米，站位于中线偏左，两腿屈膝内扣，两脚平行站立，前脚掌着地。上体前倾，两眼注视来球。右臂自然弯曲，右手手腕放松，持拍于腹前。左臂屈

肘抬起，高于台面。（图9–4–3）

(a)直拍准备姿势与站位　(b)横拍准备姿势与站位

图 9–4–3

（三）基本步法

1. 单步移动

以一脚为轴，向某一方向移动，身体重心随之落在移动脚（A）上。（图9–4–4）

单步移动

(a)左脚向前上步　(b)右脚向后退步　(c)左脚向左上步　(d)右脚向右上步

图 9–4–4

2. 跨步移动

一脚向某一方向跨出一大步，身体重心随之移动到跨出脚（A）上，另一脚迅速向相同方向滑动半步。（图9–4–5）

跨步移动

(a)左跨步　(b)右跨步

图 9–4–5

并步移动

3. 并步移动

来球方向异侧脚（A）先向另一脚（B）并一步，另一脚（B）再向来球方向迈一步。（图9-4-6）

图 9-4-6

跳步移动

4. 跳步移动

以远离球的脚用力蹬地为主，两脚同时离地，向来球方向跳动。（图9-4-7）

图 9-4-7

交叉步移动

5. 交叉步移动

远离球的脚（A）迅速向来球方向交叉跨出一大步，接着支撑脚（B）向同方向迈出一步（图9-4-8），击球后迅速还原。

(a)右交叉步　　(b)左交叉步

图 9-4-8

（四）发球技术

1. 正手平击发球

准备姿势：近台站立，含胸收腹，屈膝，左手抛球，右臂内旋，向身体右后方引拍，拍面稍前倾。

击球动作：左手抛球的同时，右臂上臂带动前臂，从右后方向前方挥动并发力，击球的中上部。

击球后：手臂继续向前随势挥动，迅速还原。

正手平击发球如图9-4-9所示。

正手平击发球

(a)直拍正手平击发球

(b)横拍正手平击发球

图 9-4-9

2. 反手平击发球

准备姿势：站立于球台中线偏左处，身体略向左转，左手抛球时，右臂外旋，向身体左后方引拍，拍面稍前倾。

击球动作：右臂从身体左后方向右前方挥动并发力，击球的中上部。

击球后：手臂继续向右前方随势挥动，并迅速还原。

反手平击发球如图9-4-10所示。

反手平击发球

(a)直拍反手平击发球

图 9-4-10

(b)横拍反手平击发球

图 9-4-10（续）

正手发左侧下旋球

正手发左侧上旋球

反手发右侧下旋球

反手发右侧上旋球

3. 正手发下旋球、侧下旋球、侧上旋球

准备姿势：左脚稍前，身体右转，左手抛球，右臂屈肘引拍，与肩同高，拍面后仰，拍头斜向上方，手腕略外展。

击球动作：① 正手发下旋球，以右臂前臂发力为主，右手手腕发力为辅，由上方向前下方挥拍，以拍的下缘触球，摩擦球的底部。② 正手发侧下旋球，右臂从右后上方向左前下方挥拍，球拍从球的右中下部向左下部摩擦，前臂带动手腕快速发力。③ 正手发侧上旋球，球拍从球的中下部向左侧中上部摩擦，前臂带动手腕快速发力。

4. 反手发下旋球、侧下旋球、侧上旋球

准备姿势：右脚在前，身体左转，向身体左后上方引拍，拍面稍后仰。

击球动作：① 反手发下旋球，以腰带动肩、臂，以前臂发力为主，迅速由上向前下方挥拍，以拍的下缘触球，摩擦球的底部。② 反手发侧下旋球，球拍从球的左中下部向右侧下部摩擦。③ 反手发侧上旋球，球拍从球的左中部向右侧或右侧偏上部位摩擦。

发球后：手臂随势挥动，迅速还原。

（五）直拍反手推挡

准备姿势：身体离球台约40厘米，两腿微屈。右手引拍于腹前，拍柄与台面平行，拍面与台面垂直。

击球动作：拍面稍前倾，右臂前臂向前推出，在来球上升期击球的中上部。

击球后：右臂顺势前送，肘关节接近伸直时立即还原，准备连续击球。

直拍反手推挡如图9-4-11所示。

图 9-4-11

（六）直拍正手攻球

准备姿势：站立于球台中线偏左处，左脚稍前，两腿屈膝，上体前倾，身体重心在两脚之间。右臂先向右后下方引拍，上臂放松，上臂与前臂的夹角为90° ～130° ，拍面稍前倾。

击球动作：借助腰和右臂上臂的力量，以前臂发力为主，右手向左前方挥拍，在球的上升后期或高点期击球的中上部。击球时，以撞击为主，略带摩擦。前臂快速收缩至额前，身体重心移至左脚。

击球后：右臂随势挥动，迅速还原。

直拍正手攻球如图9-4-12所示。

图 9-4-12

（七）直拍正手搓球

准备姿势：站位同直拍正手攻球。身体稍向右转，右手向右上方引拍，拍头略上翘，拍面后仰。

击球动作：右臂前臂和右手手腕向左前下方用力。慢搓是在下降期击球的中下部，球与拍接触时间稍长，加大摩擦。快搓是在上升期击球的中下部，触球瞬间，手腕向前下方用力。

击球后：右臂随势挥动，迅速还原。

直拍正手搓球如图9-4-13所示。

图 9-4-13

（八）直拍反手搓球

准备姿势：站立于球台中线偏左处，身体略向左转。右手向左上方引拍，拍面后仰。

击球动作：右臂前臂和右手手腕向前下方用力切球，在球的下降期击球的中下部。

击球后：右臂前臂随势前送。

直拍反手搓球如图9-4-14所示。

图 9-4-14

三、乒乓球基本战术

（一）快攻型打法的基本战术

1. 发球抢攻

（1）本方反手发右侧上旋球、下旋球至对方中路靠右近网处，伺机攻对方左侧。

（2）本方发追身急球（球速越快越好），使对方不能发挥其正、反手攻球的威力，然后侧身进攻对方中路或两角。这种战术对付擅长两面攻的选手比较有效。

（3）本方发急下旋长球至对方左角，配合近网短球，然后侧身抢攻，主要针对对方弱点进行攻击。这种战术对付擅长弧圈球和快攻的选手较为有效。

（4）本方正手中高抛球发左（右）侧上旋球、下旋球至对方左角（角度越大越好），配合发右方急球进行抢攻。这种战术对付善于采用搓球接发球的选手最为有效。

2. 推挡侧身抢攻

（1）在对推中，本方以力量、速度、落点控制对方，伺机侧身抢攻。

（2）在对推中，本方用反手攻球配合寻找机会，伺机侧身抢攻。

（3）在对推中，本方突然加力推或推下旋球，迫使对方回球较高，然后立即侧身抢攻。

（4）若本方的推挡技术强于对方，则本方可推压对方反手位，伺机侧身抢攻。

3. 左推右攻

（1）当推挡略占上风时或在侧身抢攻获得成功后，对方往往会主动变线到正手位，此时本方可采用有力的正手攻球回击对方。

（2）本方主动推变直线，引诱对方回斜线，用正手攻击直线，反袭对方空当。

（3）本方有时可佯作侧身，诱使对方变线，给自己创造正手回击的机会。

（二）弧圈球型打法的基本战术

1. 发球抢位

（1）本方正手（或侧身）发强烈下旋球至对方左侧近网处，迫使对方以搓球回击，然后拉加转弧圈球至对方反手位或中路。

（2）本方反手发右侧上旋球、下旋球至对方中路或偏右及偏左的地方，然后拉前冲弧圈球至对方两大角。

（3）本方反手发急下旋球至对方中路偏右或左方大角，当对方以搓球回击时，拉前冲弧圈球至对方正手位。

（4）对付善于削球的对手，本方一般用速度快、落点长的球使对方退守，然后根据对方的站位和适应弧圈球的能力，决定用哪种弧圈球攻击对方。

2. 接发球抢拉

对方发侧上旋球和不太旋转的球时，本方用前冲弧圈球回击；对方发侧下旋球或强烈下旋球时，本方用加转弧圈球回击。

3. 搓中拉弧圈球

（1）在对搓中看准时机，本方主动抢拉弧圈球。

（2）在对搓短球时，本方突然加力搓左角长球，然后侧身主动抢拉加转弧圈球。

（3）多搓球至对方正手位，使其不能逼迫本方左大角，本方伺机抢拉弧圈球至对方反手位或中路，再冲对方两角。

4. 弧圈球结合扣杀

（1）拉加转弧圈球结合扣杀。

（2）拉前冲弧圈球迫使对方远台回击，然后放短球，再扣杀。

（3）拉加转弧圈球与不转弧圈球相结合，伺机扣杀。

第五节 羽毛球运动

一、羽毛球运动概述

1873年，英国人鲍弗特在格拉斯哥郡的伯明顿庄园里进行了一次羽毛球游戏表演。

从此，羽毛球运动便逐渐开展起来，“Badminton”（伯明顿）也就成为羽毛球的英文名称。1893年，世界上第一个羽毛球协会在英国成立，其进一步修订了规则并规定了统一的场地标准。

1934年，丹麦、英国、法国等发起成立了国际羽毛球联合会。国际羽毛球联合会于1948年举办了第1届世界男子羽毛球团体锦标赛（即汤姆斯杯赛），于1956年举办了第1届世界女子羽毛球团体锦标赛（即尤伯杯赛）。1978年2月，世界羽毛球联合会在中国香港成立，同年11月举办了第1届世界羽毛球锦标赛。1981年，国际羽毛球联合会与世界羽毛球联合会合并，并维持国际羽毛球联合会这一名称。2006年，国际羽毛球联合会正式更改名称为“羽毛球世界联合会”。1992年，羽毛球运动被列为奥运会的正式比赛项目。当今世界羽毛球赛事主要有汤姆斯杯赛、尤伯杯赛、苏迪曼杯赛、世界羽毛球锦标赛、奥运会羽毛球赛。

羽毛球运动于20世纪初传入中国。20世纪70年代我国羽毛球队已跻身于世界强队之列。自20世纪80年代开始，我国羽毛球运动达到世界领先水平。我国羽毛球运动在发展过程中涌现出一批世界羽坛顶尖高手。在一系列世界大赛中，他们获得了数枚奖牌，为中国羽毛球运动的发展做出了重大贡献。

二、羽毛球基本技术

下面以右手握拍为例介绍羽毛球基本技术。

（一）握拍法

1. 正手握拍法

正手握拍法

图 9-5-1

首先用左手拿住球拍杆，使拍面与地面垂直，然后张开右手，使手掌下部（小鱼际）靠在拍柄底托，接着用右手虎口对着球拍柄窄面的小棱边，拇指和食指贴在拍柄的两个宽面上，食指与中指稍稍分开，小指、无名指、中指自然并拢并握住拍柄，掌心不要紧贴在拍柄上。（图9-5-1）

2. 反手握拍法

反手握拍法

在正手握拍法的基础上，拇指和食指将拍柄稍向外转，拇指顶在拍柄内侧的宽面上或内侧棱上，中指、无名指和小指并拢握住拍柄，柄端靠近小指根部，使掌心留有空隙。球拍斜侧向身体左侧，拍面稍后仰（图9-5-2）。一般来说，击身体左侧的来球，大多先转体，再采用反手握拍法击球。

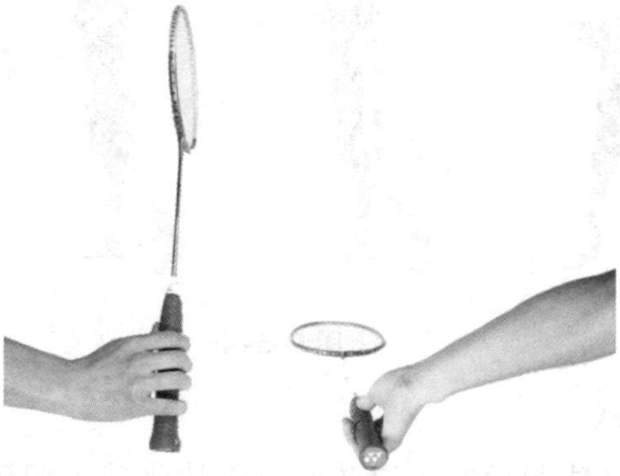

图 9-5-2

（二）发球技术

1. 正手发球

单打比赛的发球站位在中线附近离前发球线1米左右处。双打比赛的发球站位可靠近前发球线。发球前，身体左肩侧对球网，左脚在前，右脚在后，身体重心在右脚上，右手持拍向右后侧举起，右臂肘部放松微屈，左手拇指、食指和中指夹住球，举在体前。发球时，身体重心由右脚移至左脚。

（1）正手发高远球。

发球时，左手把球举在身体的右前方并自然放下，使球下落，右手同时持拍由上臂带动前臂，从右后方沿着身体向前并向左上方挥动。当球落到右臂向前下方伸直能触到球的一刹那，右手握紧球拍，并利用手腕的力量向前上方发力击球。击球后，球拍顺势向左上方挥动缓冲。（图9-5-3）

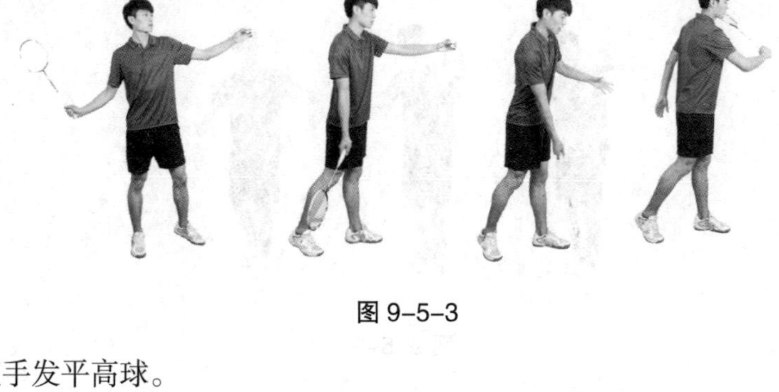

图 9-5-3

（2）正手发平高球。

正手发平高球的动作与正手发高远球相似，只是在击球的一刹那，前臂加速带动手腕向前上方挥动，拍面要向前上方倾斜，以向前用力为主。（图9-5-4）

正手发平高球

图 9-5-4

（3）正手发平快球。

正手发平快球

站位比正手发平高球稍后些（以防对方很快将球击回到本方后场），右手充分利用前臂带动手腕爆发力向前方用力，使球直接从稍高于对方肩的位置越过，直攻对方后场。发平快球的关键是出手的动作幅度小而速度快，但前期动作应和发高远球一致。

（4）正手发网前球。

击球时，握拍要放松，上臂动作幅度要小，主要靠前臂带动手腕向前切送，用力要轻。正手发网前球时，应注意手腕不能有上挑动作；球落点要在对方场区前发球线附近，发出的球要贴网而过，避免遭对方扑杀。

2. 反手发球

发球前，站在前发球线后10～50厘米及发球区中线的附近，也可以站在前发球线及场地边线附近。面向球网，两脚前后站立，上体稍前倾，身体重心落在前脚上。右手反手握拍柄，左手拇指、食指和中指捏住球的羽毛，球托在下（避免犯规），球体与拍面平行或球托对准拍面放在拍面前方。击球时，前臂带动手腕向前横切推送。反手发网前球时，用力要轻，主要靠切送；反手发平快球时，发力要突然，击球时拍面要有反压动作。（图9-5-5）

图 9-5-5

（三）接发球技术

1. 接发球站位

不论是单打比赛还是双打比赛，运动员都应选择一个合理的接发球站位。一般情况下，单打比赛的接发球站位在离前发球线约1.5米处；在右发球区应站在靠中线的位置，在左发球区应站在中间稍偏边线的位置，主要防备对方发球攻击反手位。双打比赛的接发球站位可靠近前发球线，原因是双打比赛的后发球线与前发球线的距离比单打比赛短0.76米，发高远球易被扣杀。因此，双打比赛中，接发球方应将主要精力放在防范对方发网前球上。

2. 接发球的准备姿势

单打比赛中，接发球时，左脚在前，右脚在后，侧身对网，身体重心落在左脚上，右脚脚跟稍提起，收腹含胸，右手垂于体前，两眼注视对方。

双打比赛中，接发球的准备姿势基本同单打比赛接发球的准备姿势，但身体重心可随意放在任何一只脚上，球拍高举在肩上，注意力要高度集中。

（四）后场高空击球技术

后场高空击球也称后场上手击球，即本方在尽可能高的击球点上，还击对方向本方场区底线附近击来的高球。它具有主动性强、击球力量大等特点。下面以右手持拍为例，介绍击高远球、击平高球、吊球、杀球。

1. 击高远球

以较高的弧线将来球击到对方场区底线附近称为击高远球。击高远球是一切后场高空击球动作的基础。

高远球的特点是球的飞行弧线高，滞空时间长。击高远球的作用是逼迫对方远离中心位置退到底线去接球，一方面可减弱对方进攻的威力，为本方进攻寻找机会；另一方面在本方被动的情况下，使本方有较多的时间来调整站位，摆脱被动局面。击高远球分为正手击高远球、反手击高远球、头顶击高远球。

（1）正手击高远球。

首先判断来球的方向和落点，然后移动至合理的击球位置。击球点在自己右肩稍前上方。左肩对网，左脚在前，右脚在后，身体重心在右脚上。左臂屈肘，左手自然高举，右手持拍，右臂自然弯曲，将球拍举在右肩上方，两眼注视来球。击球时，右臂上臂后引，将球拍后引至头后，自然伸腕（手心向上），在右脚蹬地、转体和收腹的协调用力下，以肩为轴，右臂上臂带动前臂快速向前上方甩动，在手臂伸直的最高点击球。击球后，右臂顺势往前下方挥动并收至体前，与此同时，左脚后撤，右脚向前迈出，身体重心由右脚移到左脚。（图9-5-6）

正手击高远球

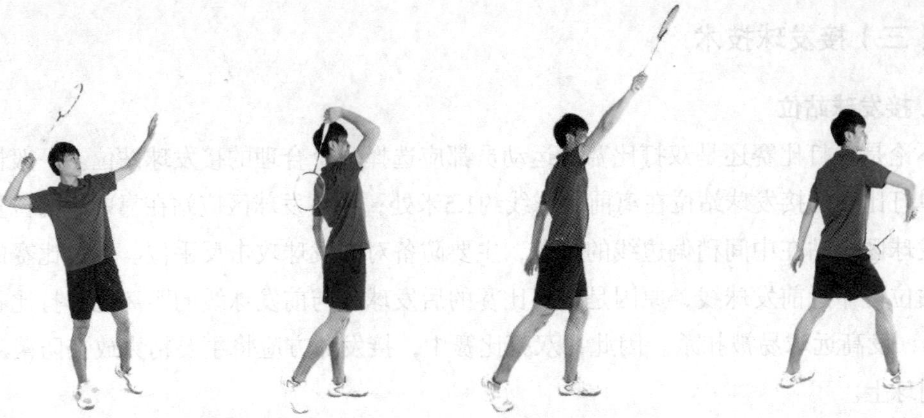

图 9-5-6

（2）反手击高远球。

反手击高远球

首先判断对方来球的方向和落点，然后迅速将身体转向左后方，移动到位后，右脚前交叉跨到左侧底线附近，背对球网，身体重心在右脚上。击球前，由正手握拍迅速换为反手握拍，并持拍于胸前。击球时，右臂以上臂带动前臂，通过手腕的闪动，自上而下地甩臂将球击出。在最后用力时，要注意拇指的侧压与甩腕的配合，同时利用两腿蹬地、转体等动作协调全身用力。（图9-5-7）

图 9-5-7

（3）头顶击高远球。

头顶击高远球的准备姿势及击球动作与正手击高远球基本一致，不同的是头顶击高远球的击球点在左肩上方（因为球是飞向本方场区左后角的）。准备击球时，左肩对网，上体稍左后仰。击球时，右臂上臂带动前臂使球拍绕过头顶，从左上方向前加速挥动，注意发挥手腕的爆发力和充分利用蹬地、收腹的力量。击球后，左脚在身后着地并立即回蹬，同时右脚前移一步，身体重心移至右脚。

2. 击平高球

击平高球的准备姿势及击球动作与击高远球基本一致，只是在击球的一刹那，向前方用力，使击出球的飞行弧线较低。平高球的飞行弧线不高，易被对方拦截，因此，在实战中击平高球应注意：若击直线平高球，则球的飞行弧线可低一些；若击斜线平高球，则球的飞行弧线要高一些。当对方在网前被动挑高球后，由于对方回场步法调整一般较慢，本方可用飞行弧线较低的平高球去袭击其后场。这往往可以获得较好的效果。

3. 吊球

吊球是指把对方击来的后场高球还击到对方网前区的击球技术。它的作用是调动对方，以利于本方组织进攻。下面分别介绍正手吊球、反手吊球和头顶吊球的技术动作。

（1）正手吊球（图9–5–8）。

图 9–5–8

劈吊：击球前期动作同正手击高远球。击球时，拍面正面向内倾斜，手腕做快速切削下压的动作。若劈吊斜线球，则球拍切削球托的右侧，并向左下方发力；若劈吊直线球，则拍面正对前方，向前下方切削。

轻吊：击球前期动作同正手击高远球。轻吊有两种：一种是击球时拍面变化同劈吊基本一致，但用力要更轻些；另一种是击球时拍面正击球托或借助于来球的反弹力用球拍轻挡，使球过网后贴网而下。后者多用于拦截对方击来的平高球和半场高球。

（2）反手吊球（图9–5–9）。

图 9–5–9

反手吊球击球前期动作与反手击高远球基本一致，不同之处在于触球时拍面倾斜角度的掌握和力量运用。反手吊直线球时，用球拍反面切削球托的后中部，向对方右网前发力；反手吊斜线球时，用球拍反面切削球托的左侧，向对方左网前发力。

（3）头顶吊球。

头顶吊球

头顶吊球也可作劈吊和轻吊。其击球前期动作与头顶击高远球基本一致，不同的是球拍触球时拍面的变化和力量的运用。头顶吊直线球的动作与正手吊直线球基本一致，只是击球点不同；头顶吊斜线球时，球拍正面向外转，切削球托的左侧，向右前下方发力。

4. 杀球

正手杀球

杀球是指把对方击来的高球全力向下扣压的技术。杀球力量大、速度快，是主动进攻的重要技术。杀球分为正手杀球、反手杀球和头顶杀球。

（1）正手杀球（图9–5–10）。

图 9–5–10

正手杀球的准备姿势和击球动作与正手击高远球基本一样，不同的是最后用力的方向朝下，而且要充分利用蹬地、转体、收腹及手臂和手腕的爆发力全力将球向下击出。击球的一刹那要紧握球拍。

（2）反手杀球。

反手杀球的准备姿势和击球动作与反手击高远球一样，不同的是最后用力的方向朝下，而且要加快手臂和手腕朝下的闪动。击球点应尽可能向前一些、高一些，这样便于技术的发挥。

反手杀球虽然力量不大，但有突然性。一般在实战中，本方趁对方不备，偶尔用反手杀球会收到出奇制胜的效果。

（3）头顶杀球。

头顶杀球

头顶杀球的准备姿势和击球动作与头顶击高远球基本一致，不同的是击球时要充分利用腰腹力量，以上臂和前臂带动手腕快速下扣。头顶杀球是一种重要的进攻性技术，也是运动员在左后场区进攻的主要手段，可以弥补反手击球力量不足的弱点。初学者如能掌握好头顶杀球技术，便会使对方难以对付。

（五）前场网上击球技术

前场网上击球技术是调动对方、寻找战机的重要手段，并可直接得分。前场网上击球技术有搓球、放网前球、勾对角球、推球和扑球。

1. 搓球

击球时，拍面稍前倾，利用手腕和手指的力量向前切削球托底部或向后提拉，使球击出后旋转或滚动过网。搓球一般在对方来球较靠近网上时运用。正手、反手搓球除握拍方法不同外，其他动作要领相同。

正手搓球

2. 放网前球

击球时，拍面稍向前下方倾斜，前臂带动手腕和手指将拍面向前送，击球托底部。正手、反手放网前球除握拍方法不同外，其他动作要领相同。

正手放网前球

3. 勾对角球

勾对角球是指在网前沿对角线把来球回击到对方场区网前的技术。击球时，拍面斜向对方右（左）网前。正手勾对角球时，用拍面击球托的右侧，手腕和手指带动球拍向左内勾动；反手勾对角球时，用拍面击球托的左侧，同时向右内勾动。

4. 推球

推球是指在网上将来球沿较平的弧线快速推到对方场区底线的技术。击球时，拍面几乎与网平行。利用前臂带动手腕和手指的快速闪动将球击出。正手推球多用食指的力量，反手推球多用拇指的力量。

正手推球

5. 扑球

扑球是指在网上把高于网的来球迅速扑压下去的技术。击球时，拍面前倾，前臂带动手腕和手指快速闪动发力；击球后，立即收拍，以免触网犯规。扑球时，应判断准、上步快、抢点高、动作幅度小。正手、反手均可使用扑球技术。

正手扑球

（六）中场平击球技术

中场平击球技术主要用于回击对方击来的飞行弧线平于或稍低于网，且落点在中场附近的低平球。中场平击球技术多用于双打比赛。它的击球点与肩同高或高度在肩、腰之间。因为来球速度较快、飞行弧线较平，所以击出的球速度也较快、飞行弧线也较平。中场平击球技术是一种对攻技术，分为正手、反手中场平抽球和半蹲式中场平击球两种。

1. 正手、反手中场平抽球

正手、反手中场平抽球主要用于回击对方来球中离身体较远的平球。运动员站于本方场区中心，两脚左右开立，面对球网，两腿微屈，右手持拍于体前。击球时，准确判

正手平抽球

断来球方向并向右（左）侧横跨一步，同时依靠前臂和手腕的闪动发力，挥拍击球。正手中场平抽球时，多用食指的力量向前发力；反手中场平抽球时，多用拇指的反压力量向前发力。此外，不论是正手中场平抽球还是反手中场平抽球，其击球点都应在身体侧前方，这样便于手臂发力。

2. 半蹲式中场平击球

半蹲式中场平击球主要运用于双打比赛，是一种对攻击球技术。这种技术是将对方击来的位于肩部或面部附近的球，在半蹲姿势下还击回去。击球时，看准来球，迅速采取半蹲姿势，同时引拍至身体正面或头顶等位置，以前臂带动手腕快速闪动，挥拍击球。

三、羽毛球基本战术

羽毛球基本战术是指运动员在羽毛球比赛中为了战胜对手而采取的计谋和行动。在羽毛球比赛中，运动员要力争主动，以己之长、克彼之短，抑彼之长、避己之短，根据不同对手的特点，采取相应的技术手段战而胜之，这便是战术的意义。

羽毛球基本战术的指导思想是“以我为主”“以快为主”“以攻为主”，技术风格是“快、狠、准、活”。

（一）羽毛球战术的目的

1. 调动对方

对方一般站在其所在场区中心位置，全面照顾各个角落，以便回击各种来球。如果本方将其调离中心位置，对方的场区就会出现空当。这一空当就成了本方下一拍进攻的目标。

2. 迫使对方击出中后场高球

以平高球、杀球、劈吊或网前搓球等技术造成对方还击困难，使对方击来的高球不能到达本方场区的底线，这样可以增加自己大力扣杀和网前扑杀的威力，给对方致命一击。

3. 使对方身体重心不稳

本方利用重复球或假动作打乱对方的步法，使对方身体重心不稳而来不及还击或延误击球时间，导致对方回球质量差，使其陷入被动。

4. 消耗对方体力

本方控制球的落点，最大限度地利用整个场地，把球击到对方场区的四个角上或离对方最远的地方，使对方在每一次回球时都多消耗体力。在一球的争夺中，本方也应以多拍调动对方，让对方多跑动，使对方多做无效的杀球，以此来消耗对方的体力。

（二）单打基本战术

1. 发球抢攻战术

发球不受对方干扰，发球者可以根据规则，以任何方式将球发到对方接球区的任意位置；利用多变的发球战术，先发制人，取得主动；以发平快球和网前球配合，争取创造第三拍的主动进攻机会。

2. 攻后场战术

本方采用重复击高远球或平高球的技术，压对方后场两点，迫使对方处于被动状态，一旦其回球质量不高，便利用杀球、吊球一击制敌。

3. 逼反手战术

一般说来，后场反手击球的进攻性不强，球路也较简单。如果对方后场反手技术较差，本方要毫不放松地加以攻击。先调动对方位置，使对方反手区露出空当，然后把球打到对方反手区，迫使对方使用反拍击球。例如，本方先吊球到对方正手网前，对方挑高球，本方便以平高球攻击对方反手区；在重复攻击对方反手区迫使其远离中心位置时，突然吊对角网前球。

4. 四方球突击战术

本方以快速的平高球、吊球准确地打到对方场区的四个角落，迫使对方前后左右奔跑。当对方来不及回中心位置或失去身体平衡时，本方抓住其空当和弱点进行突击。

5. 吊、杀上网战术

本方先在后场以轻杀配合吊球把球下压，落点要选择在场地两侧，使对方被动回球。若对方还击网前球，本方便迅速上网搓球或勾对角快速平推球；若对方在网前挑高球，则本方可在其后退途中把球直接杀到对方身上。

（三）双打基本战术

1. 攻人（二打一）战术

攻人（二打一）战术是一种经常运用且行之有效的战术。如果对方有一名队员防守能力或心理素质较差，失误率较高或防守时球路单调，本方就可采用这种战术。这种战术可集中优势兵力以多打少，以优势打劣势，有利于争取主动权或得分；有利于打乱对方防守站位；有利于造成对方思想上的矛盾，影响其士气。

2. 攻中路战术

不论对方把球打到什么位置，本方攻球的落点都应集中在对方两人之间的结合部，并靠近防守能力较差者一侧或在中线上。攻中路战术可以造成对方抢球或漏球，也可以限制对方挑出大角度的球，有利于本方封网。

3. 攻直线战术

攻直线战术是指杀球路线为直线，没有固定的目标和对象，只依靠杀球的力量和球的落点来得分的战术。当对方的来球靠近边线时，本方攻球的落点在边线上；当对方的来球在场区中间时，本方就朝对方中路进攻。这个战术在使用上较易被记住和贯彻，便于网前同伴封网。

4. 后攻前封战术

当本方取得主动时，后场队员逢高球必杀，前场队员积极移动封网扑球。

5. 防守反击战术

防守时，对方攻直线球，本方挑对角平高球；对方攻对角球，本方挑直线平高球，以达到调动对方移动的目的。本方可采用挡球的技术迫使对方起球，创造后场进攻机会，达到反守为攻的目的。

第六节　网球运动

一、网球运动概述

古代网球运动可追溯到12—13世纪的法国，它是人们常做的一种“掌中游戏”。现代网球运动起源于英国。1873年，英国人温菲尔德在掌握了古代网球游戏以后，把它从宫廷带到民间，使网球运动走进了寻常百姓家。

1877年，第1届草地网球锦标赛在英国温布尔登举行，以亨利·琼为首的裁判委员会草拟的比赛规则是现代网球比赛规则的基础，其中的盘制、局制和换位法一直沿用至今。

网球运动走向普及和形成高潮是在美国。第二次世界大战期间，其他国家的网球赛事都停止了，唯独美国的网球运动继续开展并进入鼎盛时期，先后有约4000万人参加了网球运动，网球运动的普及率非常高，这为世界网球运动的发展做出了很大的贡献。

1913年，世界网球的最高组织——国际网球联合会成立，总部设在伦敦。1896年，网球运动被列为第1届奥运会的正式比赛项目。后来，由于对业余选手身份有争议，网球运动退出了奥运会，直到1988年汉城奥运会，网球运动才被重新列为奥运会比赛项目。

网球运动在19世纪后期传入我国。中华人民共和国成立之后，网球运动得到了进一步的发展。1953年，中国网球协会成立，并在天津市举办了第1届全国网球表演赛。1986年，中国女子网球队在第10届亚运会的团体赛中夺冠，从此结束了中国在亚运会上无网球金牌的历史。2004年雅典奥运会，李婷、孙甜甜经过奋勇拼搏，夺得了中国体育史上第一个网球女子双打奥运冠军。2006年，郑洁、晏紫在澳大利亚网球公开赛女子双打比赛中击败赛会头号种子选手，夺得中国网球在四大网球公开赛成年组女子双打比赛中的第一个冠军。李娜在2011年法国网球公开赛和2014年澳大利亚网球公开赛上获得女子单打冠军，成为亚洲历史上女子单打世界排名最高的选手，创造了中国网球运动的新历史。

二、网球基本技术

以下所有技术均以右手持拍为例。

（一）握拍法

握拍法主要有东方式握拍法、大陆式握拍法、西方式握拍法和双手握拍法。握拍法是根据手掌虎口对准的拍柄的各条棱或面而确定的。拍柄分为八条棱或八个面。（图9-6-1）

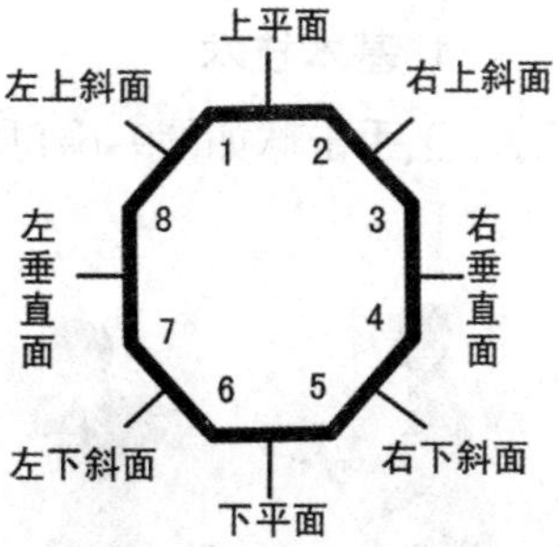

图 9-6-1

1. 东方式握拍法

东方式握拍法可分为东方式正手握拍法和东方式反手握拍法。东方式正手握拍法也称握手式握拍法。先使拍面与地面垂直，右手握拍柄好像与人握手，也就是虎口对准拍柄的第2条棱或右上斜面，五指紧握拍柄，食指稍离中指（图9-6-2）。东方式反手握拍法是虎口对准拍柄的第8条棱或左上斜面，五指握紧拍柄（图9-6-3）。东方式正手握拍法、东方式反手握拍法在变换握拍法时的转动角度不太大，当来球飞向身体一侧时，要变换握拍去迎击球。

2. 大陆式握拍法

大陆式握拍法又称握锤式握拍法。正手、反手采用同一种握拍法，不需要变换握拍方式。大陆式握拍法适用于发球和网前截击球。正确的握拍方法是虎口对准拍柄的第1条棱或上平面，五指紧贴拍柄（图9-6-4）。

大陆式握拍法

3. 西方式握拍法

西方式正手握拍法，是将球拍平放在地上，右手从上面握住拍柄（图9-6-5）。虎口对准第4条棱或右下斜面是西方式正手握拍法；虎口对准第3条棱或右垂直面是半西方式正手握拍法；虎口对准第5条棱或下平面是超西方式正手握拍法。西方式反手握拍法是在西方式正手握拍法的基础上，将拍面上下翻转，用同一拍面击球。（图9-6-6）

西方式握拍法

4. 双手握拍法

双手握拍法（图9–6–7）一般用于反手击球，变化较多。常见的一种双手握拍法是左手用东方式正手握拍法，右手用东方式反手握拍法。右手握在拍柄底端，左手握在拍柄上端。双手握拍法也用于一些儿童、女子的正手击球，其握法与双手反手握拍法相同，但是左右手的位置是颠倒的。

图 9–6–2

图 9–6–3

图 9–6–4

图 9–6–5

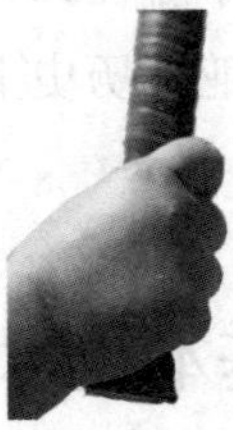
图 9–6–6

图 9–6–7

（二）正手击球

正手击球

1. 基本技术

正手击球如图9–6–8所示。

图 9–6–8

（1）准备姿势。面对球网，两脚自然分开，间距与肩同宽，两腿微屈，上体略前倾，身体重心落在两脚的前脚掌之间，右手握拍，左手轻托拍颈，两臂微屈，将球拍舒适地放在身前，拍头垂直于地面，指向对方，两眼注视对方来球，做好击球准备。

（2）后摆引拍。判断来球需用正拍回击时，上体右转，右手向右后方引拍。引拍时，右臂肘部弯曲、自然下垂，拍头高于右手手腕，左手伸向前方，身体保持平衡，身体重心移向右脚。

（3）击球动作。击球时，右手紧握球拍，手腕后伸、固定，右脚用力蹬地，身体向左转动，右手向前挥拍。击球点在身体的右侧前方不超过腰的高度，击球瞬间的挥拍速度最快，用拍面的中心触球，拍头自下而上地挥动，使球稍带上旋。

（4）随挥跟进。球拍触球后，使拍面平行于球网，并保持尽量长的时间，右手继续挥拍沿着球的飞行方向前送；身体重心前移，身体转向球网，拍头随着惯性挥至左肩上方，左手扶拍颈。随挥跟进结束后，立即还原成准备姿势。

2. 正手击球方法

（1）正手击上旋球。正手击上旋球是球拍自后下方向前上方挥动，摩擦整个球体，使球由后下方向前上方转动。上旋球的特点是飞行弧线高，下降速度快，落地后的反弹角度较小，前冲力较大，同时具有较强的进攻性和较低的失误率。

（2）正手击下旋球。正手击下旋球俗称“削球”。下旋球的特点是球的飞行时间长，球速慢，落地后弹起的高度很低并伴有回弹现象。击球时，球拍稍向后倾斜，由后上方至前下方挥拍，击球的后下部，使球由前上方向后下方旋转并向前飘行。

（3）正手平击球。挥拍击球的弧线较平直。击球时，拍面几乎垂直于地面，击球的后部。平击球的球速快，球落地后前冲力大，但其准确性和控制力较差，因此这种击球法在比赛中较少使用。

（4）正手击侧旋球。击球时，球拍由后部向内侧平行挥动（也称“滑击”），使球产生由外向内的侧旋转，故称侧旋球。这种球的飞行路线是水平向外侧的弧线，落地后向外跳，常用于正拍直线进攻。

（三）反手击球

1. 基本技术

反手击球如图9-6-9所示。

图 9-6-9

（1）准备姿势。面对球网，两脚自然分开，间距与肩同宽，两腿微屈，上体略前倾，左手轻托拍颈，拍头约与下颌齐平，两臂微屈，将球拍舒适地置于体前，身体重心落在两脚之间。

（2）后摆引拍。上体向左转带动髋部，左脚向左转90°，与底线平行，同时右脚向左前方上步，右肩对着球网，右手向左后方摆动，手腕绷紧、后伸。后摆时，右臂肘关节自然弯曲、下垂，身体重心移至左脚上。反手击球的后摆动作应比正手击球的后摆动作更早完成。单手反手击球时，左手可轻托拍颈，随着右手向左转；双手反手击球时，需要更充分的转体动作，右肩转向左侧的网柱。

（3）击球动作。击球时，右手紧握球拍，手腕固定，右脚与网成45°，上体右转，挥拍击球。击球点应在身体的左侧前方。击球时，球拍与右脚应在一条直线上。击球瞬间，拍头的挥动速度最快，拍面对准来球，右臂伸直，身体重心从左脚移向右脚。

（4）随挥跟进。击球后，球拍继续沿着球的飞行方向向前上方推送，身体重心前移，挥拍至右肩上方结束，身体转向球网，随后还原成准备姿势。

2. 反手击球方法

（1）反手击上旋球。右手自左后方向前上方挥拍，这时球由后下方向前上方旋转，故称反手击上旋球。要想使球急剧上旋，须加大向上提拉的幅度。反手击上旋球的最大优点是便于加力控制，尤其在快速跑动中。因为，上旋球的飞行路线成弧形，球过网后有急剧下降的特点。反手击球可以打出短的斜线球，取得主动权，也是破坏对方上网的有力武器。飞行弧线较低的上旋球落在对方上网队员的脚下，会使其难以还击。

（2）反手击下旋球。右手由后上方向前下方挥拍，击球的后下部，使球由后上方向下方旋转。下旋球飞行路线是向上的弧线，过网时很低，但可以打到对方的后场，落点容易控制，比较稳健和准确。反手击下旋球常用于随击上网。击球方可以协调、连贯地把随击与上网结合起来，利用球的飞行时间和深而准的落点冲至网前截击；也可以将反手击下旋球作为变换球的旋转性和进攻节奏的打法，扰乱对方，取得主动。

（3）反手平击球。右手从后向前上方较平缓地挥击，击球的正后部，击球时拍面几乎垂直于地面。此击球方法的球速较快，球的飞行路线较平直，而球落地后的前冲力量也较大，但准确性较差。尤其在快速奔跑中，反手平击球的打法很难控制球的准确性，易造成失误或出界。

（4）反手击侧旋球。反手击侧旋球击球前的动作与反手平击球相似。击球时，球拍由后部向内侧滑击（平挥动），使球产生由外向内的侧旋转，球的飞行路线成水平向外侧的弧线，落地后向外跳。反手击侧旋球常用于反拍直线进攻。

（四）发球

在现代网球运动中，发球技术是非常重要的。发球不受对方的影响，能在较大程度上发挥个人的技术水平，以控制对方，为本方进攻创造有利条件。发球包括准备姿势、抛球与后摆引拍、挥拍击球和随挥动作。（图9–6–10）

图 9-6-10

1. 准备姿势

采用大陆式握拍法或东方式反手握拍法。侧身站立在端线外中场标记线旁边（单打），左肩对着左边网柱，面向右边网柱，两脚开立，间距约与肩同宽，左脚与端线约成45°，右脚约与端线平行，身体重心落在左脚上。左手持球，拇指、食指、中指轻轻托住球，掌心向上，轻扶球拍，拍头指向前方。呼吸均匀，精神集中。

2. 抛球与后摆引拍

抛球与后摆引拍动作是同步进行的。右手握拍，然后经体侧向后引拍，左手同时下降。当球拍从体后向头上方摆动时，转体、屈膝、展肩，左手柔和地在左脚前上方举到最高点，平稳地将球抛向空中，这时右肘向后外展至与肩同高，拍头指向天空，身体成反弓形。从抛球开始，身体重心从准备姿势的左脚移向右脚。然后，身体重心前移，身体侧对球网。

3. 挥拍击球

左手抛球后，球拍继续向上摆起，身体向前转，右臂肘关节放松，做绕圈挠背动作。当球下降至击球点时，迅速向上挥拍击球，右脚蹬地，手臂和身体充分伸展。当身体向前上方伸展击球时，肩、臂回转，两肩与球网平行。挥拍击球时，右手前臂带动手腕做旋内的“鞭打”动作，这是发球发力的关键动作，也是身体重心前移、蹬腿、转体、挥拍等力量聚集的总和。

4. 随挥动作

球发出后，身体向场内倾斜，保持连续、完整的向前上方伸展的随挥动作。球拍挥至身体的左侧，身体重心移向前方，做到完全自然地跟进，并保持身体平衡。

（五）接发球

1. 握拍法

运动员应根据个人习惯来确定接发球的握拍法。

2. 准备姿势及站位

接发球的准备姿势只要能以最快的速度还击球即可。对方发球前，接发球方可以屈膝开立；对方抛球、准备击球时，接发球方可以提高身体重心，两脚快速交替跳动，并判断来球方向，迎前回击。接发球方要根据对方的发球水平和自己的接发球水平、习惯、场地、战术需要来确定站位，一般应站在对方能发到的内外角的角平分线上，接第一发球时站位稍后些，接第二发球时站位略靠前。

3. 击球动作

击球动作根据对方发球质量而定。动作一般介于底线正手、反手击球动作和截击球动作之间。面对发球技术差的对手，接发球方可用底线正手、反手击球动作来接对方的发球；面对发球技术好、速度快的对手，接发球方可用网前截击球的动作来迎接对方的发球，这样击出的球很有威胁。

（六）截击球

截击球是在网前进行的一种具有攻击性的击球方法，即在球落地之前，便将来球击回对方场地。截击球分为正手截击球和反手截击球两种。

1. 基本技术

（1）握拍法。截击球一般是在网前进行的。截击球者往往没有充足的时间来变换正手、反握拍法。因此，截击球者适合采用大陆式握拍法。采用大陆式握拍法时，截击球者不用变换正手、反手握拍方式，可以自如地做各种凌空截击球动作。

（2）准备姿势。两脚自然开立，两腿微屈，身体前倾，面向球网，左手扶住拍颈，右手握拍，球拍放于体前，拍头略高，眼睛盯住来球。

2. 正手截击球

肩部稍做转动，球拍与肩平行，向后引拍要稳固。向前挥拍的同时，左脚向来球方向迈步，右手手腕保持固定，并在身体前方击球。随挥动作轨迹要短，以便快速回到准备迎接下一个球的位置。（图9-6-11）

图 9-6-11

3. 反手截击球

肩部稍微转动，球拍与肩平行，向后引拍要稳固。向前挥拍时，右脚向来球方向迈出一步，右手手腕保持固定，并在身体前方击球。随挥动作轨迹要短，以便快速回到准

备迎接下一个球的位置。（图9–6–12）

图 9–6–12

（七）高压球

高压球是指在头上用扣压的动作完成的一种击球技术。高压球可分为凌空高压球、落地高压球、前场高压球、后场高压球等，其基本动作与发球相似。

高压球如图9–6–13所示。

图 9–6–13

（1）握拍及准备姿势。高压球采用的是大陆式握拍法。击球者在上网过程中随时都要做好击球准备。高压球的准备姿势与正手、反手击球相似。

（2）后摆引拍。以准备姿势为基础，在开始脚步调整、身体位置变化的同时，转体，并以最简捷的动作将球拍摆至肩上。

（3）挥拍击球。准确判断击球点并移动到位后，两脚蹬地、转体、收腹，继而挥拍击球。高压球的发力过程与发球相似，击球点在保证球能过网的前提下，尽量靠前。其位置越靠前越有利于发力和控制球出手的角度，越靠前越具有杀伤性，这与发球时力争高点是不同的。到达击球点时，身体应已完全面向对方，收腹的强劲势头也爆发于此点。

（4）随挥动作。高压球的随挥动作与发球类似。击球后，顺势将球拍收于身体左侧。

三、网球基本战术

（一）单打基本战术

单打比赛开始时，双方通常会用自己最擅长的技术迎战。本方应在熟悉对方的战术后改变战术策略，消耗对方体力，使对方失去节奏，达到赢得比赛的目的。

1. 发球战术

发球是不受对方制约的技术，因此发球队员一定要充分利用发球机会，争取拿下发球局，掌握主动权。一成不变的发球易使对方适应，并找到应对方法。发球队员也许侥幸拿下第一个发球局，但拿下第二个、第三个发球局就变得非常困难了。因此，发球队员应做到发内角球、发外角球、发中路球相结合，上旋、侧旋、平击多变化。

2. 接发球战术

面对快速的发球，接发球队员不要急于加力回球，这样往往失误较多。如果对方反手能力较弱，则攻对方的反手位；如果对方发球动作幅度较大，则回击对方追身球，令其没有时间调整步法。

3. 发球上网战术

如果能准确、快速地发出外角球，本方就要准备上网。注意，本方不要一下冲到近网，导致没有回旋的余地。本方应在发球线附近停顿一下，根据对方回击球的情况，再采取下一步行动。发球上网的要点是选择适当的时机，把球发到对方外角，对方接球的另一侧是空场，对方要想把球回击到场内，必须把球从靠近发球区一侧的球网上方回过来，否则球可能出界，所以本方只需要防住发球区域的来球；如对方的回球质量不高，本方可以截击一个深球或者放一个小球到对方的空场区，轻松得分。

（二）双打基本战术

双打比赛和单打比赛有很大的差别，双打比赛更多地依赖于两个队员的默契配合及网前的截击技术。在网球双打比赛中，常用的战术有以下两种。

1. 双上网进攻型战术

双上网进攻型战术是近年来职业网球双打比赛中采用较多的战术。发球方发球后上网，接发球方也积极接发球上网，双方四人均来到网前，通过小斜线截击或其他方式得分：① 发球者发出刁钻的球后上网，在发球线处截击，将球打到接发球方脚下，待接发球方回球时跟进到网前，在网前打出直接得分球。② 接发球者选择进攻型接发球，将球回击到发球者脚下，同时迅速上网，在发球线处截击，把球打到对方两人中间，再来到网前，找机会打出得分球。③ 发球者同伴根据发球落点，适时调整网前位置，盯住接发球者，判断回球方向，及时上前抢网，同时注意防守双打边线和单打边线之间区域的直线穿越球。④ 接发球者同伴在发球线附近，防守发球者同伴的截击球，根据来球，来到网前打出小斜线球或高压球得分。

2. 双上网防守型战术

男子职业选手均采用双上网防守型战术。在双上网进攻型战术中，两人太靠近球网，无法照顾到挑高球，因此双上网防守型战术的重点是接发球方接发球上网后，只来到发球线附近，防守发球方的挑高球，接发球者同伴则伺机打出截击球或高压球得分。

体育思政课堂

我国球类运动取得的成就可以激发大学生的爱国主义情怀，球类运动技术中丰富的引申含义与社会主义核心价值观相匹配；球类运动技术背后的运动生物力学原理可以引导和培养大学生的科学探索精神，促进大学生体育学科核心素养的发展。球类运动课程体现出的爱国主义精神、集体主义精神、科学探索精神、开拓创新精神等育人要素和思政元素对大学生有着深刻的教育意义。

第十章　武术与搏击运动

第一节　武术概述

武术萌芽于原始社会时期，起源于我国古人的生产劳动。人们在狩猎的生产活动中，制作了石刀、石锤、木棍等武器，逐渐掌握了躲闪、跳远、滚翻和运用石器、木棒进行劈、砍、刺等技能。在氏族公社时期经常发生部落战争，人们不断总结在战场上搏斗的经验，击、刺等进攻技能不断被模仿、传授和习练，促进了武术的萌芽。武术成形于奴隶社会时期。夏朝建立后，战火不断，为了适应实战需要，武术进一步向实用化、规范化方向发展，这主要体现在军队的武术活动和以武术为主的学校教育方面。商周时期出现了武术训练的重要手段——田猎，以及被用来训练士兵、鼓舞士气的武舞。周代设立的“序”等学校也把射、御等列为教育的内容。春秋战国时期，各诸侯国都很重视技击在战场上的运用。秦汉时期盛行角力、击剑等武术活动。此外，还有“刀舞”“力舞”等，其虽具娱乐性，但从技术上更近似于现代的武术套路形式。唐朝时期开始实行武举制，并授予有一技之长的士兵荣誉称号，这对武术的发展起到了促进作用。宋元时期，以民间结社的武艺组织为主体的练武活动大量出现，有习枪弄棒的“英略社”、习练射箭的“弓箭社”等。由于商业经济活跃，这个时期出现了以习武卖艺为生的“路岐人”，其武术形式不仅有单练，还有对练。明清时期是武术的大发展时期，流派林立，光拳术就有长拳、通背拳、少林拳、太极拳等几十种。

中华民国时期出现了许多拳社、武士会等武术组织。1936 年，中国武术队赴第11 届奥运会参加武术表演。中华人民共和国成立后，武术得到了进一步的发展。1958年，中国武术协会在北京成立，推动了的群众性武术活动的发展。1985 年，第 1 届国际武术邀请赛在中国西安举行。在国际武术邀请赛期间，国际武术联合会筹委会成立，这是武术发展的历史性突破。1987 年，在日本横滨举行了第 1 届亚洲武术锦标赛。在1990 年北京亚运会上，武术首次被列为正式比赛项目。1990 年，国际武术联合会在中国北京正式成立。1994 年，国际武术联合会成为国际单项体育联合会总会正式成员，这是武术发展的又一历史性突破。2008 年，武术以“特设项目”亮相于北京奥运会。2020 年，武术被列为第 4 届青年奥运会正式比赛项目。

第二节 武术基本功

一、手型

手型

武术手型如图10-2-1所示。

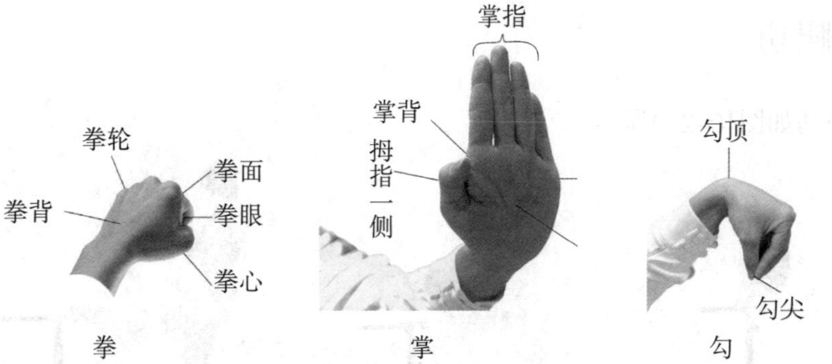

图 10-2-1

二、手法

武术手法如图10-2-2所示。

图 10-2-2

三、步型

武术步型如图10–2–3所示。

图 10–2–3

四、腿功

武术腿功如图10–2–4所示。

图 10–2–4

步型

正压腿

侧压腿

后压腿

弹腿

正踢腿

侧踢腿

外摆腿

仆步压腿

里合腿

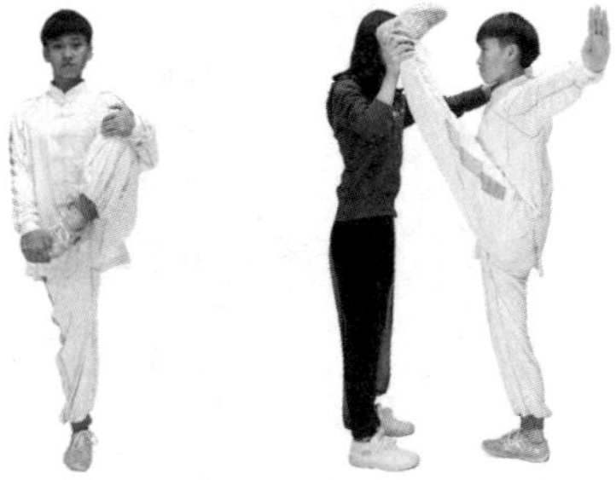

正搬腿

图 10-2-4（续）

五、腰功

武术腰功如图10-2-5所示。

前俯腰　　甩腰　　涮腰

图 10-2-5

前俯腰

甩腰

涮腰

六、肩功

武术肩功如图10-2-6所示。

压肩

图 10-2-6

握棍转肩

单臂绕环

图 10-2-6（续）

第三节　24 式简化太极拳

24 式简化太极拳完整示范

一、24 式简化太极拳概述

24 式简化太极拳由国家体育运动委员会（现为国家体育总局）于 1956 年组织太极拳专家整编而成。它以杨式太极拳为基础，保留了传统太极拳的主要技术内容及基本动作要领，去掉了繁难和重复的动作，按照由简到繁、由易到难的原则，首先安排直进动作，其次安排后退和侧行动作，重点动作安排左右式对称练习，便于练习者达到全面锻炼的目的。其套路充分体现了太极拳动作柔和、缓慢、圆活、连贯的特点。

整套动作分为8组，包括24个动作。24 式简化太极拳动作简练，易学易练。

二、24式简化太极拳动作名称

24式简化太极拳动作名称见表10-3-1。

表 10-3-1　24 式简化太极拳动作名称

组别	动作名称			
第一组	（一）起势	（二）左右野马分鬃	（三）白鹤亮翅	
第二组	（四）左右搂膝拗步	（五）手挥琵琶	（六）左右倒卷肱	
第三组	（七）左揽雀尾	（八）右揽雀尾		
第四组	（九）单鞭	（十）云手	（十一）单鞭	
第五组	（十二）高探马	（十三）右蹬脚	（十四）双峰贯耳	（十五）转身左蹬脚
第六组	（十六）左下势独立	（十七）右下势独立		
第七组	（十八）左右穿梭	（十九）海底针	（二十）闪通臂	
第八组	（二十一）转身搬拦捶	（二十二）如封似闭	（二十三）十字手	（二十四）收势

三、24式简化太极拳动作图解

第一组

（一）起势

头颈正直，下颌微收，身体放松，收腹敛臀，气沉丹田，两臂自然垂于体侧。两臂上抬时配合吸气。两肩下沉，两肘松垂，手指自然微屈。屈膝、松腰、敛臀，身体重心落在两脚之间。两臂下落与身体下蹲的动作要协调。（图10-3-1）

图 10-3-1

（二）左右野马分鬃

两臂分开时要保持弧形，弓步与分手要协调；身体转动时要以腰为轴带动上肢做动作；移动身体重心时，上体要保持平稳；胸部宽松舒展。（图10-3-2）

图 10-3-2

（三）白鹤亮翅

两手抱球与右脚跟进半步要协调，身体重心后移和右手上提、左手下按要协调；转动动作要以腰带臂，虚步动作要收腹敛臀，臀部与脚跟在同一个垂直面内。（图10-3-3）

图 10-3-3

第二组

（四）左右搂膝拗步

腿成弓步的同时，手掌向前推出；身体不可前俯后仰，要松腰、松胯；推掌时，要沉肩垂肘、坐腕舒掌，同时需与松腰、弓腿上下协调。（图10-3-4）

图 10-3-4

图 10-3-4（续）

（五）手挥琵琶

以身体重心的移动带动上肢动作，上下协调；左手上起时要由左向上、向前移动，微带弧形；身体姿势要平稳自然，沉肩垂肘，胸部放松。（图10-3-5）

图 10-3-5

（六）左右倒卷肱

前推的手臂微屈，后撤的手随转体走弧线；前推时，要转腰、松胯，两手的速度要一致；转体时，前脚以脚掌为轴扭正；退左脚略向左后斜，退右脚略向右后斜，避免两脚落在一条直线上。（图10-3-6）

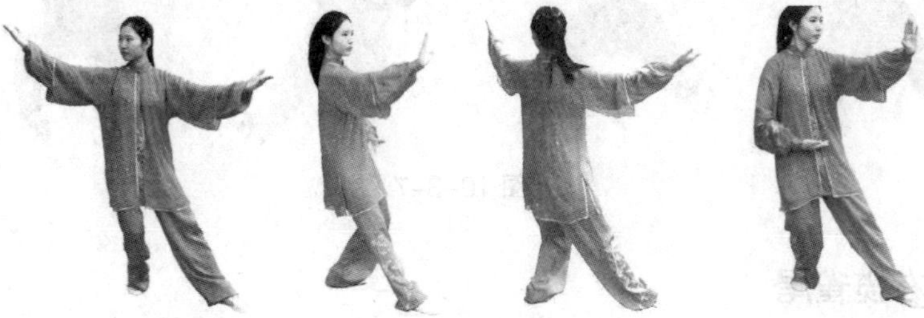

图 10-3-6

图 10-3-6（续）

第三组

（七）左揽雀尾

两手掤出时，两臂微屈，保持弧形；分手、松腰、弓腿必须协调；成弓步时，两脚脚跟的横向距离不超过10厘米。向前挤时，上体要正直；挤的动作要与转腰、弓腿协调。身体重心右移时，要松腰、坐胯，两臂收至腹前；向前按时，两手须走曲线，按掌与弓腿协调，腕部高与肩平，两臂微屈。（图10-3-7）

图 10-3-7

（八）右揽雀尾

动作方法与“左揽雀尾”相同，只是左右相反。（图10-3-8）

图 10-3-8

第四组

（九）单鞭

完成定势时，右肘稍下垂，左肘与左膝上下相对，两肩下沉；左手向外翻掌前推时，要随转体边翻边推出，翻掌不要太快或最后突然翻掌；全部过渡动作，上下要协调。若面向南起势，则单鞭的方向（左脚脚尖的指向）应为东偏北约15°。（图10-3-9）

图 10-3-9

（十）云手

身体转动要以腰脊为轴，松腰、松胯，身体重心不可忽高忽低；两臂随腰转动而运转，动作自然圆活，速度缓慢均匀；下肢移动时，身体重心要稳，两脚脚掌先着地再踏实，脚尖向前；视线随左右手移动；第三个“云手”的右脚最后跟步时，脚尖微内扣，以便于接“单鞭”动作。（图10-3-10）

图 10-3-10

（十一）单鞭

动作方法与前“单鞭”相同。（图10-3-9）

第五组

（十二）高探马

上体左转与推右掌、收左掌协调；跟步转换身体重心时，上体保持自然正直，不要有起伏。（图10-3-11）

（十三）右蹬脚

两手分开时，腕部与肩平齐；蹬右脚时，左腿直立，右脚脚尖回勾，力达脚跟；分手与蹬脚要协调，右臂与右腿上下相对。若面向南起势，则蹬脚方向应为正东偏南约30° 。（图10-3-12）

图 10-3-11

图 10-3-12

（十四）双峰贯耳

完成定势时，头颈正直，松腰、松胯，两拳松握，沉肩垂肘，两臂均保持弧形。“双峰贯耳”的身体方向与“右蹬脚”方向相同。成弓步时，两脚脚跟横向距离约为10厘米。（图10-3-13）

图 10-3-13

（十五）转身左蹬脚

动作方法与“右蹬脚”相同，只是左右相反。左蹬脚方向与右蹬脚方向成180°，即正西偏北约30°。（图10-3-14）

图 10-3-14

第六组

（十六）左下势独立

左手、左腿小腿回收协调；成仆步时，左脚脚尖与右脚脚跟踏在一条直线上。右腿提起时，右手上挑，上体保持正直。（图10-3-15）

图 10-3-15

（十七）右下势独立

右脚脚尖触地后再提起向下仆腿。其他动作要点与“左下势独立”相同，只是左右相反。（图10-3-16）

图 10-3-16

第七组

（十八）左右穿梭

左右穿梭的方向分别为左斜前方约30°、右斜前方约30°；架掌、推掌与弓腿要协调；上体保持正直。（图10-3-17）

图 10-3-17

（十九）海底针

身体先向右转再向左转，完成定势后面向西，上体微前倾。（图10-3-18）

图 10-3-18

（二十）闪通臂

推掌、架掌与弓腿动作要协调；成弓步时，两脚脚跟的横向距离不超过10厘米。（图10-3-19）

图 10-3-19

第八组

（二十一）转身搬拦捶

向前冲拳时，右肩随拳略前伸，沉肩垂肘，右臂微屈。（图10-3-20）

图 10-3-20

（二十二）如封似闭

身体后坐时，应避免后仰，臀部不可凸出；两臂随身体回收时，肩部、肘部略外展，两臂不要直着抽回；两手推出时，间距不超过肩宽。（图10-3-21）

图 10-3-21

（二十三）十字手

两手分开和合抱时，上体不要前俯；站起后，身体自然正直，头要微向上顶，下颌稍向后收；两臂环抱时要圆满舒适，沉肩垂肘。（图10-3-22）

图 10-3-22

（二十四）收势

两手左右分开下落时，全身放松，同时气徐徐下沉（呼气略加长）。呼吸平稳后，左脚收到右脚内侧。（图10-3-23）

图 10-3-23

第四节 散 打

一、散打概述

散打是两人在散打竞赛规则的约束下，以踢、打、摔等徒手攻防手段，通过攻、防、进、退、还击和反还击进行格斗的对抗性运动项目。

散打在继承传统技击技术的基础上，形成了独特的技术风格。它有别于传统的“点到为止”，也不同于“一招制敌”的实用技击技术。比赛双方没有固定的动作顺序，而是互以对方技击动作随机应变，斗智较技，以长制短。它要求运动员熟练地掌握技术，具有较强的应变能力。

散打是较技、较力、斗智、斗勇、对抗性强的运动项目。它对提高人体的速度素质、力量素质、柔韧素质、耐力素质等，改善内脏器官的机能，提高神经系统的灵活性等有较大的促进作用；能有效地提高人的应变能力和思维的敏捷性，增强人的竞争意识；还能培养人顽强果断、勇于进取的意志品质和尊师爱友、讲礼崇德的良好风尚。

二、散打基本技术与战术

（一）基本技术

散打基本技术是指在实战中完成进攻与防守动作的方法，是竞技水平的重要体现。其主要内容有实战姿势、步法、拳法、腿法、摔法、防守技法等。

1. 实战姿势

实战姿势

两脚前后开立，距离稍宽于肩；两脚脚尖微内扣，后脚脚跟稍离地；两腿微屈，身体重心落在两腿之间；左（右）臂屈肘，肘关节夹角约为90°，肘部下垂，左（右）拳置于体前，拳眼斜向上，高与鼻平；右（左）臂屈肘，肘关节夹角小于90°，右（左）拳置于右（左）侧肋部，略高于下颌部，右（左）臂上臂内侧紧贴右（左）侧肋部，肘自然下垂。身体侧立，胸、背自然放松，下颌微收，两眼平视前方。左脚在前称正架实战姿势（图10-4-1），右脚在前称反架实战姿势。

图 10-4-1

2. 基本步法

基本步法

（1）进步：前脚先向前进半步，后脚紧接着跟进半步。（图10-4-2）

【要点】步幅不宜过大，上体姿势不变，跟步要快速、紧凑。

（2）退步：后脚先向后退半步，前脚紧接着向后退半步。（图10-4-3）

【要点】同前进步。

（3）上步：后脚向前上一步，左右拳前后交换，两眼平视前方。（图10-4-4）

【要点】身体重心平稳，移动迅速，前后脚保持适当距离。

图 10-4-2

图 10-4-3

图 10-4-4

（4）撤步：以正架实战姿势站立，左脚向后撤一步，左脚脚跟离地，右脚脚尖外展，身体重心偏右脚。（图10-4-5）

【要点】与上步同。

（5）垫步：后脚蹬地向前脚内侧并拢，同时前腿屈膝提起。（图10-4-6）

【要点】后脚向前脚并拢要迅速，垫步与提膝不可脱节、停顿；身体向前移动时，不能向上腾空。

图 10-4-5

图 10-4-6

（6）插步：身体重心前移，同时后脚经前脚后面前插，两脚成交叉状，随之前脚向前上步。

【要点】插步时，上体略右转。插步后，前脚上步要快，迅速还原成基本姿势。

（7）闪步：以左闪步为例。左脚向左侧移半步，右脚随之向左滑步，同时身体向右转动约90° 。右闪步与左闪步相同，只是左右相反。

【要点】步法灵活，躲闪快速、敏捷。

（8）纵步：分为单腿纵步和两腿纵步两种。

单腿纵步：前腿屈膝上提，后腿连续蹬地向前移动。（图10-4-7）

两腿纵步：两脚同时蹬地，使身体向上或向前、向后、向左、向右跳跃移动。（图10-4-8）

【要点】腰部收紧，上体正直，腾空不宜过高。

图 10-4-7

图 10-4-8

（9）环绕步：右（左）脚蹬地，左（右）脚向左（右）斜前方滑移，着地后右（左）脚也向左（右）斜前方滑移。（图10-4-9、图10-4-10）

【要点】连续滑移，步子应成弧形环绕，后脚步幅稍大于前脚，上体和上肢姿势不变。

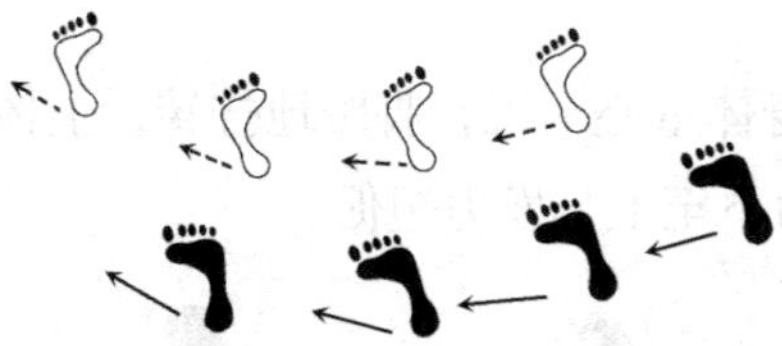

图 10-4-9

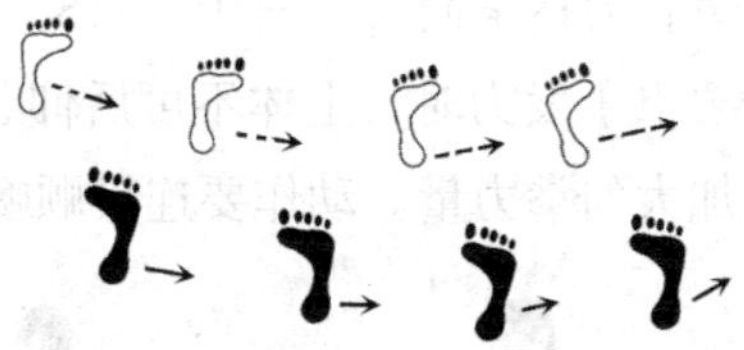

图 10-4-10

3. 基本拳法

（1）冲拳。

左冲拳：右脚蹬地，上体微右转；同时左拳内旋，直线向前冲出，力达拳面；右拳收至下颌处。（图10-4-11）

右冲拳：右脚蹬地，并以前脚掌为轴外转，转腰送肩，上体左转；同时右拳内旋，直线向前冲出，力达拳面；左拳收至下颌处。（图10-4-12）

【要点】冲拳时，上体不可前倾，腰要拧转；上臂催动前臂，不可先向后引拳再冲出。

拳法

图 10-4-11

图 10-4-12

（2）摆拳。

左摆拳：上体微右转，同时左臂内旋，抬肘至水平，左拳向外、向前、向内成平面弧形横击，左臂微屈，拳心向下，力达拳面。（图10–4–13）

右摆拳：右脚蹬地，上体左转，同时右臂内旋，抬肘至水平，右拳向外、向前、向内成平面弧形横击，拳心向下，力达拳面。（图10–4–14）

【要点】击打要借助转体的力量，转腰、发力要协调；上体保持正直，不可掀肘，拳走弧形。

（3）勾拳。

左上勾拳：上体稍向左转，身体重心微下沉；随后上体稍向右转，左臂外旋，左拳由下向上勾起，拳心向里，力达拳面。（图10–4–15）

右上勾拳：右脚蹬地，扣膝合胯，上体左转。同时右臂外旋，右拳由下向上勾起，拳心向里，力达拳面。（图10–4–16）

【要点】发力时，上体不可后仰、挺腹；身体重心下沉，脚蹬地拧转，上体跟着拧转，以加大勾拳力量。动作要连贯顺畅，用力由下至上，发力短促。

图 10–4–13

图 10–4–14

图 10–4–15

图 10–4–16

4. 基本腿法

（1）蹬腿。

腿法

左蹬腿：右腿直立或微屈支撑，左腿屈膝向前抬起，左脚脚尖勾起，当膝关节高于髋关节时，左腿快速向前蹬伸，力达左脚脚跟；亦可送髋，脚掌下压，力达左脚前脚掌。（图10–4–17）

右蹬腿：左腿直立或微屈支撑，右腿屈膝向前抬起，右脚脚尖勾起，当膝关节高于髋关节时，膝关节快速向前蹬伸，力达右脚脚跟；亦可送髋，脚掌下压，力达右脚前脚掌。（图10–4–18）

【要点】上体不可过于后仰，抬起腿屈膝高抬，爆发用力，动作要快速连贯。

图 10-4-17

图 10-4-18

（2）侧踹腿。

左侧踹腿：身体重心右移，右腿直立或微屈支撑；同时左腿屈膝抬至与髋同高，小腿外翻，左脚脚尖勾起，展髋、挺膝向前踹出，上体微侧倾，力达脚底。（图10-4-19）

右侧踹腿：身体左转180°，身体重心移至左腿，左腿直立或微屈支撑；同时右腿屈膝抬至与髋同高，小腿外翻，右脚脚尖勾起，展髋、挺膝向前踹出，上体微侧倾，力达脚底。（图10-4-20）

【要点】抬起腿踹出时，大腿带动小腿直线用力。

图 10-4-19

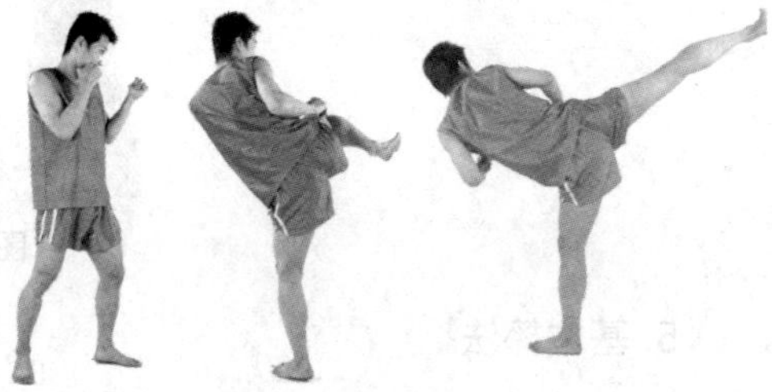

图 10-4-20

（3）鞭腿。

左鞭腿：身体重心右移，右腿直立或微屈支撑，上体稍右转并侧倾，右脚脚跟内转；同时，左腿屈膝内扣、绷脚背向左侧提起，随即伸髋、挺膝，向前鞭甩小腿，脚背绷直，小趾外侧向上，力达脚背。（图10-4-21）

右鞭腿：身体重心移至左腿，上体向左转，左脚脚跟内转；同时，右腿扣膝、绷脚背向右侧摆起，随即右腿经外向斜上、向内、向前鞭甩小腿，脚背绷直，小趾外侧向上，力达脚背。（图10-4-22）

【要点】抬起腿抬起时，扣膝，绷脚背；发力时，大腿带动小腿，力点准确。

图 10-4-21

图 10-4-22

（4）勾踢腿。

左腿稍屈支撑，上体左转；同时，右脚脚尖勾紧，右脚大腿带动小腿以踝关节与脚背接合部为力点，向前弧形勾踢，脚底内侧贴地面擦行，右手向右下方拨搂。（图10-4-23）

【要点】勾踢腿不可向后预摆；勾踢时，上下肢协调配合。

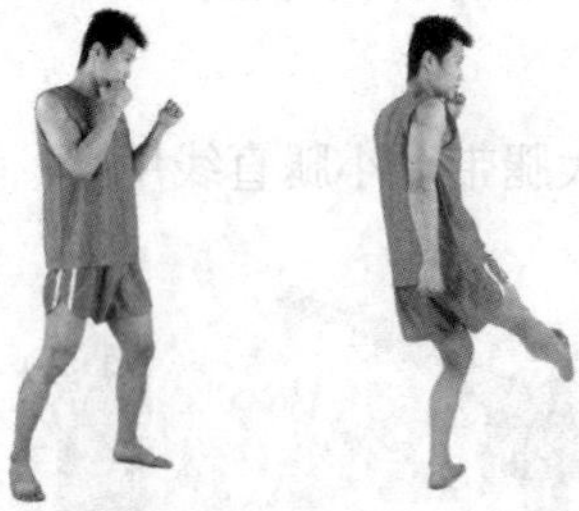

图 10-4-23

5. 基本摔法

摔法

（1）抱腿前顶摔：左脚上步，身体下潜，两手抱住对手的两腿并用力回拉；同时用左肩前顶对手的大腿或腹部，将对手摔倒。（图10-4-24）

【要点】抱腿要紧，两臂和肩向相反方向协调用力。

图 10-4-24

（2）夹颈过背摔：右臂夹住对手颈部，右侧髋部贴紧对手腹部，两腿屈膝；随即两腿蹬直，向下弓腰、低头，将对手背起后摔倒。（图10-4-25）

【要点】夹颈牢固，屈膝、蹬伸、弓腰、低头动作要协调连贯。

图 10-4-25

（3）夹颈打腿摔：左手夹住对手颈部，同时右脚变步与左脚平行；随即向右转体，用左腿小腿向后横打对手左腿小腿外侧，将对手摔倒。（图10-4-26）

【要点】夹颈牢固，打腿与转体动作要协调。

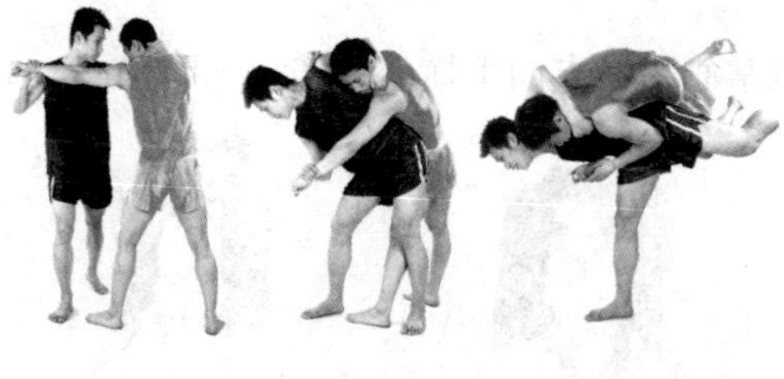

图 10-4-26

（4）抱腿旋压摔：抱住对手左腿后，用左腿别住对手右腿腘窝处，用胸肩贴住对手左腿向前下靠压。（图10-4-27）

【要点】靠压有力，腿要别紧，不能让对手右腿有活动的余地。

图 10-4-27

（5）接腿勾踢摔：左手抄抱住对手右腿，右手向对手颈部下压，右脚勾踢对手左脚踝关节处；同时上体右转，右手回拉，将对手摔倒。（图10-4-28）

【要点】接抱腿准确；转腰、压颈、勾踢动作要协调有力，快速完整。

（6）接腿上托摔：两手抓住对手抬起脚，两臂屈肘上抬，两手迅速上托并向前上方推送，使对手向后倒地。（图10-4-29）

【要点】抓脚准而牢，推托动作快速、连贯。

图 10-4-28

图 10-4-29

6. 基本防守技法

（1）后闪：身体重心后移，上体略后仰闪躲。（图10-4-30）

（2）侧闪：两腿微屈，俯身，上体向左侧或右侧闪躲。（图10-4-31）

（3）下躲闪：两腿屈膝下蹲，同时缩头、含胸、收下颌，弧形向下躲闪，眼看对手。（图10-4-32）

（4）拍挡：左手以掌心为力点向里横向拍挡。（图10-4-33）

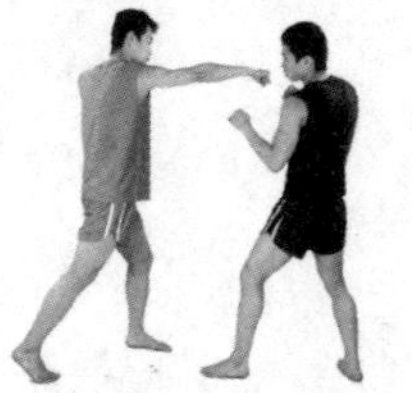

图 10-4-30

图 10-4-31

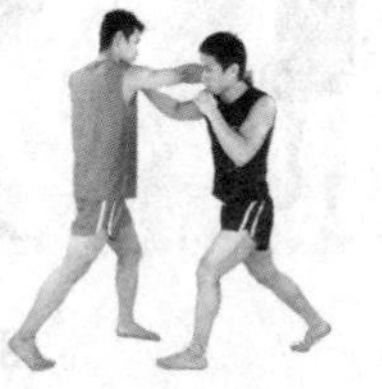

图 10-4-32

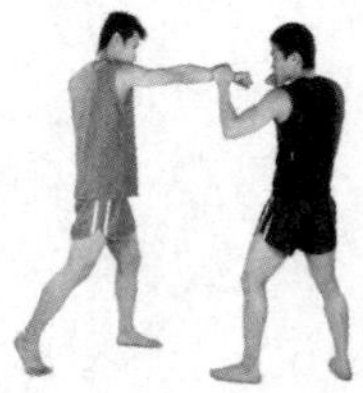

图 10-4-33

（5）外格：左臂前臂边内旋边向左斜举，以前臂外侧部位为力点向外格挡。（图10-4-34）

（6）拍压：左拳变掌，以掌心或掌根为力点由上向前下方拍压。（图10-4-35）

（7）勾挂：左臂以肘关节为轴，由上向下、向外伸肘下挂于身体左侧；随即前臂内旋，以前臂和勾手勾挂住对手的来腿。（图10-4-36）

（8）前抄抱：左臂由上向下、向右上屈肘画弧，掌心向上，以前臂内侧部位为接触点，向上抄抱对手的来腿；同时，右臂夹紧，以掌心为接触点向前推抱。（图10-4-37）

图 10-4-34

图 10-4-35

图 10-4-36

图 10-4-37

（9）侧抄抱：身体左转，右肩前领；左手由下向左上伸出，左臂前臂内旋，掌心向外，屈肘置于胸前；两臂肘关节相对靠近，以两臂前臂和掌心为接触点，两手同时合抱来腿。（图10-4-38）

（10）阻挡：两脚蹬地，身体重心稍前移，以肩部和掌心阻挡对手直线形拳法的进攻，或以臂部阻挡对手直线形腿法的进攻。（图10-4-39）

图 10-4-38

图 10-4-39

（二）基本战术

散打基本战术是运动员运用的攻守原则和方法的总称。战术的目的就是针对实战双方的各种具体情况，确定运用技术的方法和形式，以便能充分发挥自己的特长，抑制对方技术水平的发挥，减少自身体力的消耗和无效行为。散打战术的作用在于把已经获得的技能、体能、智能等，在实战中最优化地运用，取得“制人而不制于人”的效果，以形成对自己有利的局势，掌握实战的主动权。

第五节　女子防身术

女子防身术的基本技术是运用手、脚、四肢、躯干等部位，单独或配合做出的一些简单的技术动作。它包括手法、肘法、腿法、膝法、解脱法等基本技术。

一、手法和肘法

（一）手法

1. 直击拳

直击拳动作幅度小，灵活性大，速度快，有引拳、探拳、先锋拳之称，既可直接进攻，又可做各种诱导假动作，以迷惑对手，突破防线，为其他方法的进攻创造条件。

【动作方法】以预备姿势（类似于跆拳道左架实战姿势）站立，左（右）拳直线向前击出，力达拳面，拳心向下；左（右）肩前领，右（左）腿膝关节内扣，目视左（右）拳。（图10-5-1）

【学法建议】转腰、出拳协调配合，爆发用力，拳与前臂成直线。

【攻击部位】面部是左直拳攻击的主要目标。

2. 前后撩掌

【动作方法】以预备姿势站立，两腿屈膝下蹲，左拳或右拳变掌，左臂或右臂由屈到伸向前或向后撩击对方，力达手掌。（图10-5-2）

【学法建议】速度要快，力点要准。

【攻击部位】主要攻击对方裆部。

图 10-5-1

图 10-5-2

（二）肘法

肘法属于近距离击打的技法，利用屈肘时的臂部和突起的肘尖进行进攻和防守。肘部不但坚硬，而且攻击力大；其招式稳而速，短而险，时短时长，变幻莫测，在近身搏斗中最易发挥出攻击和防守的效用。主要的肘法有以下几种。

1. 顶肘

【动作方法】屈臂，肘部抬起，肘尖对准对方。发力时，蹬腿、送髋，上臂发力，以肘尖攻击对方。（图10-5-3）

【学法建议】蹬腿、送髋、肘击要协调。

【攻击部位】主要用于攻击对手的胸部、腹部。

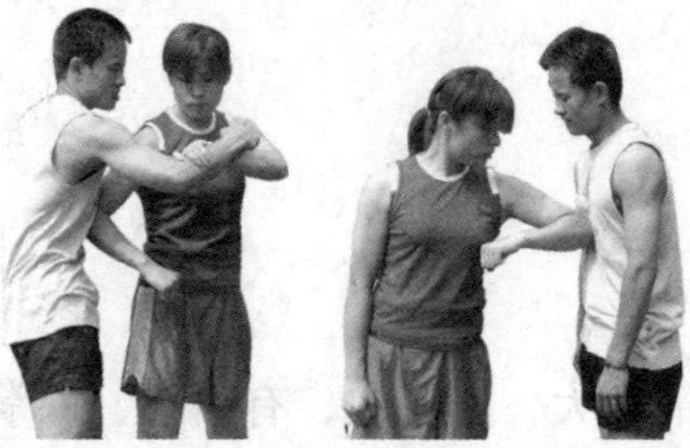
图 10-5-3

2. 横肘

【动作方法】上臂向前横移，依靠身体旋转的力量，以肘尖击打对方。（图10-5-4）

【学法建议】横肘主要借助两种力实现：一是蹬腿的力量；二是身体旋转的力量。

【攻击部位】适于攻击对手的太阳穴、后脑、耳门穴、颈部、胸部等。

图 10–5–4

3. 砸肘

【动作方法】手臂上抬，肘尖向前上方。砸击时，身体迅速下沉，肘由上向下砸击。（图10–5–5）

【学法建议】砸肘时，身体下沉与手臂砸击动作要协调。

【攻击部位】多用于当对手抱腰、腿时，砸击其后脑、腰部。

4. 反手顶肘

【动作方法】手臂略上抬，身体迅速下沉（幅度没有砸肘大），同时肘向后顶击，力达肘尖。（图10–5–6）

【学法建议】手臂迅速上抬，身体迅速下沉，肘尖用力。

【攻击部位】主要用于攻击背后之敌的胸部、腹部。

5. 反手横肘

【动作方法】手臂屈肘平抬，蹬腿，身体旋转发力，同时手臂随身体旋转横向向后猛击，力达肘尖。（图10–5–7）

【学法建议】抬臂时，上臂要平，转体发力，力达肘尖。

【攻击部位】主要用于攻击背后之敌的面部、太阳穴等

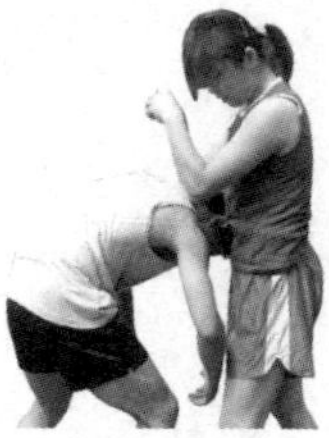

图 10–5–5

图 10–5–6

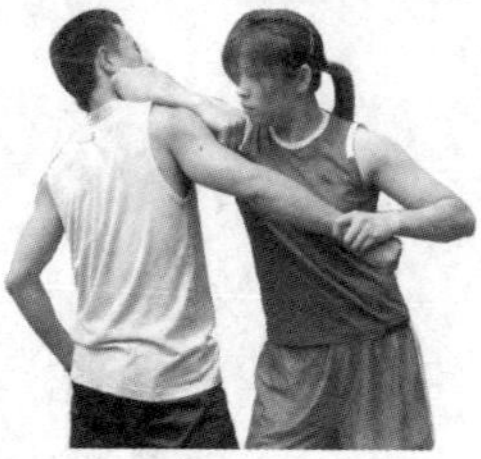

图 10–5–7

二、腿法和膝法

（一）腿法

腿法，即人体下肢屈伸、摆扣、剪绞等攻击方法。腿可以上踢头胸，中踢腰腹，下踢裆腿。腿法有前、后、左、右不同方向的攻击方法。

1. 弹踢

【动作方法】以预备姿势站立，支撑腿稍屈，另一腿屈膝抬起，由屈到伸向前弹击，膝部挺直，脚背绷直，力达脚尖或脚背。可先向对方面部虚击左右拳，待其招架时，以最快速度弹踢对方。（图10–5–8）

【学法建议】弹踢要快、有力，且弹踢腿要迅速回收。

【攻击部位】主要攻击对方裆部。

图 10–5–8

2. 蹬踢

【动作方法】以预备姿势站立，支撑腿稍屈，另一腿屈膝抬直，由屈到伸。勾脚尖向前蹬击，膝部挺直，力达脚跟。（图10–5–9）

【学法建议】同弹踢。

【攻击部位】主要攻击对方小腹及裆部。

图 10–5–9

（二）膝法

膝法是屈髋抬膝进行进攻或防守的方法，具有重要作用。膝部因其生理解剖的特点，具有起动快、力量大的特征，是近距离攻击的重型“武器”。

1. 前顶膝

【动作方法】以预备姿势站立，一腿微屈支撑，另一腿迅速提膝上抬，力达膝部。（图10–5–10）

【用法】当对方从正面搂抱时，即可用两手搂住对方颈部并回拉下压，同时屈膝上顶。

【学法建议】两手回拉下压与屈膝上顶要协调，动作要快，攻击部位要准。

【攻击部位】主要攻击对方腹部、裆部，有时也可顶击对方面部。

2. 横撞膝

【动作方法】以预备姿势站立，一腿微屈支撑，上体稍转并侧倾，另一腿屈膝上抬横撞对方，力达膝部。（图10–5–11）

【用法】当对方近身平勾拳进攻时，应顺势低头侧身抬膝横撞，力达膝部。

【学法建议】屈髋蓄劲，支撑腿要稳固。

【攻击部位】主要攻击对方肋部和腰部。

图 10–5–10

图 10–5–11

三、解脱法

当自己的身体某些部位被对方抓住或控制住时，首先想到的应是如何解脱。

（一）腕部被抓解脱

1. 压腕脱

【动作方法】握拳用力下压对方虎口，即可解脱。

2. 上摆脱

【动作方法】握拳臂内旋屈肘，即可解脱。

（二）胸襟被抓解脱

【动作方法】一手用力将对方抓握手固定压拧，同时蹬腿转腰，另一臂弯曲撞击对方肘部，即可解脱。（图10–5–12）

图 10–5–12

（三）肩部被抓解脱

【动作方法】右肩被对方左手抓住时，右臂屈肘由上向下坠击对方手臂，即可解脱。（图10–5–13）

图 10–5–13

四、防身技术组合

本部分是根据女性的生理特点，结合格斗技术中以柔克刚、击打要害、顺势借力等招式编排和设计的女子防身技术组合动作。

（一）托颌顶裆

【动作方法】当对方手臂由女士的腋下穿过抱住女士的腰部时，女士可以两臂上举，两手托（推）对方下颌；一腿屈膝抬起，以膝部顶击对方裆部。（图10–5–14）

【学法建议】当对方两臂（或手）抱住自己时，应首先明确对方的意图，而后两手托其下颌，顶裆要准、狠。

图 10–5–14

（二）撞面顶裆

【动作方法】当对方在正前方抱住女士的两臂及腰部时，女士可向前勾头，用前额撞击对方面部；随即屈膝抬腿，以膝部顶击对方裆部。（图10–5–15）

【学法建议】当自己的两臂及腰被对方抱住，自己的两臂（手）不能使用的条件下，用头先撞其面部，而后用膝顶其裆部。动作要连贯、有力。

图 10–5–15

（三）顶肋击面

【动作方法】当对方在背后搂抱住女士的两臂及胸部时，女士可左脚向前上一步，两臂屈肘上提其两臂；右手抓住其左手手腕，用左肘顶击其左肋，然后身体左转，用右手击其左侧下颌。（图10–5–16）

【学法建议】在做顶肋击面动作时，上步、转身要快，抓腕要牢，顶肘要狠，松手要及时，击下颌要有力。动作快速、协调、连贯、有力。

图 10–5–16

（四）砸面顶颌

【动作方法】当对方在正前方用其两臂由女士的两臂腋下穿过搂抱住女士的腰（胸）部时，女士左臂屈肘上举，用左拳背砸击其面部；右臂屈肘平抬，用右肘横击其左侧下颌。（图10–5–17）

【学法建议】在做砸面顶颌动作时，出拳要狠，右肘横击动作要连贯、有力。

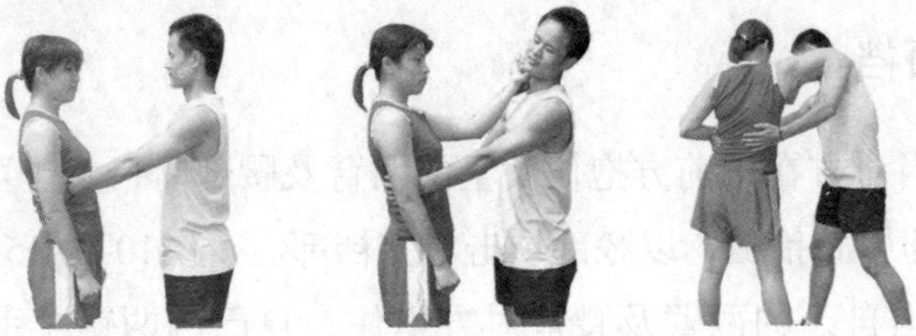

图 10–5–17

（五）压腕担肘

【动作方法】当对方的右手向女士的下方伸出时，女士可立即后撤右脚，左手抓握其右手手腕；右手向上担（击）其肘关节，同时左手后引并下压其右手手腕。（图10–5–18）

【学法建议】左手压腕与右手担肘动作要协调、有力。

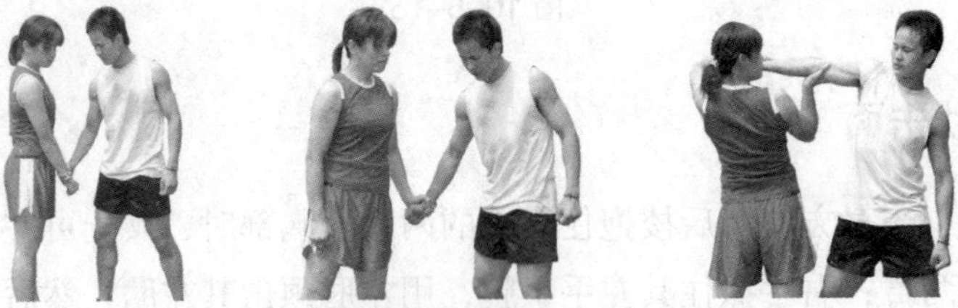

图 10–5–18

体育思政课堂

武术是全国各民族人民在长期的生产生活中不断积累、传承下来的文化遗产，具有丰富的体育文化内涵，可以极大地弘扬民族精神，寄托民族情感，增强各民族人民的凝聚力，对我国民族体育文化的传播和发展具有重要的意义。搏击运动可以锻炼意志，培养顽强的战斗精神和综合格斗技能，对提高自我保护能力有一定的积极意义。

第十一章　形体健美项目

第一节　健美操

一、健美操概述

（一）健美操的起源与发展

1. 国际健美操的起源与发展

现代健美操萌芽于20世纪60年代，最早是美国国家航空航天局为宇航员设计的体能训练内容，并很快风靡世界。健美操作为一项独立的体育项目是在20世纪80年代，其明显的标志是《简·方达健美术》一书的出版。演员简·方达对健美操在世界范围内的发展起了巨大的推动作用。

健美操以其强大的生命力迅速在全世界流行起来，越来越多的人喜爱健美操并积极地参与到健美操中来，形成了世界范围的“健美操热”。

目前，国际上较具影响力的健美操组织，包括国际健美操与健身联合会、国际体操联合会、国际健美操冠军联合会、国际健美操联合会等。这些健美操国际组织致力于健美操的发展及其在全世界的普及，为扩大健美操在世界范围的影响力、提高健美操技术水平做出重要贡献。

2. 我国健美操发展简况

早在20世纪30年代，《女子健身体操集》的出版标志着我国已经出现了追求人体健与美运动的雏形。现代健美操在20世纪80年代传入我国，并奠定了广泛的群众基础。根据健美操的不同特性，按动作的难易、运动强度的高低及不同层次的需要，我国制定了《健美操运动员技术等级标准》《全国健美操大众锻炼标准》，为我国健美操的发展和普及创造了条件。

21世纪以来，健美操项目被我国许多高校列入教学大纲，使健美操在高校得到了广泛推广，并使这一新兴体育项目的开展向社会延伸。

（二）健美操的分类

根据当今世界和我国健美操的发展状况和未来的发展趋势，以不同的运动目的和任务为标准，健美操可分为健身健美操、竞技健美操等。

1. 健身健美操

健身健美操也称“大众健美操”，其动作简单，实用性强，音乐速度较慢。为了保证一定的运动负荷和锻炼的全面性，健身健美操的动作较多重复，并以对称的形式出现。其练习的主要目的是锻炼身体、促进健康。

健身健美操按练习形式可分为徒手健美操、器械健美操和特殊场地健美操。

2. 竞技健美操

竞技健美操是一项在音乐伴奏下，能够表现连续、复杂、高强度成套动作的体育项目。该项目起源于传统的有氧健身运动。

竞技健美操的比赛项目包括男子单人操、女子单人操、混合双人操、三人操和集体五人操等。

（三）健美操的锻炼价值

健美操作为一项很有特色的运动，从促进人体健康的角度来说，具有良好的作用，尤其对改善心肺功能、控制体重、减脂塑形、提高身体协调性和韵律感具有较好的效果。

二、健美操基本技术

（一）基本步法

基本步法是健美操动作中的最小单位，是组成组合动作、成套动作的基础。健美操的基本步法按照冲击力可以分为三类：无冲击类动作、低冲击类动作和高冲击类动作。许多低冲击类动作也可以做成高冲击类动作。根据动作完成形式的不同，基本步法可以分为五类，即交替类动作、迈步类动作、点地类动作、抬腿类动作、两腿类动作。练习基本步法，可以提高练习者的协调性、节奏感和韵律感。

1. 交替类动作

交替类动作是指两脚始终依次交替落地的动作。（图11-1-1）

踏步

走步

一字步

V 字步

漫步

图 11-1-1

（1）踏步。

两脚依次抬起、落地，两臂屈肘前后自然摆动，身体保持正直，抬头挺胸。在落地时，踝关节、膝关节、髋关节依次有弹性地缓冲，由前脚掌着地过渡到全脚掌着地。

（2）走步。

向前走步落地时，由脚跟着地过渡到全脚掌着地，向后走步落地时则相反。在落地时，膝关节、踝关节有弹性地缓冲。

（3）一字步。

一脚向前一步，另一脚向前并步，然后依次还原。向前迈步时，由脚跟着地过渡到全脚掌着地。向前、向后迈步均要有并腿过程。做每一拍动作时，膝关节始终有弹性地缓冲。

（4）V字步。

一脚向侧前方迈一步，另一脚随之向另一侧前方迈一步，成两腿开立，屈膝，然后两腿依次还原。两腿膝关节、踝关节始终保持弹动状态，两腿分开后屈膝半蹲，身体重心在两腿之间。

（5）漫步。

一脚向前迈出一步，身体重心随之前移，另一脚稍抬起，然后原地落下；前迈脚向后撤一步，身体重心后移，另一脚稍抬起，然后原地落下。两脚始终交替落地，身体重心随动作前后移动。

2. 迈步类动作

迈步类动作是指一腿先迈出一步，身体重心移到这条腿上，另一腿用脚跟、脚尖点地或吸腿、屈腿、踢腿等，然后反向迈步重复上面动作的动作。（图11–1–2）

并步

迈步点地

迈步后屈腿

侧交叉步

图 11–1–2

（1）并步。

一脚迈出，另一脚随之并拢。两膝始终保持弹动，动作幅度和力度可随风格而定。

（2）迈步点地。

一脚向侧迈一步，两腿经屈膝并移身体重心，另一脚向前、向侧或向后用脚尖或脚跟点地。两膝同时有弹性地屈伸。

（3）迈步后屈腿。

一脚向侧迈出一步，另一腿后屈。动作要经过屈膝半蹲，支撑腿稍屈膝，后屈腿的脚跟靠近臀部。

（4）侧交叉步。

一脚向侧迈一步，另一脚在其后交叉，迈出脚再向侧迈一步，交叉脚向其并拢。迈出第一步时，脚跟先落地，身体重心快速随着脚步而移动，膝关节、踝关节保持弹动。

3. 点地类动作

点地类动作是指一腿屈膝站立，另一腿伸出，用脚尖或脚跟点地后还原到并腿姿势的动作。（图11–1–3）

脚尖地点　　　　脚跟点地

图 11-1-3

（1）脚尖点地。

一腿稍屈膝站立，另一腿伸出，脚尖点地，然后还原到并腿姿势。可做向前、向侧、向后的脚尖点地。

（2）脚跟点地。

一腿稍屈膝站立，另一腿伸出，脚跟点地，然后还原到并腿姿势。支撑腿要始终保持屈膝站立，并且随动作有弹性地屈伸。

4. 抬腿类动作

抬腿类动作是指一腿站立，另一腿抬起的动作。（图11-1-4）

吸腿　　　　弹踢腿

图 11-1-4

（1）吸腿。

一腿站立，另一腿屈膝抬起，落下还原。支撑腿要保持屈膝弹动；抬起腿的大腿上抬至水平位，小腿垂直于地面，脚背绷直。落地时，由脚尖着地过渡到全脚掌着地。上体始终保持正直。

（2）弹踢腿。

一腿站立，另一腿先向后屈，然后向前下方弹踢，还原。弹踢时，弹踢腿要有控制，两膝要靠拢。

5. 两腿类动作

两腿类动作是身体直立，身体重心在两腿之间的动作。（图11-1-5）

开合跳　　　　　　　　　　弓步跳

图 11-1-5

（1）开合跳。

两腿由并腿跳起，分腿落地，然后由分腿跳起，并腿落地。

（2）弓步跳。

两腿由并腿跳起，成前腿屈膝、后腿伸直的弓步落地动作，再跳起，成并腿落地动作。成弓步时，上体稍前倾，收腹立腰，身体重心始终在两脚之间。

（二）基本手型与上肢基本动作

1. 基本手型

健美操的基本手型有并掌、开掌、花掌、立掌和拳。（图11-1-6）

并掌　开掌　花掌　立掌　拳

图 11-1-6

2. 上肢基本动作

（1）自然摆动。（图11-1-7）

（2）举。（图11-1-8）

（3）冲拳。（图11-1-9）

（4）屈臂提拉。（图11-1-10）

（5）直臂上摆。（图11-1-11）

（6）两臂屈肘，胸前交叉。（图11-1-12）

图 11-1-7

图 11-1-8

图 11-1-9

图 11-1-10

图 11-1-11

图 11-1-12

第二节　啦啦操

一、啦啦操概述

（一）啦啦操的起源与发展

啦啦操的起源可以追溯到原始部落时期。在早期的部落社会中，人们为了激励出征的战士，通常会举行一种仪式。在仪式上，人们用欢呼呐喊、手舞足蹈的表演来激励战士，希望他们能凯旋。现代啦啦操是竞技运动中的一个新兴项目，起源于美国，至今已经有100多年的历史。啦啦操最初是为球队呐喊助威的活动，发展到现在已成为世界范围内的一项体育运动。

20世纪初，扩音器在啦啦操中开始被广泛使用。1920年，啦啦操队员使用了鼓和其他发声设备。随着橄榄球运动的流行，啦啦操也兴盛起来。20世纪20年代，女性开始积极地参加啦啦操。20世纪30年代，中学和大学的学生开始使用纸质绒球表演啦啦操。20世纪70年代，啦啦操的发展越来越快，除了为传统的橄榄球队和篮球队助威之外，啦啦操还开始为所有的体育运动服务。

1980年，统一的啦啦操标准建立。出于安全考虑，该标准排除了许多危险的动作。

20世纪90年代，啦啦操全明星队出现，队员从小就练习体操动作，训练的目的只是比赛。1998年，国际竞技啦啦队联合会成立。2001年，第1届世界啦啦队锦标赛在日本东京举行。这标志着啦啦操正式成为世界性竞技运动。经过多年的发展，啦啦操已传到世界各地。

2002年，啦啦操被引入我国，由于它是一项充满阳光、时尚和团队精神的大众体育运动，在我国深受青少年的喜爱。2009 年，国家体育总局正式批准开展全国啦啦操联赛官方赛事。2014年，全国啦啦操委员会成立，随即开展了大量有关啦啦操的培训、宣传、推广工作。在2008年北京奥运会的推动下，国家体育总局于2007年7月开展了“全民健身与奥运同行·北京奥运会体育展示现场表演啦啦操选拔比赛”。这象征着啦啦操正式开始向全国推广。多年来，啦啦操在我国迅速发展。许多学校纷纷成立啦啦队，组织、参加啦啦操比赛和表演，使我国青少年可以享受啦啦操带来的乐趣，也使我国啦啦操项目的影响力越来越大。经过多年的发展，我国的一些啦啦操队伍已在世界啦啦操舞台上崭露头角，展示出我国啦啦操队伍的巨大潜力。

（二）啦啦操的分类

啦啦操的分类方法较多，较为常见的是将啦啦操分为竞赛性啦啦操和表演性啦啦操。其中，竞赛性啦啦操分为技巧啦啦操和舞蹈啦啦操，技巧啦啦操又分为集体技巧啦啦操、小团体配合技巧啦啦操和双人配合技巧啦啦操，舞蹈啦啦操又分为花球啦啦操、街舞啦啦操、爵士啦啦操等。

（三）啦啦操的特点

1. 啦啦操的团队精神

啦啦操强调团队精神。啦啦操是以集体形式开展的活动。这有助于啦啦操队员做出更多具有创造性的、技巧复杂及层次更多的动作，完成更多的空间转换及队形变换，真正体现啦啦操的无限魅力。啦啦操队员间需要进行技术、经验交流，以达到配合默契的目的。啦啦操在托举、篮抛、金字塔等动作中彰显团队精神，强调成员之间相互激励、相互配合，以争取实现团队的目标。

2. 啦啦操的动感活力

啦啦操充分体现着一种朝气蓬勃、健康向上的精神。因此，啦啦操队员必须拥有青春的形象、健康的体魄和健美的体形。男运动员要有明显的肌肉线条，体形匀称；女运动员要具有肌肉曲线美，上下肢比例匀称。所有的啦啦操队员要求五官端正、仪态端庄、青春靓丽，具有当代青少年的青春美和健康美。

3. 啦啦操的技术特点

技术特点是指啦啦操所特有的技术风格。啦啦操的技术特点不同于健美操和体育舞蹈，它更加强调肢体类动作通过短暂加速和定位制动来实现其特有的力度感。适当的慢动作是允许的，但只作为过渡动作出现。啦啦操要求队员运用基本手位、步法，并结合多种舞蹈元素、口号、道具，通过队形、节奏等的变化展示啦啦操的项目特征。

（四）啦啦操的锻炼价值

随着啦啦操的迅速发展，啦啦操对参与者的速度素质、力量素质、柔韧素质、耐力素质、弹跳能力、平衡能力、协调能力等各方面提出较高要求，尤其对啦啦操的技术动作要求越来越高，如增加动作难度、加快动作节奏等。这就要求参与者不断提升动作技术水平，全面提高身体素质。为了使动作更富有节奏感、弹性和感染力，参与者需要进行大量的练习，如增强身体机能的练习、提高动作控制能力的练习、发展肌肉力量的练习及提高协调能力的练习。因此，练习啦啦操，可全面提高练习者的身体素质，改善练习者各器官、系统的功能。

另外，人们经常练习啦啦操还可以提高审美能力，改善身体形态，磨炼意志，培养团结协作、拼搏进取的精神和遵守规则的意识。

二、啦啦操基本技术

（一）基本手位

啦啦操的基本手位（图11-2-1）有统一的动作规格，对动作的速度和力度有一定要求。进行啦啦操基本手位练习时，需要注意：手臂移动快速并有控制；手臂运动选取最短路径，短杠杆发力；下肢扎实，髋关节向前微倾，腰腹收紧。

上A　　下A　　上V　　下V　　加油　　T

图 11-2-1

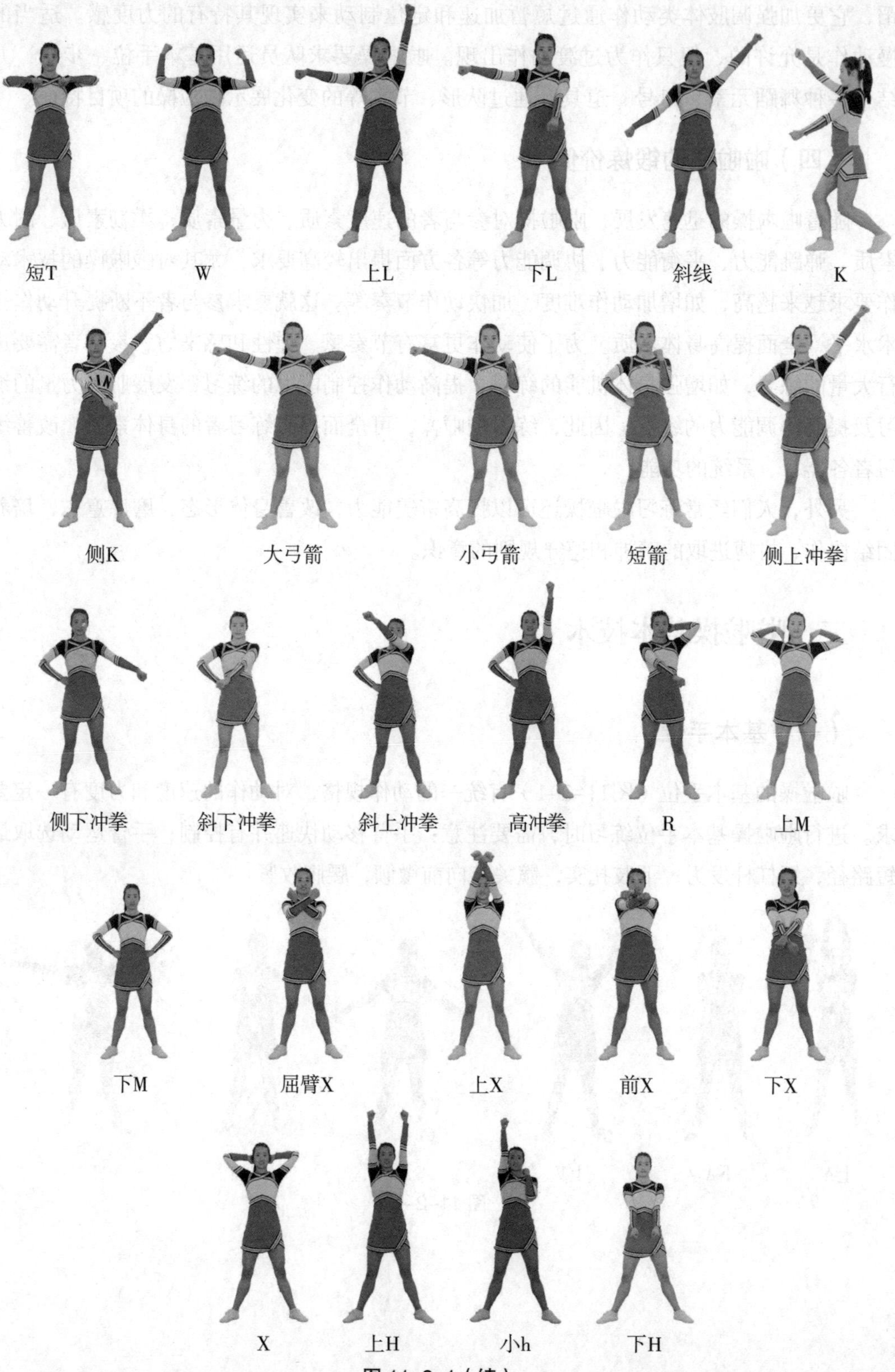
短T
W
上L
下L
斜线
K
侧K
大弓箭
小弓箭
短箭
侧上冲拳
侧下冲拳
斜下冲拳
斜上冲拳
高冲拳
R
上M
下M
屈臂X
上X
前X
下X
X
上H
小h
下H

图 11-2-1（续）

（二）基本手型

啦啦操的基本手型有多种，是从芭蕾舞、现代舞、迪斯科、武术中吸收和发展而来。手型是手臂动作的延伸，运用得好，会使啦啦操动作更加丰富多彩、生动活泼，更具有感染力。

啦啦操基本手型

（1）并握式：拇指微屈紧贴于食指旁，其余四指伸直并拢。（图11–2–2）

（2）分开式：五指用力伸直，充分张开。（图11–2–3）

（3）芭蕾手式：在分开式的基础上，拇指内扣。（图11–2–4）

（4）拳式：握拳，拇指弯曲并压靠在食指和中指上。（图11–2–5）

（5）立掌式：在并握式的基础上，手掌内旋90°，掌指用力上翘。（图11–2–6）

图 11–2–2

图 11–2–3

图 11–2–4

图 11–2–5

图 11–2–6

（三）下肢基本动作

啦啦操的下肢基本动作如图11–2–7所示。

图 11–2–7

（四）花球啦啦操规定动作示范

组合一（4个八拍）

第一个八拍动作					

1	2	3	4	5、6	7、8

节拍		1	2	3	4	5	6	7	8
步法		由右腿开始，向前走三步			左腿并于右腿	右腿在前小弓步		并腿站立	
手臂（手位）	右	加油				上V		加油	
	左								
手型	右	拳							
	左								

第二个八拍动作

1　2　3、4　5、6　7、8

节拍		1	2	3	4	5	6	7	8
步法		左脚侧迈并左右动髋				马步		并腿站立	
手臂（手位）	右	侧上冲拳两次				向内绕环一周		短T	
	左	叉腰							
手型	右	拳							
	左								

第三个八拍与第一个八拍动作相同，方向相反；第四个八拍与第二个八拍动作相同，方向相反

组合二（4个八拍）

第一个八拍动作

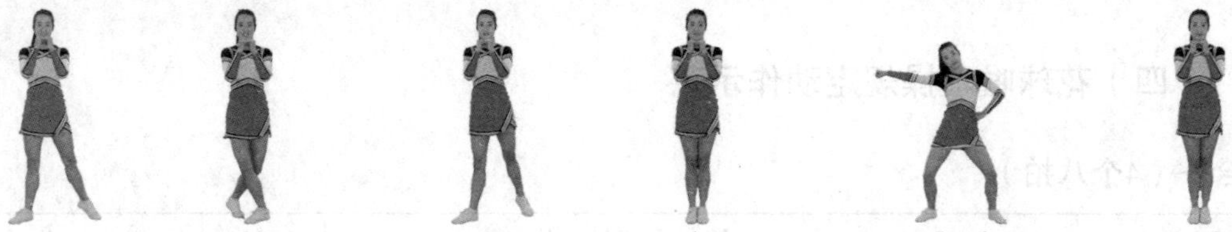

1　2　3　4　5、6　7、8

节拍		1	2	3	4	5	6	7	8
步法		后交叉步				右脚侧迈成马步		并腿站立	
手臂（手位）	右	加油				向右侧直臂绕环		加油	
	左					叉腰			
手型	右	拳							
	左								

第二个八拍动作									
节拍		1	2	3	4	5	6	7	8
步法		右脚向后漫步		并腿半蹲		并腿站立		并腿半蹲	
手臂（手位）	右	上V	下V	加油	X	T		下M	
	左								
手型	右	拳							
	左								
第三个八拍与第一个八拍动作相同，方向相反；第四个八拍与第二个八拍动作相同，方向相反									

组合三（4个八拍）

第一个八拍动作									
节拍		1	2	3	4	5	6	7	8
步法		右脚侧点地		并腿站立		左脚侧迈	并腿	左脚侧迈	并腿
手臂（手位）	右	R		加油		上A	加油	上A	加油
	左								
手型	右	拳							
	左								

第二个八拍动作									
节拍		1	2	3	4	5	6	7	8
步法		吸右腿	并腿站立	踢右腿	并腿站立	吸左腿	并腿站立	踢右腿	并腿站立
手臂（手位）	右	T				下M			
	左								
手型	右	拳							
	左								
第三个八拍与第一个八拍动作相同，方向相反；第四个八拍与第二个八拍动作相同，方向相反									

组合四（4个八拍）

第一个八拍动作

1 2 3 4 5 6 7 8

节拍		1	2	3	4	5	6	7	8
步法		由右腿开始，向前走三步			左腿并于右腿	分腿站立		马步	并腿站立
手臂（手位）	右	从下V到上V			上V	下M			下H
	左								
手型	右	拳							
	左								

第二个八拍动作

1、2 3、4 5、6 7、8

节拍		1	2	3	4	5	6	7	8
步法		右脚侧迈成马步		并腿站立		左脚侧迈成马步		并腿站立	
手臂（手位）	右	斜线		下H		斜线		下H	
	左								
手型	右	拳							
	左								

第三个八拍与第一个八拍动作相同，方向相反；第四个八拍与第二个八拍动作相同，方向相反

组合五（4个八拍）

第一个八拍动作

1 2 3 4 5 6 7、8

节拍	1	2	3	4	5	6	7	8
步法	由右腿开始，向前走三步			左腿并于右腿	分腿站立左右摆动		分腿站立	

<table>
<tr><td rowspan="2">手臂（手位）</td><td>右</td><td colspan="3" rowspan="2">短箭</td><td rowspan="2">高冲拳</td><td rowspan="2">斜上冲拳</td><td rowspan="2">侧上冲拳</td><td colspan="2" rowspan="2">斜上冲拳</td></tr>
<tr><td>左</td></tr>
<tr><td rowspan="2">手型</td><td>右</td><td colspan="8" rowspan="2">拳</td></tr>
<tr><td>左</td></tr>
<tr><td colspan="10">第二个八拍动作</td></tr>
<tr><td colspan="10">
1、2　3、4　5、6　7、8</td></tr>
<tr><td colspan="2">节拍</td><td>1</td><td>2</td><td>3</td><td>4</td><td>5</td><td>6</td><td>7</td><td>8</td></tr>
<tr><td colspan="2">步法</td><td colspan="2">右脚侧迈成侧弓步</td><td colspan="2">左脚侧迈成侧弓步</td><td colspan="2">马步</td><td colspan="2">并腿站立</td></tr>
<tr><td rowspan="2">手臂（手位）</td><td>右</td><td colspan="4" rowspan="2">下L</td><td colspan="2" rowspan="2">T</td><td colspan="2" rowspan="2">下H</td></tr>
<tr><td>左</td></tr>
<tr><td rowspan="2">手型</td><td>右</td><td colspan="8" rowspan="2">拳</td></tr>
<tr><td>左</td></tr>
<tr><td colspan="10">第三个八拍与第一个八拍动作相同，方向相反；第四个八拍与第二个八拍动作相同，方向相反</td></tr>
</table>

组合六（4个八拍）

<table>
<tr><td colspan="10">第一个八拍动作</td></tr>
<tr><td colspan="10">
1　2　3　4　5、6　哒　7　哒　8</td></tr>
<tr><td colspan="2">节拍</td><td>1</td><td>2</td><td>3</td><td>4</td><td>5</td><td>6</td><td>7</td><td>8</td></tr>
<tr><td colspan="2">步法</td><td colspan="2">左脚并步后点地</td><td colspan="2">右脚并步后点地</td><td colspan="2">分腿顶右胯</td><td colspan="2">顶右胯两次</td></tr>
<tr><td rowspan="2">手臂（手位）</td><td>右</td><td rowspan="2">T</td><td rowspan="2">斜下冲拳</td><td rowspan="2">T</td><td rowspan="2">斜下冲拳</td><td colspan="4" rowspan="2">侧下冲拳</td></tr>
<tr><td>左</td></tr>
<tr><td rowspan="2">手型</td><td>右</td><td colspan="8" rowspan="2">拳</td></tr>
<tr><td>左</td></tr>
<tr><td colspan="10">第二个八拍动作</td></tr>
<tr><td colspan="10">
1、2　3、4　5　6　7　8</td></tr>
</table>

节拍		1	2	3	4	5	6	7	8
步法		右脚向右侧迈步		并腿站立		右脚向右侧迈步	并腿站立	右脚向右侧迈步	分腿站立
手臂（手位）	右	向后绕环							加油
	左	前平举							
手型	右	拳							
	左								

第三个八拍动作

1、2

3、4

5、6

7、8

节拍		1	2	3	4	5	6	7	8
步法		分腿站立				右腿向前小弓步		并腿站立	
手臂（手位）	右	向前平举		加油		两手放于右腿大腿上		下H	
	左								
手型	右	拳							
	左								

第四个八拍动作

1、2

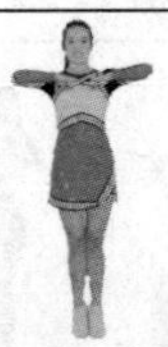
3、4

5、6

7、8

节拍		1	2	3	4	5	6	7	8
步法		右腿向前小弓步		立转一周		分腿站立		并腿站立	
手臂（手位）	右	L		短T		上V		下H	
	左								
手型	右	拳							
	左								

组合七（4个八拍）

第一个八拍动作

1、2　　3、4　　5、6　　7、8

节拍		1	2	3	4	5	6	7	8
步法		分腿站立						移动身体重心	
手臂（手位）	右	短T		上V		放花球		叉腰	
	左							肩侧屈	
手型	右	拳							
	左								

第二个八拍动作

1　　2　　3　　4　　5、6　　7、8

节拍		1	2	3	4	5	6	7	8
步法		由右腿开始，向前走三步			左腿并于右腿	小弓步		并腿站立	
手臂（手位）	右	下V				K		下H	
	左								
手型	右	拳							
	左								

第三个八拍动作

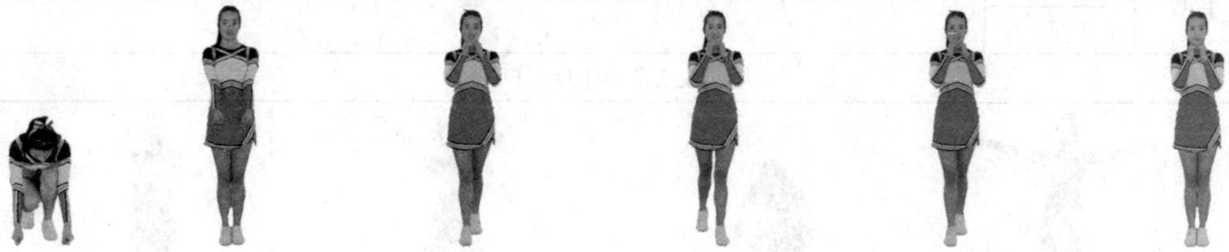

1、2　　3、4　　5　　6　　7　　8

节拍	1	2	3	4	5	6	7	8
步法	全蹲		并腿站立		由右腿开始，向前走四步，最后一步左腿并于右腿			

手臂（手位）	右	捡花球		下H		加油			
	左								
手型	右	拳							
	左								
第四个八拍动作									
 1、2 3、4 5、6 7、8									
节拍		1	2	3	4	5	6	7	8
步法		并腿半蹲		并腿站立		分腿半蹲		并腿站立	
手臂（手位）	右	两手放于大腿上		下H		两手扶膝		下H	
	左								
手型	右	拳							
	左								

组合八（4个八拍）

第一个八拍动作									
 1 2 3 4 5 6 7 8									
节拍		1	2	3	4	5	6	7	8
步法		由右腿开始，向前走四步，最后一步左腿并于右腿				分腿站立			并腿站立
手臂（手位）	右	下M				前平举	短T	前平举	短T
	左								
手型	右	拳							
	左								
第二个八拍动作									
 1、2 3、4 5、6 7、8									
节拍		1	2	3	4	5	6	7	8
步法		并腿站立		并腿半蹲		分腿小跳		并腿站立	

<table>
<tr><td rowspan="2">手臂（手位）</td><td>右</td><td rowspan="2">T</td><td rowspan="2">两手放于大腿上</td><td rowspan="2">上V</td><td rowspan="2">下H</td></tr>
<tr><td>左</td></tr>
<tr><td rowspan="2">手型</td><td>右</td><td colspan="4" rowspan="2">拳</td></tr>
<tr><td>左</td></tr>
<tr><td colspan="6">第三个八拍与第一个八拍动作相同，方向相反；第四个八拍与第二个八拍动作相同，方向相反</td></tr>
</table>

第三节　体育舞蹈

一、体育舞蹈的概述

1924年，英国皇家舞蹈教师协会对当时交谊舞的一部分进行整理，将各舞种的舞姿、舞步和跳法加以系统化、规范化，人们将规范化的华尔兹、探戈、维也纳华尔兹、狐步舞、快步舞、伦巴和布鲁斯称为“国际标准舞”。第二次世界大战后，英国皇家舞蹈教师协会又对拉丁舞进行了整理和规范，并将其纳入了国际标准舞范畴，列为正式比赛项目。至此，国际标准舞包括10个舞种，分为两大系列，即摩登舞和拉丁舞。

国际标准舞的诞生，改变了交谊舞的自娱性质，引起了社会各阶层的极大兴趣。它的典雅风格和优美舞姿征服了世界舞坛，掀起了世界国际标准舞热潮。1964年，国际标准舞又增加了新的表演和比赛项目——团体舞，从此摩登舞、拉丁舞、团体舞被称为“现代国际标准舞”。国际上较具影响力的体育舞蹈赛事有每年在英国黑池和德国斯图加特举办的体育舞蹈大赛，其犹如体育舞蹈的“奥运会”和“奥斯卡”，引起体育舞蹈选手和爱好者的格外关注。1995年4月，国际奥委会给予国际标准舞以准承认资格，将其列为表演项目，称其为体育舞蹈。

体育舞蹈于 20 世纪 30 年代传入中国，20 世纪 80 年代在中国发展得较快。1986 年，中国国际标准舞总会成立；1987 年，第 1 届中国国际标准舞锦标赛举行；1991 年，第 1 届全国体育舞蹈锦标赛举行。中国是世界舞蹈理事会、国际体育舞蹈联合会的正式会员。目前，中国已有众多的体育舞蹈爱好者，其中青少年占了很大比例。

二、体育舞蹈的特点和分类

（一）体育舞蹈的特点

体育舞蹈是由交谊舞发展而来的一种舞蹈性体育运动。它具有以下三个特点。

1. 规范性

体育舞蹈是历经百年历史锤炼，经过几代人的加工而逐渐形成的，具有较强的规范性。其规范性主要表现在技术方面，如对脚法、方位、角度的精确要求。

2. 艺术观赏性

体育舞蹈融音乐、舞蹈于一体，通过优美的体态、舞姿等动人的肢体语言展示人的气质和风度，极具艺术观赏性，被认为是一种“真正的艺术”。

3. 体育性

体育舞蹈的体育性一方面体现在其竞技性上，另一方面体现在其锻炼价值上。作为体育锻炼的手段，体育舞蹈在生理和心理方面对人体有许多益处。

（二）体育舞蹈的分类

体育舞蹈按舞蹈的风格和技术结构，分为摩登舞和拉丁舞两大类，按竞赛项目分为摩登舞、拉丁舞和团体舞三类。摩登舞包括华尔兹、探戈、狐步舞、快步舞和维也纳华尔兹五种。拉丁舞包括桑巴、恰恰恰、伦巴、斗牛舞和牛仔舞五种。

1. 摩登舞

摩登舞具有端庄、含蓄、稳重、典雅的风格。摩登舞舞步流畅，舞姿优美，音乐节奏清晰，富于技巧性，是老少皆宜的舞系。摩登舞在服装方面也相当考究，男士着西服或礼服（燕尾服），女士宜穿晚礼服或露背长裙，显示出庄重、高贵的气质及优美的身材。舞鞋也比较讲究，男士一般穿黑色或与服装同色的软底跟缚带皮鞋，要求轻软、合脚；女士的舞鞋要求鞋面色彩与衣裙协调，样式多为高跟皮鞋，鞋面还可镶加亮饰。

2. 拉丁舞

拉丁舞具有热情、奔放、浪漫的风格特点。拉丁舞动作豪放粗犷，速度多变，手势和脚步内容丰富，充满激情，音乐节奏鲜明强烈，深受人们喜爱。其服饰着重展示人体的曲线美，且带有拉美风格。男士一般下着体现人体线条的高腰裤或萝卜裤，上着适合舞蹈风格的长袖衫或坎袖衫。女士一般穿露背或露腿的短裙或长裙，以展示优美的身体曲线，增强风格性。拉丁舞鞋的鞋底一般是毛皮的，有一定高度的鞋跟，在木地板或胶地板的正式比赛场地上有非常好的触地能力和摩擦力。女鞋的款式、颜色较多，大多是露出脚趾的。男鞋有基本固定的款式，颜色大多是黑色的，不露出脚趾。

3. 团体舞

团体舞是摩登舞或拉丁舞的混合舞，借助音乐的引导及队形的变动编织出丰富多彩的图案。它将音乐、舞姿、队形、图案和选手们的和谐配合融为一体，达到了视、听的完美统一，使体育舞蹈的风格特点得到了更为鲜明的表现。

同一系列的舞种除在风格和内容上有共同特点外，每个舞种在步法、节奏、技术处理及风格上都有自己的独特之处。

三、体育舞蹈基本技术

（一）华尔兹

华尔兹的风格是动作流畅，潇洒自如，庄重典雅，被誉为“舞中皇后”。华尔兹舞曲的节奏是$\frac{3}{4}$拍，每分钟28～30小节，每小节3拍。

华尔兹完整动作

1. 基本动作练习

（1）升降练习。

升降练习主要为了体会踝部、膝部的屈伸，加强身体的控制能力，增强身体升降的稳定性。（图11-3-1）

（2）手臂前后摆动的升降练习。

随着膝关节、踝关节的屈伸，手臂前后摆转，掌握升降、摆转的延伸动作。（图11-3-2）

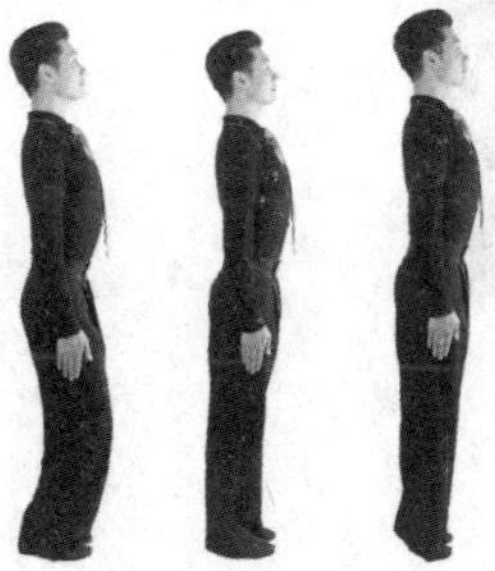

图 11-3-1

图 11-3-2

2. 握抱姿势

（1）闭式舞姿。

男女舞伴相对站立，两脚并拢，脚尖正对前方。女士偏向男士右侧的1/3，男女舞伴的右脚脚尖对准对方的两脚中线。女士的头稍向左转，男士的头自然挺直，男女舞伴均从对方的右肩上方向前看。女士上体后仰，两肩打开，男士左手与女士右手相握，掌心相对，虎口向上，前臂与上臂的夹角约为135°，高度约与女士右耳相平。男士右手五指并拢，轻轻置于女士左肩胛骨下端；女士左手四指并拢，虎口放在男士右臂三角肌处。（图11-3-3）

图 11-3-3

（2）开式舞姿。

在闭式舞姿的基础上，男女舞伴的上体各自稍向外打开，头面向手的方向，目光沿手的方向向远方延伸，男士的右侧髋部与女士的左侧髋部相靠。

3. 基本步法

（1）左脚并换步（图11-3-4）。

① 男士左脚前进；女士右脚后退。

② 男士右脚经过左脚向侧横步稍前；女士左脚经右脚向侧横步稍后。

③ 男士左脚并右脚；女士右脚并左脚。

图 11-3-4

（2）右脚并换步。

① 男士右脚前进；女士左脚后退。

② 男士左脚经过右脚向侧横步稍前；女士右脚经左脚向侧横步稍后。

③ 男士右脚并左脚；女士左脚并右脚。

（3）左转步（图11-3-5）。

左转步有6步，节奏为1、2、3、1、2、3。

① 男士左脚前进，开始左转；女士右脚后退，开始左转。

② 男士右脚向侧横步，左转1/4周；女士左脚向侧横步，左转3/8周。

③ 男士左脚并右脚，左转1/8；女士右脚并左脚，身体完成转动。

④ 男士右脚后退，继续左转；女士左脚前进，继续左转。

⑤ 男士左脚向侧横步，左转3/8周；女士右脚向侧横步，左转1/4周。

⑥ 男士右脚并左脚，身体完成转动；女士左脚并右脚，左转1/8周。

图 11–3–5

（4）右转步。

右转步有6步，节奏为1、2、3、1、2、3。

① 男士右脚前进，开始右转；女士左脚后退，开始右转。

② 男士左脚向侧横步，右转1/4周；女士右脚向侧横步，右转3/8周。

③ 男士右脚并左脚，右转1/8周；女士左脚并右脚，身体完成转动。

④ 男士左脚后退，继续右转；女士右脚前进，继续右转。

⑤ 男士右脚向侧横步，右转3/8周；女士左脚向侧横步，右转1/4周。

⑥ 男士左脚并右脚，身体完成转动；女士右脚并左脚，右转1/8周。

（5）侧行追步（图11–3–6）。

侧行追步有4步，3拍走4步，节奏为1、2、&、3，由开式舞姿开始。

① 男士右脚前进并交叉于反身动作及侧行位置；着地时先脚跟后前脚掌；女士左脚前进并交叉于反身动作位置，着地时先脚跟后前脚掌，开始左转。

② 男士左脚横步，前脚掌着地；女士右脚横步，前脚掌着地，左转1/8周。

③ 男士右脚并于左脚，前脚掌着地；女士左脚并于右脚，前脚掌着地，左转1/8周。

④ 男士右脚横步稍后，着地时先前脚掌后脚跟；女士右脚横步稍后，着地时先前脚掌后脚跟。

图 11-3-6

（6）V字步（图11-3-7）。

① 男士左脚前进；女士右脚后退。

② 男士右脚向斜内侧前进；女士左脚斜退。

③ 男士左脚在侧行位置交叉于右脚后；女士右脚在侧行位置交叉于左脚后。

（7）外侧右转步（图11-3-8）。

外侧右转步节奏为1、2、&、3，由侧位开始。

① 男士右脚前进并交叉于反身动作及侧行位置；女士左脚前进并交叉于反身动作及侧行位置。

② 男士左脚向侧，右脚并左脚；女士右脚向侧，左脚并右脚。

③ 男士左脚向侧且稍前进；女士右脚向侧并稍后退。

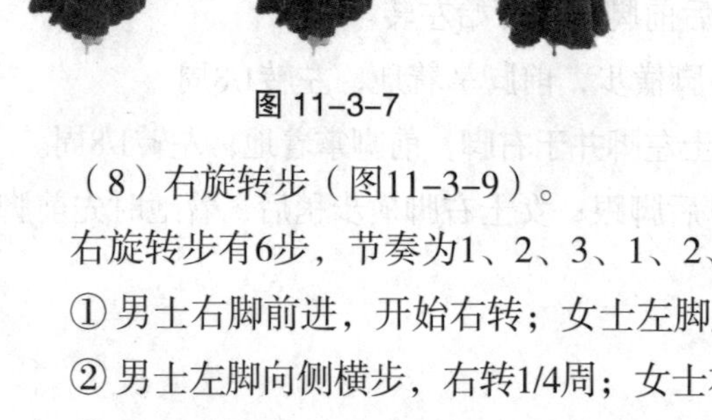

图 11-3-7

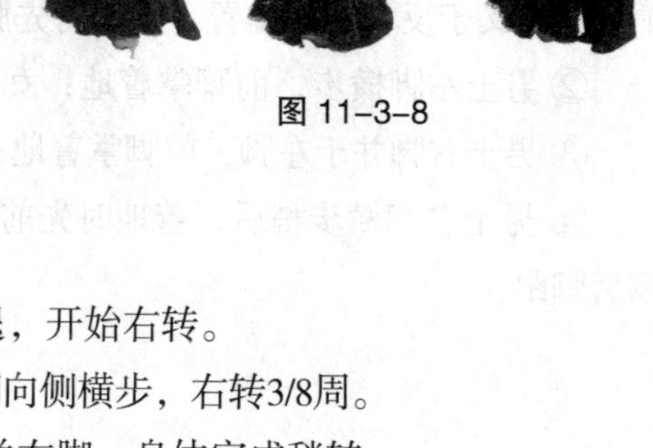

图 11-3-8

（8）右旋转步（图11-3-9）。

右旋转步有6步，节奏为1、2、3、1、2、3。

① 男士右脚前进，开始右转；女士左脚后退，开始右转。

② 男士左脚向侧横步，右转1/4周；女士右脚向侧横步，右转3/8周。

③ 男士右脚并左脚，右转1/8周；女士左脚并右脚，身体完成稍转。

④ 男士左脚后退，左脚保持在反身动作位置，右转（轴转）1/2周；女士右脚前进，右转（轴转）1/2周。

⑤ 男士右脚前进，继续右转，着地时先脚跟后前脚掌；女士左脚后退，并向左侧继

续右转，着地时先前脚掌后脚跟。

⑥ 男士左脚横步稍后，右转3/8周，着地时先前脚掌后脚跟；女士右脚经左脚斜进，右转3/8周，着地时先前脚掌后脚跟。

图 11-3-9

（9）踌躇步（图11-3-10）。

① 男士左脚前进，开始左转，着地时先脚跟后前脚掌；女士右脚后退，开始左转，着地时先前脚掌后脚跟。

② 男士右脚横步，左转1/4周，前脚掌着地；女士左脚横步，左转1/4周，前脚掌着地。

③ 男士左脚并右脚，左转1/8周（以右脚为轴）；女士右脚并左脚，左转1/8周（以左脚为轴）。

（10）后叉形步（图11-3-11）。

① 男士在反身动作位置，左脚后退；女士在反身动作及侧行位置，右脚前进。

② 男士右脚斜退；女士左脚向侧。

③ 男士在侧行位置，左脚交叉于右脚后；女士在侧行位置，右脚交叉于左脚后。

图 11-3-10

图 11-3-11

（二）探戈

探戈的风格是动静交织，潇洒奔放，头部左顾右盼，快速转动。舞曲节奏为$\frac{2}{4}$拍。音乐的特点是以切分音为主，带有停顿。舞步有慢步（S）和快步（Q）。其中，S 占1拍，Q 占半拍。跳探戈时，膝关节放松、微屈，身体重心下降，脚部动作干净利落，不拖泥带水。

1. 握抱姿势

闭式舞姿（图11–3–12）：男伴的右脚收回半脚并到左脚内侧足弓处，前后错开半个脚，身体重心下降，膝关节弯曲并放松。左手收回，肘关节上抬，前臂内收角度加大（接近90° ）。男士右手略向下斜插，置于女伴脊椎略靠近左肩胛骨的地方（不要超过脊柱）；女士的左手拇指贴向掌心，四指并拢，虎口处抵住男伴的右臂上臂外侧并靠近腋部。男士右肘与女士左肘部相重叠，即男士右肘抵住女士的左肘肘窝。目视方向与华尔兹相同，时有闪回的动作。男士与女士身体的右1/3微贴，接触部位是膝关节、髋部到腹部的部位。

2. 基本步法

（1）二常步（图11–3–13）。

二常步有2步，节奏为S、S。

① 男士左脚前进；女士右脚后退。

② 男士右脚前进；女士左脚后退。

（2）直行侧步（图11–3–14）。

直行侧步有3步，节奏为Q、Q、S。

① 男士左脚前进；女士右脚后退。

② 男士右脚向侧并稍后退；女士左脚向侧并稍前进。

③ 男士左脚前进；女士右脚后退。

图 11–3–12

图 11–3–13

图 11–3–14

（3）并脚结束（图11–3–15）。

并脚结束有3步，节奏为Q、Q、S。

① 男士右脚后退；女士左脚前进。

② 男士左脚横步稍前，左转1/4周；女士右脚横步稍后，左转1/4周。

③ 男士右脚并左脚；女士左脚并右脚。

（4）右摇转步（图11–3–16）。

① 男士右脚前进；女士左脚后退。

② 男士左脚向侧并稍后；女士右脚前进。

③ 男士身体重心回右脚，右转1/4周；女士左脚后退，右转1/4周。

图 11-3-15

图 11-3-16

（5）基本左转（图11-3-17）。

基本左转有6步，节奏为Q、Q、S、Q、Q、S。

① 男士在反身位置，左脚前进；女士在反身位置，右脚后退。

② 男士右脚向侧并稍后退；女士左脚向侧并稍前进。

③ 男士左脚交叉于右脚之后；女士右脚并左脚且稍后退。

④ 男士右脚后退；女士左脚前进。

⑤ 男士左脚向侧并稍前进；女士右脚向侧并稍后退。

⑥ 男士右脚并左脚且稍退后；女士左脚并右脚且稍前进。

图 11-3-17

（6）行进连步（图11-3-18）。

行进连步有2步，节奏为Q、Q。

① 男士在反身动作位置，左脚前进；女士在反身位置，右脚后退。

② 男士右脚向侧并在侧行位置稍后退；女士左脚向侧并在侧行位置稍后退。

（7）并式侧行步（图11-3-19）。

并式侧行步从侧行位置开始有4步，节奏为S、Q、Q、S。

① 男士在侧行位置，左脚向侧；女士在侧行位，左脚向侧。

② 男士右脚前进并交叉于反身动作及侧行位置；女士右脚前进并交叉于反身动作及

侧行位置。

③ 男士左脚向侧并稍前进；女士左脚向侧。

④ 男士右脚并左脚；女士左脚并右脚。

图 11-3-18

图 11-3-19

第四节　健美运动

一、健美运动概述

健美运动是一项通过徒手或利用各种器械，运用专门的动作方式和方法进行锻炼，以发展肌肉、增强力量、改善体形和陶冶情操为目的的运动项目。

在古代奥运会上，古希腊人在全身涂抹橄榄油，进行各种竞技运动的角逐，以显示其身体的健美。19 世纪末，现代健美运动在欧洲兴起，由尤金·山道首创。1901年，尤金·山道在英国举办了世界上第一次健美比赛。尤金·山道对健美运动的发展起了很大的推动作用，被公认为国际健美运动的创始人。20世纪初，一系列颇具影响力的有关健美运动的专著从理论上肯定了健美运动的作用。从20世纪30年代起，在欧美一些国家，健美表演逐渐演变成一项竞技比赛——健美比赛，并传播到世界各地。

现代健美运动于 20 世纪 30年代末传入中国。1924 年，沪江大学（今上海理工大学）学生赵竹光开始进行健美锻炼，因效果卓著，吸引了大量爱好者参加锻炼。1940 年，赵竹光和他的学生曾维祺共同创办了上海健身学院。中国于 1985 年加入国际健美联合会。1992 年，中国健美协会正式成立。随着运动健身理念越来越深入人心，近年来，健美运动在我国受到了越来越多的关注，我国出现了多位优秀的健美运动员，如吴龙、牟丛等。

健美运动作为一个运动项目，除了具有一般体育活动所共有的锻炼身体、促进健康、增强体质的作用外，还能增强身体各部位的肌肉耐力，改善体形。它不但强调“健”，而且强调“美”，把体育与美育融为一体。它不仅包括以比赛为目的的竞技健美运动，还包括以减重或改善体形为目的的群众性健美活动。

二、健美专项体能训练

（一）心肺训练

心肺功能是人体心脏泵血及肺部吸入氧气的能力，是衡量身体素质的重要指标。对于大部分运动员来说，心肺训练是最基本的训练。

【训练方法】

（1）立卧撑跳起转体360°。

（2）全身波浪起。

（3）变方向跑。

（4）移动中的躲闪。

（5）快速转体。

（二）力量训练

力量素质是指人体的整体或某一部分肌肉在运动中克服阻力的能力。力量训练是通过多次、多组有节奏的负重练习达到改善肌肉力量、耐力和形状的运动方式。不同的次数、组数及负重会产生不同的效果。

【训练方法】

（1）杠铃卧推。

（2）俯卧撑。

（3）仰卧起坐。

（4）侧卧起坐。

（5）蛙跳。

（6）负重深蹲。

（7）平板支撑。

（三）耐力训练

耐力素质是指人体在长时间工作或运动中克服疲劳的能力，是衡量人体健康水平的重要指标。通常来说，耐力训练主要采用长时间、持续低负荷的方法，强度为中等水平。

【训练方法】

（1）长距离跑。

（2）原地高抬腿跑。

（3）连续深蹲跳。

（四）柔韧训练

柔韧素质是指人体关节在不同方向上的运动能力及肌肉、韧带的伸展能力。柔韧素质是掌握运动技术的重要条件。人体所表现出的各种姿势和身体活动幅度往往与柔韧素质有着直接的关系。柔韧训练有两种形式，即在助力作用下进行关节活动的运动形式、主动控制肌肉紧张与放松进行关节活动的运动形式。

【训练方法】

（1）正踢腿。

（2）侧踢腿。

（3）摆腿。

（4）压腿。

（5）坐位体前屈。

（6）站位体前屈。

（7）踢腿跳组合练习。

三、肌肉训练方法

针对人体不同部位的肌肉，训练方法有所不同。

（一）腿部肌群的训练方法

两腿是人体的基座，承担着整个身体的重量，如两腿无力，就会给日常生活和工作带来不便，更谈不上健美。人的衰老从腿开始。两腿无力，行走活动减少，会导致心肺功能减弱，因此应重视腿部肌群的锻炼。

1. 负重深蹲

在做动作的过程中，应始终抬头、挺胸、紧腰，使杠铃垂直上下。（图11-4-1）

2. 跨举

下蹲和起立时，腰背要挺直，两臂伸直，不得屈臂和耸肩。起立时，应完全靠腿部力量。两腿屈膝下蹲时，不可突然下蹲，应以股四头肌发力为主，缓慢下蹲，使杠铃慢慢落下。（图11-4-2）

图 11-4-1

图 11-4-2

3. 俯卧腿弯举

在做动作的过程中，腹部要始终紧贴凳面，臀部不能翘起。（图11-4-3）

4. 立姿腿弯举

动作不可太快，待股二头肌极力收缩后，稍停，再缓缓放下腿。（图11-4-4）

图 11-4-3

图 11-4-4

5. 立姿提踵

做动作时，身体重心保持稳定。下降时，脚跟要低于垫物水平面。（图11-4-5）

6. 坐姿提踵

在做动作的过程中，杠铃横杠的位置要正对脚跟。脚跟下降时，要低于垫物水平面。（图11-4-6）

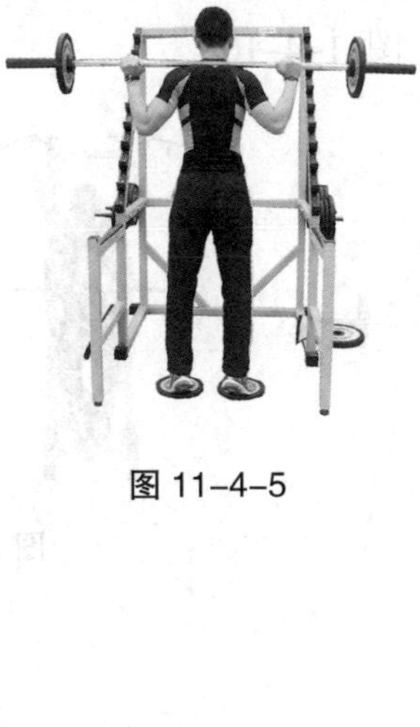

图 11-4-5

图 11-4-6

（二）胸部肌群的训练方法

胸部肌群包括胸大肌、胸小肌和前锯肌。在锻炼胸肌时，需要采用不同的动作从不同的角度对胸肌进行刺激，这样才能把胸肌练得既发达又有线条。

1. 杠铃平卧推举

做动作时，上推路线要与地面垂直。（图11–4–7）

2. 仰卧飞鸟

做动作时，肩部、肘部、腕部始终在同一垂直面内。（图11–4–8）

图 11–4–7

图 11–4–8

（三）背部肌群的训练方法

背部肌群主要包括斜方肌、背阔肌和竖脊肌。强壮、发达的背部肌肉，使上体成V字形，并能使腰背挺直，塑造良好的体形。

1. 直立耸肩

在做动作的过程中，两臂不得上提杠铃，手臂仅起固定杠铃的作用。耸肩时，不得弯腰、弯背。（图11–4–9）

2. 单杠引体向上

在做动作的过程中，身体不能摆动。向上引体时，不能借助蹬腿的力量，将身体拉得越高越好。意念始终集中在背阔肌上。（图11–4–10）

图 11–4–9

图 11–4–10

（四）肩部三角肌训练方法

肩部是否健美，主要看三角肌是否发达。三角肌位于肩部皮下，成倒三角形，底在上，尖在下，从前、后、外侧包裹着肩关节，它的最前部和最后部的肌纤维成梭形，而中部的肌纤维成多羽状。这种结构使三角肌具有较大力量。

1. 颈前推举

上体始终保持正直。推举杠铃时，不得借助腰部、腿部的力量。意念集中在三角肌前束上。（图11–4–11）

2. 颈后推举

两肘始终保持外展，垂直向上推杠铃。意念集中在三角肌后束上。（图11–4–12）

图 11–4–11

图 11–4–12

（五）臂部肌群的训练方法

臂部肌群分上臂肌群和前臂肌群。上臂肌群主要包括肱肌、肱二头肌和肱三头肌。前臂肌群主要包括前屈肌群（如肱桡肌、旋前圆肌）、后伸肌群（如肱桡肌、尺侧腕伸肌）。

1. 杠铃弯举

弯臂时，上体切忌前后摆动。意念集中在肱肌、肱二头肌上。（图11–4–13）

2. 反握引体向上

在引体过程中，不得借助腰部、腹部的振摆力量。意念集中在肱二头肌上。（图11–4–14）

图 11–4–13

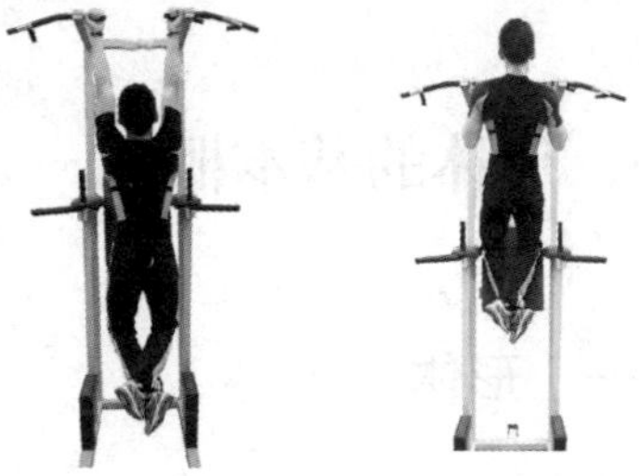

图 11–4–14

3. 反握腕弯举

手腕向上弯曲时，要尽量收缩前臂肌肉。意念集中在前臂的前屈肌群上。（图11-4-15）

图 11-4-15

（六）腹部肌群的训练方法

腹部肌群主要由腹直肌、腹外斜肌和腹内斜肌构成。

1. 单杠悬垂举腿

做动作时，不得借助身体摆动的力量。意念集中在下腹部。（图11-4-16）

2. 仰卧起坐

上体前屈时，动作要慢。意念集中在腹直肌上。（图11-4-17）

图 11-4-16

图 11-4-17

第五节　形体训练

一、形体的基本概念

（一）形体

形体在生理学上指人体或人体形态体质。在当代大学体育教育中，形体主要指人在先天遗传和后天获得的基础上所表现出的身体形态上相对稳定的特征，是人的外在形象的总和。

（二）形体美

形体美分为外在美和内在美。外在美侧重于形式，指由生理特点所造就的身体之美，包括人的身体各部位指数合理和人体各部位的比例关系恰当，形成人体和谐统一的外观特征；内在美指借助形体所表现出来的人的思想、气质、情操、风度等深层次的内容，是一种高素质的展示。

现代社会人体形体美的标准主要包括以下10个方面。

（1）五官端正，面部红润，眼睛有神，头发有光泽，颈部挺直且灵活，并与头部配合协调。

（2）两肩对称。

（3）两臂修长，两臂之长与身高协调。

（4）胸部宽厚，比例协调。男性胸肌圆隆；女性乳房丰满，挺而不垂。

（5）脊柱垂直、挺拔。腰部成圆柱形，细而有力。

（6）腹部扁平，男子有腹肌垒块隐现。

（7）臀部圆满，微显上翘，不下垂。男性臀部鼓实，女性臀部健美而隆起。

（8）大腿修长，小腿长且腓肠肌位置高，并稍突出，线条柔和。

（9）人体骨骼发育正常，无畸形，身体各部位比例匀称。

（10）男性形体强调上肢力量及肌肉发达，整个体形成倒梯形；女性形体强调身体比例匀称，线条流畅，整个体形成曲线形。

二、形体基础训练

（一）基本手位

基本手位（图11-5-1）如下。

一位：两臂圆屈下垂，两手置于胯前，两手指尖相隔一拳的距离。

二位：在一位的基础上，两臂圆屈向前、向上抬起，手正对下肋。

三位：在二位的基础上，两臂圆屈上举，两手指尖相隔一拳的距离。

四位：在三位的基础上，一臂成三位，另一臂成二位。

五位：在四位的基础上，成三位的手臂不动，另一臂由二位向旁打开。

六位：在五位的基础上，向旁打开的一臂保持不动，另一臂由三位变为二位。

七位：在六位的基础上，向旁打开的一臂保持不动，另一臂由二位向旁打开，两臂圆屈。

手位完整演示

一位　二位　三位　四位　五位　六位　七位

图 11-5-1

（二）基本脚位

脚位分解示范

基本脚位（图11-5-2）如下。

一位：以基本站姿站好，两脚脚跟并拢，两脚脚尖成一字形打开。

二位：在一位的基础上，两脚直线向两旁打开，两脚间距约一只脚的距离，身体重心在两脚中间。

三位：在二位的基础上，一只脚的脚跟向另一只脚的足弓靠拢，两脚保持外开的状态。

四位：在三位的基础上，以后脚为定点，两脚前后打开，前脚的脚跟与后脚的脚尖相对，两脚间距约一只脚的距离。

五位：在四位的基础上，以后脚为定点，前脚向后脚靠拢并收紧，身体重心在两腿中间。

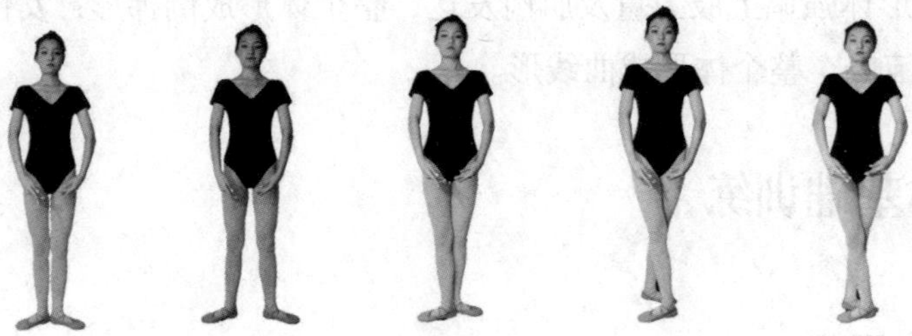

一位　二位　三位　四位　五位

图 11-5-2

（三）基本方位

当舞者站在场地中央时，以舞者为中心向其前、后、左、右放射出八条射线，这就是我们通常所说的八个方向点。正前方为1点，沿顺时针方向分别是2～8点。（图11-5-3）

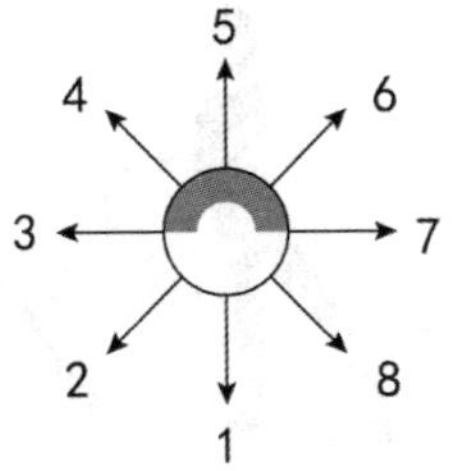

图 11-5-3

(四)把杆练习

(1)站:两手扶把,两脚一位,身体成一条直线。(图11-5-4)

(2)立:两手扶把,两脚一位,脚跟抬起,将身体推向最高点,身体成一条直线。

(3)蹲:两手扶把,两脚一位,两腿膝关节外展,被动屈膝,身体成一条直线。(图11-5-5)

图 11-5-4

图 11-5-5

(4)擦地:两脚一位,一只脚向前擦出,保持外开,髋部打开,两膝绷直。注意,臀大肌收紧,大腿尽量转开,内侧肌夹紧。脚向侧、向后擦地的动作要领与向前擦地的动作要领相同。(图11-5-6)

图 11-5-6

(5)小踢腿:右腿经擦地向前踢出,再点地收回成五位。动作要有爆发力,停顿准确,脚背绷直。向侧、向后小踢腿的要求同向前小踢腿。(图11-5-7)

图 11-5-7

（6）画圈：身体重心在左腿上，右腿向前擦出，由脚尖带动腿向前、向侧再向后画圈，最后收回成一位。做前画圈动作时，腿经过旁擦还原，腿部注意保持外开，髋部放松。后画圈动作与前画圈动作相同，只是方向相反。（图11-5-8）

图 11-5-8

三、体态美感训练

（一）站姿训练

规范站姿动作要领如下。

头正：两眼平视前方，嘴微闭，收颌梗颈，表情自然，稍带微笑。

肩平：两肩平正，微微放松，稍向后下沉。

臂垂：两臂自然下垂，中指对准大腿侧的中间位置。

躯挺：胸部挺起，腹部收紧，腰部正直，臀部收紧。

腿并：两腿并拢直立，两脚脚跟靠拢，脚尖打开，两脚约成60°。

（二）蹲姿训练

1. 蹲姿动作要领

下蹲时，上体保持直立。女士两腿要保持并拢，男士两腿可适度分开，身体重心在后脚上。注意主动肌与拮抗肌及协同肌力量的控制，以保持身体的轻盈和平衡。

2. 高低式蹲姿动作要领

高低式蹲姿是人们在日常生活中常用的一种蹲姿。其基本特征是下蹲时，上体直立，左脚完全着地，右脚前脚掌着地，脚跟提起。此时右膝低于左膝，右膝内侧可靠于左腿小腿的内侧，形成左膝高、右膝低的姿态。身体重心基本在右腿上，靠右腿支撑身体。（图11-5-9）

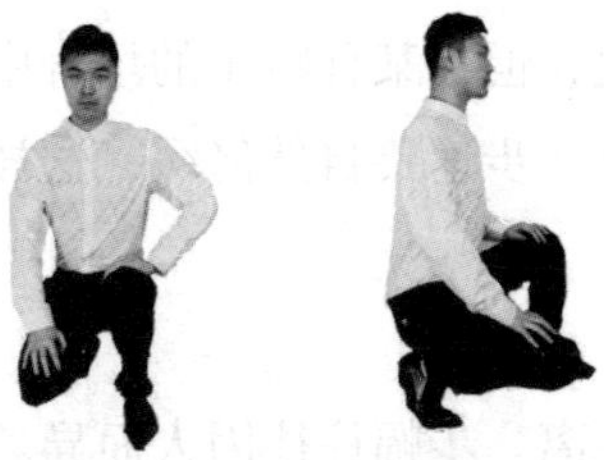

男士高低式蹲姿

女士高低式蹲姿

图 11-5-9

（三）行姿训练

1. 行姿动作要领

头正，目视前方，下颌微收，表情自然、平和。两肩平稳，不要摇摆。上臂带动前臂前后自然摆动，向前摆幅约30°，后摆时，手臂前侧不超过臀部的后缘，两臂自然弯曲。上体挺直，收腹立腰。移动时，身体重心及时前移。（图11-5-10）

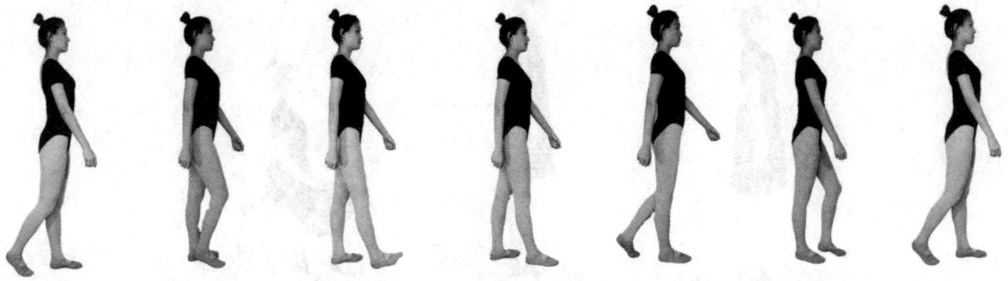

图 11-5-10

2. 步位

男子行走时，一般脚跟先着地，脚尖略外展，两脚脚跟交替落在两条平行线上（图11-5-11）；女子行走时，一般脚跟先着地，脚尖略外展，两脚脚跟内侧交替落在一条直线上（图11-5-12）。若女子的步位在两条平行线上，则臀部摆动会比较局促，腰部会显得僵硬，步态不优美。

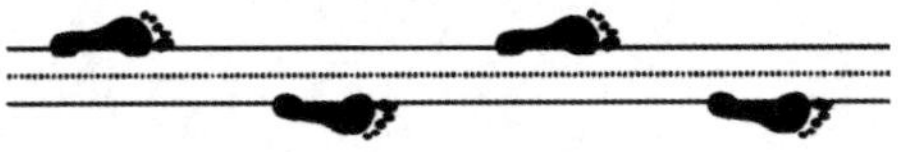

图 11-5-11

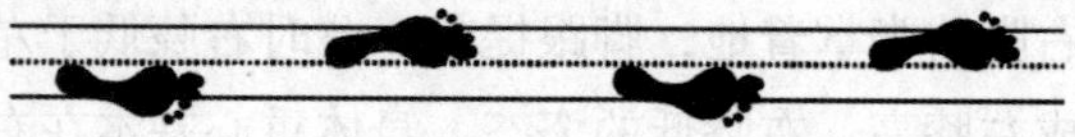

图 11-5-12

3. 步速

在不同的场合和环境中，步速可以有所变化，但在某种特定的场合中，步速应保持相对均匀、平稳，不要忽快忽慢。在正常情况下，步速要自然舒缓，这样会使人显得成熟、自信。

4. 步幅

步幅是指人们每走一步时两脚中心之间的距离。步幅往往因人而异。行进时，男子的步幅约为60厘米，女子的步幅约为50厘米。在行进中，步幅应当保持大体一致。

（四）坐姿训练

1. 动作要领

（1）入座：入座时，轻盈地走到座位前，转身背对椅子，两脚成小丁字步，一脚稍后撤，使脚触及椅子以感觉椅子的位置，身体稍前倾，落座。如果女士穿的是裙装，则其在落座时要用两手由臀后从上至下整理裙装，以防裙子出现褶皱或被打折坐住，而使腿部裸露过多。（图11-5-13）

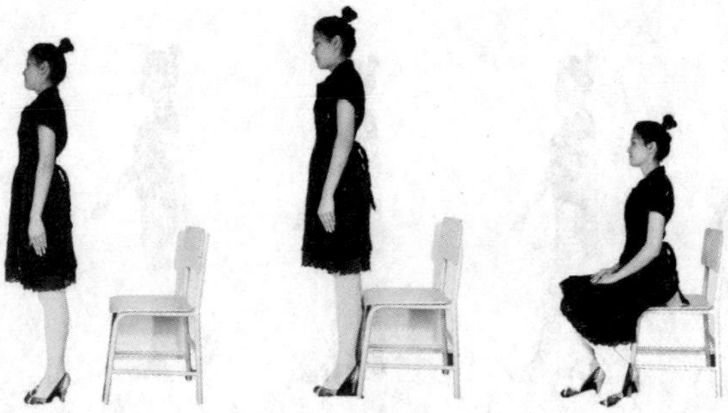

图 11-5-13

（2）坐姿：上体直立，头正目平，嘴微闭，面带微笑；胸微挺，腰伸直；两腿自然弯曲，小腿与地面基本垂直，两脚平落于地面，两膝并拢（女士）或分开（男士），臀部坐在椅子中央，两手置于大腿上。（图 11-5-14）

（3）起立：起立时，一脚先向后收半步，然后站起。离开座位时，一脚先向前走一步，然后自然、轻声地离开座位。（图11-5-15）

图 11-5-14

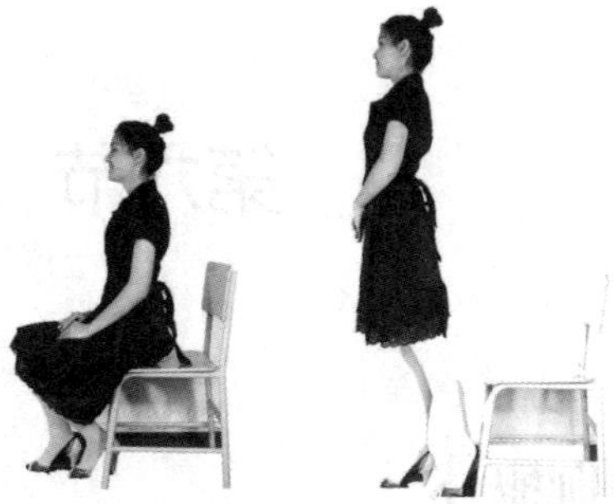

图 11-5-15

2. 端坐

坐下后，上体挺直，两肩平正，两臂自然弯曲。女士两手交叉叠放在两腿中部并靠近小腹，两膝并拢，小腿垂直于地面，两脚脚尖向前。男士两手分别放在两腿大腿上，两腿打开，与肩同宽。（图11-5-16）

3. 侧坐

两腿小腿向左斜出，两膝并拢，右脚脚跟靠左脚内侧，右脚脚掌着地，左脚脚尖着地，上体挺直。注意，大腿与小腿约成90° 。这种坐姿只适用于女性。（图11-5-17）

4. 休闲坐

女士在侧坐的基础上，左腿后屈，左脚脚掌内侧着地，右腿抬起，右膝在左膝上方，右脚脚外侧贴住左脚脚踝。男士在端坐的基础上，两腿向前，一条腿提起，腘窝落在另一条腿的膝关节上。注意，上方的腿向里收，贴住另一条腿，脚尖自然下垂。（图11-5-18）

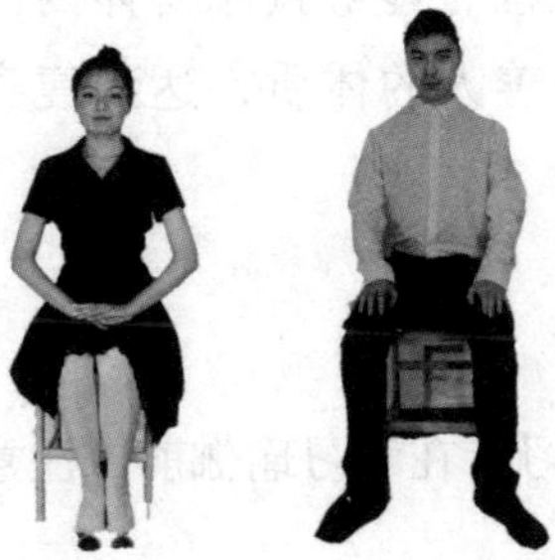

图 11-5-16

图 11-5-17

图 11-5-18

第六节　瑜　伽

一、瑜伽概述

（一）瑜伽的起源与发展

瑜伽起源于古印度。瑜伽在20世纪80年代末90年代初传入我国。目前，在我国流行的瑜伽不仅吸收了古老瑜伽的精髓，还融入了我国传统医学与养生的内容，同时加入了一些时尚健身的新内涵，这是对瑜伽做出的诠释。随着瑜伽的发展，越来越多的人开始对瑜伽产生浓厚的兴趣，瑜伽的健身功效也得到了人们的广泛赞誉。

（二）瑜伽的锻炼价值

（1）修身养性，调节身心。人们长期练习瑜伽能够宁神静心，陶冶情操，充满自信，热爱生活。

（2）调节情绪，发挥潜能。瑜伽练习能调节人的情绪。当人心情平静下来的时候，注意力会变得更加集中，洞察力会变得更加深刻。

（3）舒展身体，减脂塑形。瑜伽呼吸法配合各种体位法，能够按摩身体内部器官，可促进血液循环，伸展僵硬的肌肉，使关节灵活，改善人的体质，达到瘦身塑形的效果。

（三）练习瑜伽的注意事项

瑜伽是有益身心的运动，适合不同年龄段的人练习。练习者在练习瑜伽前应注意以下事项，从而取得更佳的成效。

1. 练习时间

练习者每天均可练习瑜伽，可以选择在清晨、中午或晚上练习，最好在饭后2~4小时练习。

2. 舒适的环境

练习环境一般为通风良好、安静、优美的环境。若有条件，则练习者可在空气良好的室外练习，效果更佳。

3. 用鼻呼吸

空气中充满灰尘、细菌、悬浮微粒。练习者用鼻子呼吸不仅能阻隔大部分污染物，还能令吸入的空气变得温暖、湿润，减少对呼吸道的刺激。瑜伽讲究呼吸控制。若练习者不会运用正确的呼吸方法，则练习效果会大打折扣。

4. 不要攀比

瑜伽是一种着重于身体内在练习的运动，并非一种竞技比赛。练习者在练习瑜伽时不应与其他人攀比，否则会破坏练习时的专注力和学习动机，也易造成损伤。练习者应与自己比较，以自己之前的表现作为评判标准。

5. 量力而为

每位练习者的柔韧性、耐力及学习能力都不相同。练习瑜伽时，练习者应根据自己的实际情况量力而为，在导师的指导下学习，切勿急于求成，高估自己的能力，盲目仿效他人，练习不适合自己的高难度的瑜伽动作，否则会增加受伤的风险，产生挫败感。

6. 运动安全

一般来说，瑜伽适合各个年龄段的人练习。患有心脏病、高血压、视网膜脱落等疾病的患者，以及头部、颈部、背部有伤的患者，孕妇、重病或手术后的患者在练习前应先征询医生的意见，并在上课前告知导师自己的健康状态，以便导师做出适当的跟进和指导。

7. 沐浴护肤

瑜伽课后，练习者不要急于沐浴，待脉率平稳，体温恢复正常，稍做休息后再沐浴。特别是高温瑜伽后，人体毛孔扩张，身体容易着凉。沐浴时，水温也不应过高或过低，以免刺激皮肤，使皮肤变得干燥，失去弹性。沐浴后，练习者宜涂上一些润肤霜，使皮肤保持润滑。

8. 适量喝水

瑜伽体位有助于按摩腹部内脏，促进肠道蠕动，帮助消化，预防便秘、腹部胀气等。练习后半小时宜喝适量的水，以促进肠道蠕动，加快体内毒素排出，同时可以补充练习时（特别是练习高温瑜伽时）出汗所流失的电解质，滋润肠胃和肌肤。

9. 持之以恒

瑜伽与其他运动一样，不是一朝一夕即可练成的。无论练习哪一种瑜伽，练习者都要按照导师的指导并持之以恒地练习，坚持“不求成功，只求练功，功到自然成”的态度。

二、瑜伽基本技术

（一）瑜伽呼吸法

1. 腹式呼吸

【方法】取仰卧或瑜伽坐姿，两手放在腹部，感受呼吸带给腹部的起伏。吸气时，腹部向外鼓起。吸气越深，腹部鼓起的幅度越大。随着腹部扩张，横膈膜会下降。接下来呼气，腹部向内朝脊柱方向回收。尽量深长呼气，收缩腹部，将肺内的气体呼出，横膈膜就自然而然地升起。

【益处】滋养和净化肺部，按摩腹部内脏，促进消化和吸收。

2. 胸式呼吸

【方法】取仰卧或瑜伽坐姿，深长吸气，但不要让腹部扩张，把空气直接吸入胸部区域。在胸式呼吸中，胸部扩张，腹部保持平坦。当吸气加深时，腹部向内朝脊柱方向回收。用这种方法吸气时，肋骨向外并向上扩张，呼气时，肋骨向下并向内收。

【益处】加强腹肌的力量，促进血液循环。

3. 完全呼吸

【方法】完全呼吸是把腹式呼吸与胸式呼吸结合起来的呼吸方式。缓缓吸气，首先把空气吸入肺部。在肺部鼓起时，气体就开始充满胸部区域的下半部分，紧接着充满胸部的上半部分。用力吸气，尽量将胸部扩张到最大限度，此时吸气量已达到肺部的最大容量，最好能够保持 3 秒的悬吸；然后缓缓呼气，先放松胸部，再放松腹部。用收缩腹肌的方法结束呼吸。

【益处】由于血氧含量增加，肺部变得更为强壮，从而使人体的抵抗力增强；使神经系统镇静下来，心律平稳，身心愉悦。

（二）瑜伽坐姿

1. 简易坐

【方法】坐在垫子上，两腿前伸。两腿弯曲，左脚放在右腿大腿下方，右脚放在左腿大腿下方，盘腿而坐。上体挺直，下颌收紧。

【益处】提高髋关节、膝关节、踝关节的柔韧性和灵活性，增强神经系统的功能，缓解风湿性关节炎。

2. 金刚坐

【方法】两膝跪地靠拢，两脚紧靠，两脚脚跟向外，臀部坐在两脚脚跟之间。上体挺直，下颌收紧。（图11–6–1）

【益处】金刚坐有助于宁心静气，特别是饭后练5～10分钟，能促进消化。

3. 莲花坐

【方法】坐在垫上，两腿前伸。右腿弯曲，右脚放在左腿腹股沟处。左腿弯曲，左脚放在右腿腹股沟上方，两脚脚掌朝上。上体挺直，下颌收紧。（图11–6–2）

【益处】促进脑部、胸部和骨盆区域的血液循环；保护心脏，使心律平稳，对患呼吸系统疾病的人有益处；提高两髋、两腿的柔韧性，有助于预防和缓解风湿病。

莲花坐

4. 半莲花坐

【方法】坐在垫子上，两腿前伸。左腿弯曲，左脚脚跟紧顶右腿大腿内侧；右腿弯曲，右脚放在左腿腹股沟上方。上体挺直，下颌收紧。（图11–6–3）

【益处】具有与莲花坐相同的效果。

半莲花坐

图 11–6–1

图 11–6–2

图 11–6–3

（三）瑜伽体位法

1. 下犬式

【动作要领】身体成倒V形，两臂前伸，眼睛尽可能看到两腿中间的上空，脚跟紧贴地面不要抬起。（图11–6–4）

【益处】消除疲劳，恢复精力；缓解脚跟的僵硬和疼痛；增强脚踝力量，使腿部更匀称；有助于消除肩胛骨区域的僵硬，缓解肩周炎；使腹部肌肉力量得到增强。

2. 上犬式

【动作要领】两腿要伸直，臀部与肩部、腰部形成舒缓的 S 形，头颈后仰，肩部向后、向上用力。（图11–6–5）

上犬式

提醒：在练习上犬式与下犬式时，练习者往往会因为力度不够而做不到位。要记住，瑜伽可以舒展筋骨，因此练习者把自己的筋骨舒展到最大限度即可。

【益处】使脊柱恢复活力，对于腰部疼痛、坐骨神经痛及腰椎间盘突出的人有很好的效果，增强脊柱的弹性，辅助治疗背部疼痛。胸部得到完全扩张，可以增加肺部的弹性，促进骨盆区域的血液循环。

图 11-6-4

图 11-6-5

3. 骆驼式

【动作要领】身体成O字形，头部仰到最大限度，两肩胛向后伸展，两手分别扶住同侧脚脚跟，大腿垂直于地面并绷紧。（图11-6-6）

【益处】伸展脊柱，促进血液循环，调节脊神经，对矫正驼背、两肩下垂等不良体态有较佳的效果。

骆驼式

4. 战士二式

【动作要领】战士二式讲究平衡感。上体挺直，右腿屈膝，左腿向后伸直，成右弓步。右腿膝关节在地面上的投影不超过脚尖，右脚回勾，臀部收紧，两臂伸平，头颈摆正。（图11-6-7）

战士二式

【益处】使腿部肌肉更为匀称、强健，同时能缓解小腿和大腿肌肉痉挛，增强腿部和背部肌肉的弹性，增强腹部器官的功能。

图 11-6-6

图 11-6-7

5. 树式

【动作要领】树式讲究的是无限的延伸感。左腿伸直，右脚脚掌紧贴左腿大腿内侧，两臂伸直向上，抬头挺胸。（图11-6-8）

【益处】加强腿部、背部和胸部的肌肉力量；加强两踝的力量，改善人体体态，提高注意力；放松髋部，并对胸腔区域有益。

6. 三角式

【动作要领】上身与下身的弧线要顺畅，胯部不能为省力挺起，两臂伸展成一字形。（图11-6-9）

【益处】增强腿部肌肉力量，消除腿部和臀部的僵硬，矫正腿部畸形；缓解背部疼痛及颈部扭伤，强健脚踝、胸部；消除腰部的多余脂肪。

图 11-6-8

图 11-6-9

7. 后仰式

【动作要领】后仰时，臀部、胯部、腰部向前挺，两臂向后伸直。注意逐步做后仰练习，不要用力过度，使上体过度后仰。（图11-6-10）

【益处】有助于消除疲劳，伸展两腿、腹部、胸部；强健两腕、两踝和骨盆；改善肩关节的灵活性，增强神经系统功能，促进血液循环。

8. 蝴蝶式

【动作要领】坐在地上，两脚脚心相对，上体保持直立。脚跟尽可能靠近会阴部位。（图11-6-11）

【益处】对骨盆区域有益，使骨盆、腹部和背部得到足够的血液供应；预防坐骨神经痛、疝气，调理月经失调。

图 11-6-10

图 11-6-11

9. 犁式

【动作要领】仰卧，手臂放在身体的两侧。吸气，两腿上举越过身体；呼气，两腿摆至头的上方，脚趾触地。（图11-6-12）

【益处】滋养脊神经；伸展背部，减轻背痛、腰部风湿痛和背部关节痛；消除肩部和两肘的僵硬；增强腘绳肌力量；有助于消除腰部、髋部、腿部的多余脂肪，缓解手部痉挛；促进血液循环，增加头部供血量，滋养面部和头皮；改善甲状腺功能，促进新陈代谢；按摩腹部器官，促进消化；调理月经失调等不良症状；预防头痛、痔疮等。

10. 轮式

【动作要领】仰卧，两手放在身体的两侧。两腿屈腿，脚跟紧贴大腿后侧。两手移到头的两侧，掌心贴地。吸气，背部拱起，髋部与腹部向上升起。（图11–6–13）

【益处】增强背部肌群的力量，放松肩关节和颈部肌肉，使脊柱得到完全的伸展，使身体更加柔软，增加头部供血量。

11. 脊柱伸展式

【动作要领】两手分别抓住同侧脚脚踝，上体尽量接近腿，最终两手手掌可平放在脚边的地面上。（图11–6–14）

【益处】增强人体的弹性，伸展脊柱，滋养脊神经；身体前屈有助于强壮肾脏、肝脏和脾脏；有助于缓解月经期间下腹部与骨盆部位的疼痛。

图 11–6–12

图 11–6–13

图 11–6–14

12. 脊柱扭转式

【动作要领】坐姿，上体挺直，两腿前伸，右腿内收，左脚放于右膝外侧，右臂从左腿下方穿过，左手在背后握住右手手腕。（图11–6–15）

【益处】按摩脊柱周围的肌肉，刺激脊神经；预防背痛和腰部风湿痛；强壮肝脏、脾脏，对肾脏起到按摩作用；促进肠胃蠕动，有助于增强消化系统的功能。

图 11–6–15

体育思政课堂

健美操有助于磨炼个人顽强的意志，培养个人的气质，提高个人的修养。特别是对于女生来说，经常跳健美操有利于提升形象、陶冶情操、美化心灵，从而提高个人的艺术修养和思想品德修养。

啦啦操是一项集体项目，可以培养团队合作意识和集体荣誉感，使学生养成自觉遵守规则、纪律的观念。

体育舞蹈是一种人体运动的艺术。运用动作造型全面展示人体美是体育舞蹈的重要特征。以人体运动为主要手段的体育舞蹈通过各种人体动作来表现人的健康美、力量美、青春美和形体美。体育舞蹈的内容丰富，技术风格迥异，是集音乐、体育、审美于一体的艺术活动。参加体育舞蹈，可以提高学生的审美能力，不断提高学生的综合素养。

健美运动能使人的肌肉变得发达、健壮、匀称、有力。健壮的身材有助于增强学生的自信心。健美运动可以磨炼学生的意志，培养其坚持不懈、持之以恒的精神。

形体训练是一项比较优美、高雅的健身项目，主要通过舞蹈基础练习（以芭蕾舞基础练习为主），结合古典舞、民族民间舞蹈进行综合训练，可塑造人们优美的体态，培养高雅的气质，纠正不良姿态。在大学体育教学中引入形体训练，不仅可以提高学生的综合素质，还可以帮助学生塑造体形，美化自我形象，对提高其就业竞争力有着积极的作用。

瑜伽与现代生活方式密切相关，是一种既可独享，又可以集体共乐的休闲健身方式。练习瑜伽有利于增加人与人之间的凝聚力，有利于构建和谐社会。瑜伽可以使学生的内心更加平静，使学生获得心理满足感和成就感，增强学生的自信心，使学生摆脱消极情绪，以更好的身心状态面对生活。

第十二章　休闲体育项目

第一节　游泳运动

一、游泳运动概述

（一）游泳运动的起源与发展

随着社会的发展，游泳不断从实用性的生产、生活、军事需求，向着竞技、健身、娱乐发展。1867年，国际上第一个游泳协会在英国伦敦成立。1896年雅典奥运会就有游泳比赛项目，当时只有男子自由泳100米、200米、1200米3个项目。1908年，国际业余游泳联合会成立，其审定了各项游泳世界纪录，并制定了国际游泳比赛规则。1912年斯德哥尔摩奥运会时，女子游泳被列为比赛项目，从此游泳走上了全新发展的轨道。

1956年，中国游泳协会成立。近些年来，随着全民健身运动的普及，游泳成为很多中国人日常健身的运动项目。中国竞技游泳也取得了很大的发展，涌现出了罗雪娟、吴鹏、刘子歌等优秀运动员，竞技游泳水平不断提升。2008年北京奥运会，我国在游泳项目上获得1枚金牌、3 枚银牌、2枚铜牌。2012年伦敦奥运会，我国在游泳项目上获得5枚金牌、2枚银牌、3 枚铜牌。2016年里约热内卢奥运会，我国在游泳项目上获得1枚金牌、2枚银牌、3枚铜牌。2020年东京奥运会，我国在游泳项目上获得3枚金牌、2枚银牌、1枚铜牌。

（二）游泳运动的分类

游泳运动大致分为实用游泳与竞技游泳两大类。实用游泳包括侧泳、潜泳、反蛙泳、踩水、救护、武装泅渡；竞技游泳包括自由泳、蛙泳、仰泳、蝶泳。

（三）游泳运动的特点和锻炼价值

1. 享受三浴，延年益寿

自然界的空气、日光和水是人体生命的源泉。人们无论到江河湖海，还是到室外游泳池游泳，都能享受到空气浴、日光浴和水浴的“三浴”之乐。

空气是人赖以生存的物质基础。大自然里的空气中带有的负离子，是空气中的“维生素”。人到户外江河湖海游泳，可吸入富含负离子的新鲜空气，其对机体的新陈代谢起着积极的作用，能使人精力旺盛、身心愉悦。经常在室外游泳，可使身体各部位暴露在阳光之下，接受阳光的沐浴，从而吸收阳光，给机体带来好处。水也是人赖以生存的物质基础。经常用水沐浴和擦身，可促进人体的新陈代谢；而在水中游泳，水的浮力、压力、阻力会作用于人体各器官，由此人体各器官的功能会得以提高。

2. 塑造健美的体形

近年来，一些研究人体形体和形态的专家指出，游泳可以帮助人矫正某些不正常的体形。因为游泳时，人总是要尽量伸展脊椎，加长划水动作路线，这对矫正脊椎弯曲等都大有好处。同时，游泳时人靠水的浮力漂起，身体各部位特别放松，非常舒展，可得到全面的发展。因此，经常游泳能够塑造健美的体形。另外，游泳时身体在水中受到水流轻轻地摩擦，水中又含有一些矿物质，能使皮肤富有弹性。

3. 增强心肺功能

经常游泳，能使心脏得到很好的锻炼，使心脏形态和功能发生一系列有利的变化，如心肌变得发达。经常参加游泳锻炼的人，心脏跳动要比一般人慢而有力。一般人的脉搏，安静时为70～80次/分；而经常参加游泳锻炼的人一般只有42～60次/分，个别甚至会减少到36次/分。当参加重体力劳动或有某种特殊需要时，在身体各器官的配合下，经常参加游泳锻炼的人能在短时间内耐受每分钟200次的快速心跳。

游泳运动对呼吸系统的影响极大。这与在水中呼吸要比在陆上呼吸困难，以及游泳的姿势、水的压力等因素有关。游泳时，人体所需大量的氧气是通过增大呼吸深度的方法获得的，使每次呼吸都能吸进大量的氧和呼出大量的二氧化碳。经常游泳可使呼吸肌逐渐变得发达和强壮有力，在吸气时把胸腔扩张得更大，使人体安静时的呼吸显得深而慢，每次呼吸后能有较长的休息时间，不易产生疲劳。

4. 防病治病

游泳时，人体在水里会受到冷水的刺激，长期锻炼能增强机体适应外界环境变化的能力，提高体温调节能力，提高人体抵御寒冷、预防疾病的能力。因此，经常参加游泳锻炼的人不易感冒。游泳如果与医疗体育配合，还可治疗一些慢性疾病，如高血压、慢性肠胃病、关节炎、神经衰弱、轻度脊柱侧弯、哮喘、习惯性便秘等。

5. 培养勇敢顽强的精神

初学游泳时，游泳者要克服怕水心理，还要克服怕累、怕苦、怕冷等心理。游泳者若能克服这些心理，则心理素质会得以提升，变得勇敢。若长期坚持游泳，尤其是冬泳，游泳者就能逐渐克服疲劳、寒冷等，培养不怕艰险、勇敢顽强的精神。

6. 提高生产效益

我国有幅员辽阔的江河湖海，丰富的水资源有待我们去进一步开发。纵横交错的江河和辽阔的海域，以及全国各地星罗棋布的水库和水渠，都可为我们进行航行、养殖、灌溉所用。在生产建设中，人们经常要和水打交道，这就要求人们具有健康的体魄并掌握游泳的技能，这样才能更好地完成生产任务，提高生产效益。

二、游泳基本技术

（一）蛙泳

蛙泳教学

蛙泳是模仿青蛙游泳动作的一种游泳姿势，也是一种古老的泳姿。蛙泳的优点为呼吸节奏容易掌握，游动声音小，便于游泳者观察和判断游动方向，每个动作周期结束后都有短暂的滑行放松时间。但是，蛙泳的臂、腿变化方向较多，其内部技术结构是四种泳姿中最为复杂的。

1. 蛙泳基本技术

（1）身体姿势。

蛙泳时，身体姿势不是固定不变的，而是随着臂、腿及呼吸动作的周期性变化而不断变化的。当蹬腿结束后，两臂并拢前伸。两腿向后蹬直并拢时，身体处于较好的流线型滑行状态，身体较平，头略抬起，水浸于前额处，胸部一部分、腹部和大小腿处在水平姿势。这时身体纵轴与水平面成5° ～10° 。（图12–1–1）

（2）腿部动作。

蛙泳时，腿部动作可分为收腿、翻脚、蹬夹水和滑行。这四个动作紧密相连。

① 收腿（图12–1–2）：开始收腿时，两腿随着吸气的动作自然向下，同时两膝开始弯曲并自然分开，小腿向前回收。回收时，两脚放松，脚跟向臀部靠拢，边收边分。收腿时，力量要小，两脚和两腿小腿回收时，要收在大腿的投影截面内。收腿结束时，大腿与躯干成130° ～140° ，两膝内侧与髋关节同宽，为翻脚和蹬夹腿做准备。

图 12-1-1

图 12-1-2

② 翻脚（图12-1-3）：收腿将结束时，脚仍向臀部靠近。这时大腿内旋，膝关节稍内扣，同时两脚向外侧翻开，勾脚尖，使脚内侧和小腿内侧对好蹬水方向，从而使腿在蹬夹时有一个良好的对水面。

③ 蹬夹水（图12-1-4）：翻脚后，由大腿发力向后蹬水。先伸髋，再伸膝，以大腿、小腿内侧和脚掌内侧向后做急速而有力的蹬夹动作。在蹬夹腿过程中，两腿并拢时略向下压，以形成前后鞭打动作。该动作是推动身体前进的重要动力来源。

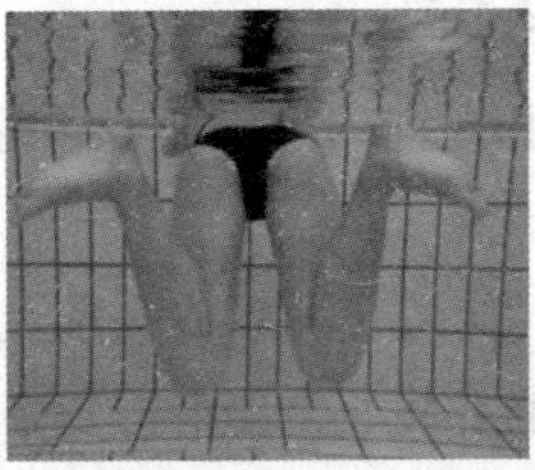

图 12-1-3

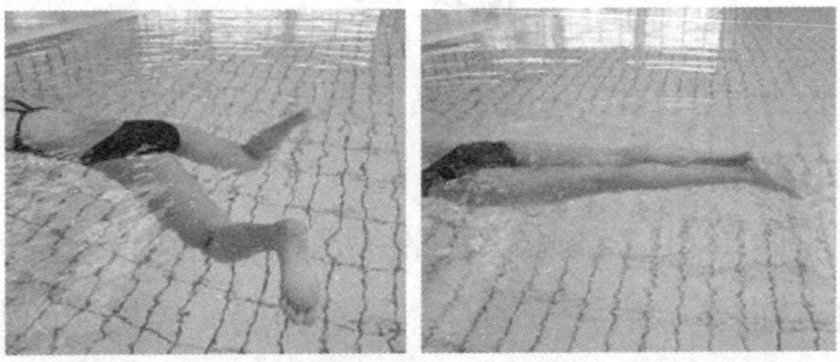

图 12-1-4

④ 滑行（图12-1-5）：蹬腿结束后，腿处于较低的位置，脚距离水面30～40厘米。此时，两腿迅速并拢伸直，身体适度紧张，成流线型，做短暂滑行，准备开始下一个腿部动作周期。

图 12-1-5

（3）臂部动作。

蛙泳的臂部动作对产生牵引力具有重要作用。两臂动作对称、速度一致，可分为开始姿势、抓水、划水、收手、前伸五个连续的步骤，整体路线近似心形。

① 开始姿势：当蹬水、伸臂结束后，身体成流线型向前滑行，手指并拢，掌心向下，两手尽量接近水面，使身体在较高的位置上保持稳定。

② 抓水（图12-1-6）：肩保持前伸，两臂内旋对称外划，掌心转向斜外下方。当两臂间距超过肩宽时，手腕向外、下屈成150° ～160° 。此时，两臂与水平面及前进方向成15° ～20° ，肘关节伸直。

③ 划水（图12-1-7）：掌心从外后转向内后，两臂向斜下方急促拨水。两手划至肩线时，逐渐屈臂提肘，同时加速沿弧线继续划水。整个动作过程，肩部向前伸展，肘高于手。划水结束时，形成高肘姿势，臂与前进方向约成80° ，肘关节的角度为120° ～130° 。

图 12-1-6

图 12-1-7

④ 收手（图12-1-8）：高肘划水完成后，两手倾斜相对向内上移动，同时上臂外旋，两肘逐渐向内、向下靠。

⑤ 前伸（图12-1-9）：收手到下颌前时，迅速推肘伸臂，两手先向前上再向前伸，掌心转向下，肩关节和身体尽量伸展、放松，两臂伸直靠拢，恢复滑行姿势。

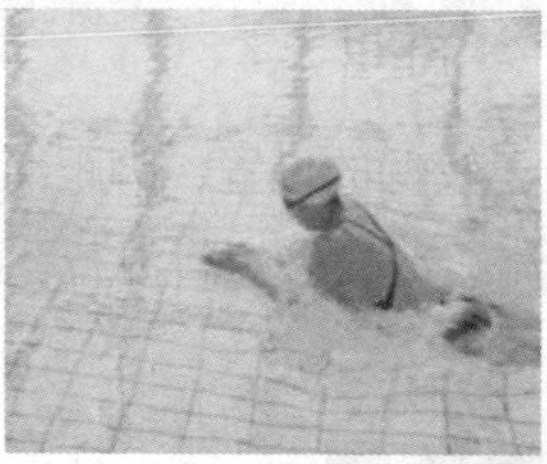

图 12-1-8

图 12-1-9

（4）整体配合。

蛙泳的标准配合是1：1：1，即一次划臂、一次呼吸、一次蹬腿的配合技术。两臂划水时，腿不动，收手又收腿，先伸手臂后蹬腿，手腿并伸漂一会儿。

2. 蛙泳的呼吸方法

蛙泳的呼吸方法有两种：早吸气和晚吸气。

（1）早吸气。

早吸气是在手臂刚开始划水时抬头吸气，吸气时间相对较长；收手和移臂时低头呼气。这种配合易于掌握，可以利用划水时的下压产生升力，从而使上体浮起，抬头吸气。

（2）晚吸气。

晚吸气是划水几乎结束时才开始抬头，吸气时间较短，在身体达到最高点时吸气；收手结束时闭气低头，从两臂开始外划直至划水过程中慢慢呼气。

（二）爬泳

爬泳教学

1. 爬泳的定义

爬泳是身体俯卧在水中，两腿交替上下打水，两臂轮流向后划水的一种泳姿。其动作结构比较合理，推进力均匀，阻力小，既省力又能产生最大速度。因此，爬泳是游得最快的一种泳姿。在游泳竞赛中，自由泳项目运动员可以选择任何泳姿比赛，运动员几乎都用爬泳游进，故爬泳又被称为“自由泳”。

2. 爬泳基本技术

（1）身体姿势。

爬泳时，身体几乎水平地俯卧于水面成流线型，略抬头，使身体纵轴与水平面成3°～5°。在游进中，头部应保持平稳，水齐前额，眼视前下方，后脑勺部分露出水面，身体随划水和移臂动作而不停地、有节奏地沿身体纵轴转动，向每侧转动的角度（两肩连线与水面形成的夹角）为35°～45°。

（2）腿部动作。

爬泳腿部动作主要是起维持身体平衡和配合两臂划水的作用，并能产生一定的推进力。

爬泳腿打水时，两腿自然并拢，两脚稍内扣，以髋关节为轴，由大腿发力，带动小腿和脚在水下做鞭状打水动作。爬泳时，两腿轮流上下交替做打水动作。两脚脚尖距离为30～45厘米，膝关节弯曲度为140°～160°（图12-1-10）。爬泳打腿分为向上打腿和向下打腿，其中向下打腿是产生推进力的主要力量。

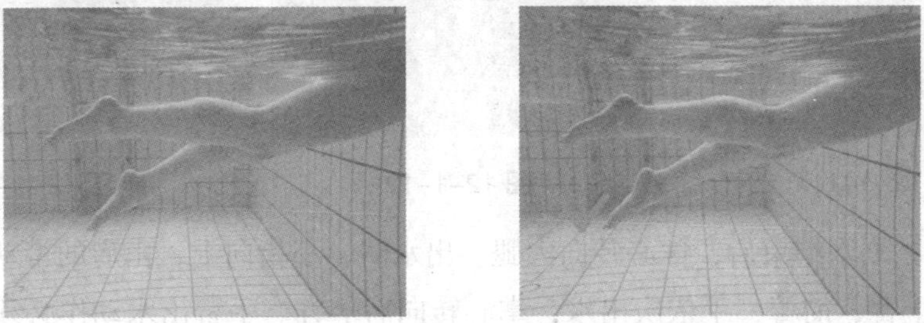

图 12-1-10

向下打腿时，大腿开始向下发力。由于惯性作用，此时小腿和脚仍继续向上移动。当膝关节弯曲约成160°时（此时脚升至水面），腿和脚开始向下移动。

当膝关节尚未完全伸直时，大腿开始向上打水，而小腿和脚仍继续向下，直到膝关节完全伸直。此后，小腿和脚随大腿向上移动。当脚上移尚未升至水面时，大腿开始向下打水，进入下一次打水动作。

（3）手臂技术。

爬泳时，两臂交替向后划水是推动身体前进的主要力量。手臂动作可分为入水、抱水、划水、出水和空中移臂五个阶段。这五个阶段在划水动作中是紧密相连的一个完整动作。

① 入水（图12-1-11）：入水是伸展手臂的水中定位动作，肘关节略屈并高于手，手指自然伸直并拢，掌心朝向侧下方，拇指先入水，入水点在肩的延长线上或在身体中线与肩延长线之间，整个手臂入水的顺序为手、前臂、上臂。

② 抱水（图12-1-12）：抱水是手臂寻找发力点和支撑点的抱“球”动作。手臂入水后，积极插向前下方，手臂伸直，外旋，掌心转向正下方，紧接着屈腕、屈肘，手向后下方移动，保持肘关节高于手的姿势。上臂和前臂与水平面分别约成30° 和60° ，手掌接近垂直对水，肘关节屈至150° 左右，形成抱水姿势。

③ 划水（图12-1-13）：划水是获得推进力的主要阶段，分为拉水和推水两个部分。紧接着抱水阶段进入拉水。在这个过程中，肘关节弯曲的程度逐渐加大，前臂和手的运动速度要快于上臂，手的运动方向主要是向后、向内。当手划到肩的下方时，拉水动作结束。此时手臂与水面垂直，肘高于手，肘关节弯曲90° ～120° 。同时，推水手臂向后移动，肘关节逐渐伸直。手的运动方向是向后、向上、向外。当手划至大腿旁边时，推水动作结束。此时，肘关节几乎伸直。整个划水动作，手的轨迹始于肩前，继而到腹下，最后到大腿旁边，手在水下经历向外、向下、向内、向外、向上的三维动作，移动路线为S形，速度由慢到快，有明显的加速划水动作。

图 12-1-11

图 12-1-12

图 12-1-13

④ 出水：划水结束后，掌心转向大腿。出水时，小指向上，由肩的带动将手臂提出水面，肩、上臂、前臂、手依次出水，掌心转向后上方。手臂出水动作必须自然连贯，前臂和手要放松。（图12-1-14）

⑤ 空中移臂：空中移臂是出水的继续，不能停顿，在移臂过程中，手和前臂放松。上臂以肩为轴向前移动，肘关节经历逐渐屈肘再到逐渐伸肘的过程。在移臂的前半部分，肘领先于手前移。移至肩侧时，手和前臂开始超过肘向前移动，准备入水开始下一轮手臂动作。（图12-1-15）

图 12-1-14

图 12-1-15

（4）两臂的配合技术。

两臂的正确配合是爬泳均速前进的重要条件之一。划水时，依照两臂所处的不同位置，两臂的配合可以分为三种形式，即前交叉、中交叉和后交叉。前交叉是指一臂入水时，另一臂已前摆至肩前方，与平面约成30°。前交叉有利于初学者掌握自由泳动作和呼吸。中交叉是指一臂入水时，另一臂处在向内划水阶段与水平面成90°。后交叉是指一臂入水时，另一臂划至腹下，与水平面成180°左右。

（5）两臂与呼吸的配合技术。

自由泳时，游泳者头向左或向右侧转吸气，头还原后做短暂的憋气，接着呼气。吸气时，头随着身体的纵向转动转向一侧，在低于水平面的波谷进行吸气。转头动作应自然、柔和、稳定、有节奏，避免突然加速或减速而影响动作节奏。吸气后，头回转到位时做短暂憋气，可提高肌体对氧的利用率。当臂在水中划水过一半时开始呼气，气应从嘴和鼻腔中从容地呼出，不宜过分用力，否则会过早耗费储备氧。呼气动作应持续到划水结束，开始转头时才做最后的加速呼气，以排开口、鼻周围的余水，从而有利于吸气。

（6）完整的配合技术。

完整的配合技术，即呼吸、手臂和腿的配合。自由泳时，游泳者一般是在两臂各划水一次的过程中进行一次呼吸，以向右边吸气为例：右手入水后，嘴和鼻开始慢慢呼气。右臂划水至肩下，开始向右侧转头和增大呼气量。右臂推水即将结束，则用力呼气。右臂出水时，张嘴吸气，至空中移臂的前半部为止，并开始转头还原。然后，直至臂入水结束，有一个短暂的闭气过程，脸部转向前下。头部稳定时，右臂入水，再开始下一个慢慢呼气的过程。自由泳的呼吸与手臂、腿配合的形式主要有三种：1∶2∶2（呼吸1次、臂划2次、腿打2次）、1∶2∶4（呼吸1次、臂划2次、腿打4次）和1∶2∶6（呼吸1次、臂划2次、腿打6次）。

（三）仰泳

1. 仰泳的定义

仰泳是人体仰卧在水中进行游泳的一种姿势。仰泳时，游泳者头部露出水面，呼吸方便；躺在水面上，也比较省力，学习起来比较容易。因此，仰泳深受中老年人和体质较弱者的喜爱。仰泳的实用性强，适用于在水中拖运物体，救护溺水者。

2. 仰泳基本技术

（1）身体姿势。

仰泳时，身体要自然伸展，仰卧在水面，头和肩部的位置稍高于腰部和腿部，身体纵轴在水面上构成约为10° 的仰角，腰部和两腿均处在水面下。

在仰泳技术中，头起着“舵”的作用，并可以控制身体左右转动。在整个游进过程中，头应该始终保持相对稳定，不要上下左右晃动。

仰泳时，身体的纵轴应随着两臂划水动作而自然转动，转动的角度根据个人的情况不同而稍有差别。肩关节灵活性较好的人转动角度小，反之角度则大。

在仰泳技术中，腿部动作是身体处于较好角度、保持水平姿势的因素之一。踢水动作不但可以控制身体的摆动，而且能产生一定的推进力。

（2）腿部动作。

腿部动作是身体保持高水平仰姿、控制身体摇摆、产生推力的决定因素。仰泳腿部动作的重点可概括为“上踢下压”，即“屈腿上踢、直腿下压”的鞭打动作。

① 上踢：以髋关节为支点，其中一条腿由大腿发力带动小腿及脚，稍向下移动后用力上踢，此时膝关节微屈，成130° ～140° ，踝关节伸展，脚向内转，动作要有力。注意上踢高度要适中，膝关节不要露出水面，两脚脚跟的上下距离为40～50厘米（图12–1–16）。此时另一条腿稍向下移动，准备上踢。

② 下压：腿向下压的动作是借助于臀部肌群的收缩来完成的。在整个腿下压动作过程中，前2/3由于水的阻力，膝关节充分展开，腿部肌肉放松。当大腿下压到一定程度，停止向下，而过渡到上移。在惯性的作用下，小腿继续向下，而造成膝关节弯曲，因此腿下压动作的后1/3是屈腿完成的。（图12–1–17）

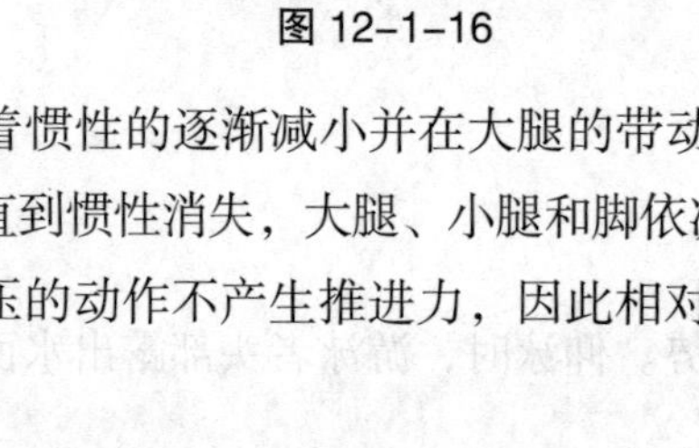

图 12–1–16

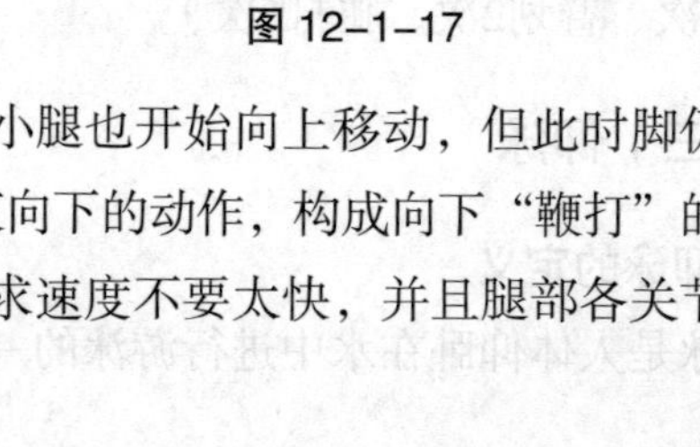

图 12–1–17

随着惯性的逐渐减小并在大腿的带动下，小腿也开始向上移动，但此时脚仍然继续向下，直到惯性消失，大腿、小腿和脚依次结束向下的动作，构成向下“鞭打”的动作。

下压的动作不产生推进力，因此相对地要求速度不要太快，并且腿部各关节要自然放松。

（3）臂部动作。

臂部动作可分为入水、抓水、划水、出水和空中移臂五个阶段。这五个阶段是连贯进行的。

① 入水：随着同侧身体的侧向转动，手臂自然伸直，肩关节外旋，手的小指向下，拇指向上，掌心向外，手与前臂之间的角度为150° ～160° ，入水点在肩延长线与身体纵轴之间。

② 抓水：抓水是为划推水创造有利条件的。当手臂切入水中后，利用移臂的惯性使手臂向外侧下滑并向上、向身后转腕，肩臂内旋，使手和前臂对向划水方向，此时上臂与前进方向成40° ，肘关节成150° ～160° ，使手掌和前臂增大划水面，手掌距离水面30～40厘米。

③ 划水：划水是获得推进力的主要阶段，整个动作由拉水和推水两个部分组成。拉水时，屈肘角度逐渐减小。当划至肩部垂直平面时，手掌离水面约15厘米，前臂和上臂成90° ～110° 。推水时，整个手臂同时用力向下方做推压动作，并借助惯性使上臂带动前臂和手加速内旋推水，随后手掌划至臀部侧下方，距离水面45～50厘米，以前臂带动手掌下压划水，直至划至大腿一侧手臂伸直时推水结束。整个过程，手掌轨迹成S形，速度由慢到快，划水后期有明显的加速动作。

④ 出水：推水结束，手臂立即外旋，掌心向大腿侧，先压水后提肩，肩部露出水面后，带动上臂、前臂和手依次出水。

⑤ 空中移臂：手臂出水后，自然伸直，由后向前迅速向肩前移动，肩关节充分伸展。当手臂移至肩的正上方后，手臂外旋，掌心外翻，随后重复入水动作。

仰泳时，两臂动作始终是对角交替的。当一臂完成出水时，另一臂抓水；当一臂空中移臂时，另一臂划水。

（4）仰泳的配合技术。

① 双臂配合：一般情况下，当一臂出水时，另一臂刚好入水；当一臂处于划水中段时，另一臂在空中移臂至一半。在整套臂部动作中，两臂几乎都处在完全相反的位置上，这样配合能保证动作的连贯性和速度的均匀性。

② 臂与呼吸的配合：一般情况下是两次划水、一次呼吸，即以一只手臂为标准，开始出水移臂时吸气，其他阶段慢慢呼气；高速游进时，也有一次划水、一次呼吸的技术。需要注意的是，呼吸过于频繁会导致动作紊乱。

③ 腿与臂的配合：在划水过程中，腿的上踢和下压动作要使身体保持平衡与协调，避免身体过分转动和臂部下沉。现代仰泳技术一般采用6次打腿、2次划臂的配合，也有少数人采用4次打腿、2次划臂的配合。

（四）蝶泳

1. 蝶泳的定义

蝶泳是游泳项目之一，又名海豚泳。其臂、腿动作与爬泳技术极为相似。蝶泳的动作特点是身体起伏大，在臂、腰、腿的配合上要求柔韧、连贯、快速、有力。故初学者游泳时不宜先学蝶泳。

2. 蝶泳的基本技术

（1）身体姿势。

游蝶泳时，身体俯卧于水中，整体动作从头、颈、躯干到脚沿身体纵轴做传动式、波浪形起伏，但身体姿势力求相对稳定，起伏不宜太大，且应形成节奏。

（2）躯干和腿的动作。

蝶泳时，腰部发力，带动大腿、小腿及脚进行上下鞭状打水动作。向下打水时，两腿并拢，脚掌稍向内旋，踝关节伸直，屈膝，脚抬至水面，向后下方快速打水。同时，臀部升高，大腿和躯干约成160°，脚跟距水面约50厘米。向上打水时，两腿伸直向上移动，臀部下降，髋关节逐渐展开，身体几乎成水平。随即，大腿下压，膝关节随之逐渐弯曲，脚再次上抬，准备向下打水。

（3）臂部动作。

蝶泳的臂部动作是推动身体前进的主要动力，两臂同时对称进行，包括入水、抱水、划水、出水和空中移臂五个部分。

① 入水：入水以拇指为先，两手距离约与肩同宽，掌心向两侧，手指向下，入水点在两肩的延长线上。

② 抱水：手臂入水后，迅速向外、向后、向下滑动，屈臂高肘，手掌内转，成抱水姿势，前臂与水面约成45°，两手距离略比肩宽。

③ 划水：屈臂向后，上臂内旋，前臂和手加速向内后拉水，划至腹部后，掌心转向后上方，继续推水至大腿旁。划水过程中，两臂路线成双S形。

④ 出水：划水结束后，手臂充分伸直。借助加速推水的惯性，提肘，迅速将两臂和手带出水面。

⑤ 空中移臂：臂出水后，从身体两侧，沿低而平的弧线，经空中快速向前移动。

（4）整体配合。

蝶泳一般采用1：1：2的配合方式，即呼吸1次、两臂划水1次、腿打2次。两臂入水时，两腿第1次向下打水，同时以口鼻慢慢呼气；两臂进入划水阶段时，两腿上抬并第2次向下打水，划水至胸腹下方时，头部开始抬起，用力呼气；两臂出水并空中移臂时，两腿完成上抬动作，并迅速吸气。

三、水中救护

水中救护是指在水中发生意外事故时，溺水者进行自我救护或施救者实施救护的措施。救护的目标有两个：一是保证施救者自身安全；二是正确施救，安全救出溺水者。水中救护可以分为间接救护、直接救护和自我救护三种。

（一）间接救护

在水中救护时，能够使用救护器材的，尽可能使用救护器材，特别是溺水者正在呼救、挣扎时，离岸较近的人可利用竹竿、浮球、救生衣、救生圈、木板等进行救护。在利用救生器材施救的同时，施救者也要避免因为不正当的施救方法对溺水者造成的伤害。施行间接救护时，施救者主要应注意以下几点。

（1）使用竹竿、棍棒、救生钩等硬质延伸物时，应注意伸出处是否过于尖锐，是否会刺伤溺水者；应先向溺水者身侧伸出延伸物，再将延伸物横向移动到溺水者近处。

（2）抛掷救生器材同样要避免砸伤溺水者，应将救生器材掷过溺水者头部，再将其拖回。使用救生绳施救时，施救者应自己握住救生绳的一端，不能将救生绳系在手腕或缠绕在身上，以避免被溺水者拉下水。

（二）直接救护

在不能实施间接救护的情况下，施救者可采用直接救护。实施直接救护时，施救者应注意下列几点。

（1）观察。施救者下水前必须仔细观察溺水者被淹地点、浮沉等情况。若溺水者已昏迷，则施救者应注意首先把溺水者的头部托出水面，再将其拖带回岸边；若溺水者正在水面挣扎，则施救者尽量从溺水者背后接近溺水者，避免被其抱住。

（2）下水。施救者在对水域情况不了解的情况下，下水时最好是腿部先下，切忌头部先下的跳水方式。救助急流中的溺水者，施救者应在溺水者上游斜前方下水，向溺水者游去。

（3）接触。施救者游至距溺水者3米处，处于安全位置后下潜至溺水者髋部以下，做施救技术动作。施救者假如被溺水者抱住，应用下文介绍的水中拖带法或其他直接有效的方法进行救护。对于已经昏迷的溺水者，施救者施救的同时应注意尽量不要放开溺水者，避免溺水者沉入水中。

（4）水中拖带。施救者能控制溺水者后，应采用合理、省力的拖带方式将其拖回岸边。抓臂拖带不易使溺水者头部露出水面，托颈拖带易使溺水者与施救者脱离。下面介绍几种较稳妥的拖带方法。

① 穿背抓臂带人法。该法易于观察游向，且省力，在水域较大或单人拖运距离较长时采用。施救者手臂从溺水者一侧腋下穿过，抓住溺水者另一侧上臂，用单手侧游或单手蛙泳拖带溺水者，使溺者口鼻始终露出水面。

② 托臂带人法。该法一般用于拖带女士或儿童。施救者在溺水者背后两手托溺水者同侧腋下，稍含胸收腹，用反蛙泳技术进行拖带，拖带时使溺水者的口鼻始终露出水面。

③ 挟胸带人法。该法一般用于短距离拖带。施救者手臂从溺水者颈部一侧穿过，手伸至溺水者另一侧腋下，将其抱住，用单手侧游技术进行拖带，拖带时使溺水者的口鼻始终露出水面。

（三）自我救护

（1）漂浮。在没有救生器材可用时，溺水者应依靠身体的浮力，在水中漂浮待援。不论哪种状况，溺水者在水中求生都要做到镇定、自信，利用最少的体力维持最长的时间，达到求生的目的。常见的漂浮方式如下。

① 十字漂。吸气后，全身放松俯漂在水面，两腿并拢，两臂自然伸展，静静漂浮于水面。待需要吸气时，两手划至下颌处向下、向外压水，顺势抬头吐、吸气，随即低头闭气恢复漂浮姿势。

② 水母漂。两脚与两手向下自然伸直，成水母状漂浮于水中。换气时，两手向后、向下压划水，两腿夹水，抬头使面部露出水面呼吸。

③ 俯卧漂。俯浮，两臂向前伸直，与背部在同一水平面，两腿自然伸展，漂浮在水面。换气时，上臂向外、向下压划水，抬头使脸部露出水面呼吸。

④ 仰漂。仰浮，身体放松，四肢展开，漂浮于水面。一般男性身体较重，在游泳池等淡水环境中不易平浮于水面，采用两手后伸姿势，可获得较佳浮力。呼吸要领为吸气慢且长，吐气快且短。

（2）手指痉挛。手握拳，用力张开，反复几次，直至痉挛消除。

（3）小腿或脚趾痉挛。用痉挛肢对侧手压住膝关节，同侧手握住痉挛肢脚趾用力上拉，同时痉挛脚伸直。

（4）大腿痉挛。仰浮在水面上，痉挛腿屈膝抬起，使大腿与身体成90°，两手抱住小腿，用力将痉挛腿向身体方向拉伸，从而缓解痉挛。

（5）胃部痉挛。两腿收起，两手抱膝，身体缩起来，仰漂或俯漂在水中，直至症状缓解。

第二节　定向运动

一、定向运动概述

定向运动起源于瑞典。“定向”一词于1886年首次使用，意思是在地图和指北针的帮助下，穿越未知的地带。最初的定向运动只是一项军事活动，军人把在山地里辨别方向、选择道路和越野行进作为军事训练的内容。后来在瑞典和挪威的军营中，军人利用军用地图进行了最初的定向竞赛。

定向运动从军营走向社会始于20世纪初。瑞典的吉兰特于1918年组织了一次名为“寻宝游戏”的活动，引起了人们极大的兴趣。从此，该项活动在北欧广泛开展起来。1919年，一次影响深远的定向比赛在斯德哥尔摩南部的丛林中举行，当时有数百人参赛。这场比赛组织模式较为完善，规格较高，标志着定向运动作为一项独立的体育项目诞生。

20世纪30年代，定向运动已在瑞典、挪威、芬兰、丹麦等国有了较好的发展。1932年，第一次世界定向运动比赛举行。1943年，定向运动传到英国。1946年，美国引入了定向运动。在随后的20年间，加拿大、澳大利亚、法国、德国等国都引入了定向运动。从此，定向运动在西方国家得到了蓬勃的发展。

1961年，国际定向运动联合会（简称“国际定联”）在丹麦首都哥本哈根成立。国际定联确定了正式的比赛项目，制定了一系列的比赛规则与技术规范。国际定联的成立标志着定向运动进入崭新的发展时期。现在，每年一届的世界定向锦标赛越来越成熟，影响也越来越大。国际军事体育理事会已将定向运动列为世界军人运动会的正式比赛项目。定向运动也是国际大学生体育联合会大力推广的运动项目。

1992年，国际定联批准中国以中国定向运动委员会的名义加入，中国成为国际定联的正式会员。1995年，中国定向运动委员会正式更名为“中国定向运动协会”。2018年，中国定向运动协会与中国无线电运动协会合并，更名为“中国无线电和定向运动协会”。中国无线电和定向运动协会积极推动定向运动在国内的发展，每年在全国范围内组织全国定向锦标赛和全国旅游城市定向系列赛。赛事的组织工作与国际惯例接轨，裁判规则与技术标准完全按照国际定联颁布的规范实施。目前，定向运动在我国初具规模，并且呈现出强劲的发展势头。

二、定向运动的器材与场地

不同等级、不同类型的定向运动所需的物质条件也不尽相同。下面介绍个人徒步定向所需的基本物质条件，原则上它们也适用于其他定向运动项目。

（一）器材

定向越野—装备图集

1. 号码布

号码布的尺寸不应大于25厘米×25厘米，号码数字的高度不小于10厘米，字迹要清晰，字体要端正。正规的比赛要求运动员将号码布佩戴于胸前和后背两处。

2. 指北针

指北针多由赛事组织者提供，如要求运动员自备，则赛事组织者可能会对其性能、类型做出原则上的规定。指北针类型主要有简单式、液池式、透明式、照准式和电子式。

目前，国际定向比赛常使用由透明有机玻璃材料制作的指北针。

3. 检查卡片

检查卡片主要用于判定运动员的成绩。检查卡片用厚纸片制成，分为主卡和副卡两个部分。主卡由运动员在比赛中携带，并按顺序将每个检查点的点签图案印在空格中，到达终点时交裁判员验证。副卡在出发前交工作人员留底并在公布成绩时使用。

4. 地图

地图是定向运动最重要的器材，它的质量直接影响着运动员的比赛成绩，关系着比赛的公正性和专业性。因此，国际定联专门为国际定向比赛制定了地图的制图规范。

5. 点标旗

检查点用于检验运动员是否按规定跑完全程。检查点应在地图上被准确地标示出来。每个检查点应用点标旗标示。

点标旗由三面正方形标志旗连接组成。每面小旗沿对角线分为两个部分，左上部为白色，右下部为橙色。每面小旗的尺寸为30厘米×30厘米，可以用硬纸壳、胶合板、金属板、布等材料制作。（图12–2–1）。

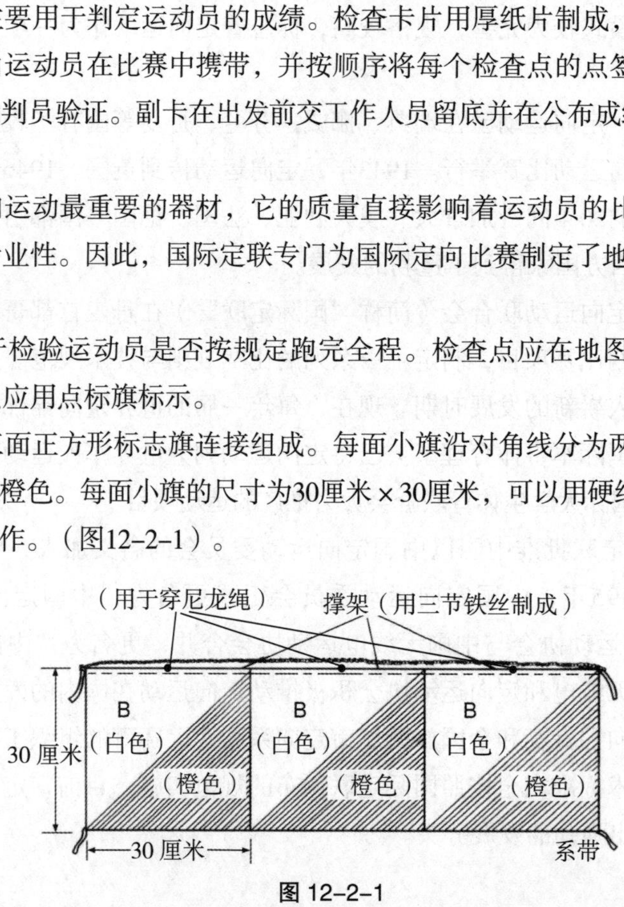

图 12–2–1

点标旗应悬挂在地图上标明的与检查点说明一致的特征的某一位置。点标旗的悬挂高度：上缘离地面不超过1米，下缘离地面不低于0.4米。

6. 打卡器

为了检验运动员是否通过了比赛中的各个检查点，运动员必须在每到达一个检查点时，使用打卡器在卡纸上打卡，以此证明其确实到达此点。

（1）钳式打卡器。

钳式打卡器（图12-2-2）用弹性材料制成，顶端装有钢针。钳式打卡器通过钢针的不同排列方式可以印出不同的图案印痕。

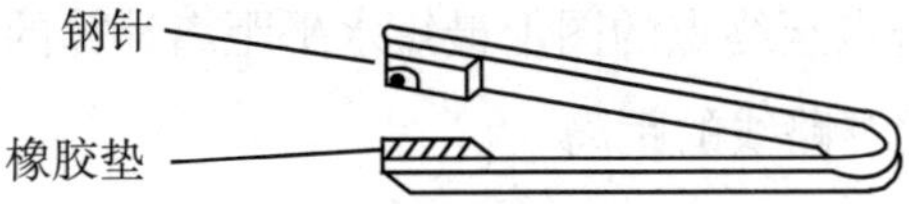

图 12-2-2

（2）电子打卡器。

现在国内外大型定向比赛多用电子打卡器（图12-2-3）打卡。电子打卡器不仅能证实运动员是否正确通过检查点，还能同时记录其通过各个检查点的时间。

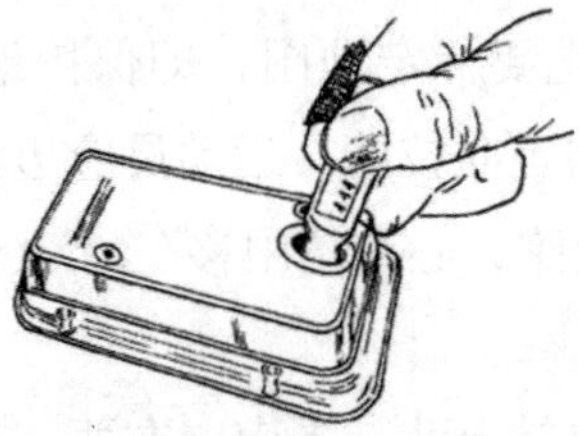

图 12-2-3

（二）场地

1. 比赛区域的地形

地形是地物和地貌的总称。地物是指地面上的固定物体，如建筑物、道路、河流、树木等。地貌是指地面的高低起伏状态，如山地、丘陵、平地、洼地等。地形对定向比赛的难易程度和用时有较大的影响，因此举办方要根据比赛需要选择地形。

比赛区域的地形应符合以下要求。

（1）要有与比赛的等级相适应的难度，并保证该地形能够使运动员充分发挥自己的定向技能。

（2）比赛区域必须是所有运动员都不熟悉或不太熟悉的，避免赛区当地的运动员因熟悉地形而在比赛中不正当获益。为保证这一点，有的国家规定，三年内不得在同一地点举行第二次比赛。

（3）比赛区域的选择与确定在赛前必须严格保密。通常情况下，合格的定向比赛区域应符合下列条件：中等起伏的森林地带，植被适度；地形多样的有限通视区域；人烟稀少的地区。当然，在组织一般定向活动时，城市公园、近郊区等也是可供选择的地点。

2. 起点和终点

定向比赛的起点和终点最好设置在同一处，这样方便比赛的组织。起点和终点一般设在地势平坦且面积足够大（与比赛规模相适应）的开阔地上，这样才能让裁判人员与观众看清楚跑回来的运动员。

3. 比赛路线

定向比赛路线通常按环形设计。比赛路线的距离只是相对准确的数字，原因在于它是根据从起点经各个检查点至终点的图上最短水平距离计算的。举办方一般根据运动员的水平和比赛时间确定比赛路线的距离。

三、定向运动基本技能

（一）标定地图

在定向运动中，运动员首先要标定地图，即保持地图的方位与实际地形的方位一致。标定地图是一项十分重要的定向技能。运动员应边走边对照地图，随时确定自己在地图上的位置，做到“人在路上跑，心在图中移”。

1. 概略标定地图

在定向运动中，地图的方位是上北、下南、左西、右东。只要使地图的上方与实地的北方同向，地图即被标定。

2. 利用指北针标定地图

指北针是定向运动中重要的器材，是常用的定向工具。正常情况下，指北针的红色指针总是指向北方。

利用指北针标定地图的方法如下。

（1）将地图和指北针水平放置。

（2）转动地图，直到地图上的指北线与指北针的红色指针平行，此时地图即被标定。

3. 利用直长地物标定地图

利用直长地物（道路、土垣、沟渠、高压线等）标定地图时，运动员应先在地图上找到这个直长地物，概略标定地图后，使地图上的直长地物符号与实地直长地物方向一致，地图即被标定。

4. 利用明显地形点标定地图

在利用明显地形点标定地图时，运动员可首先确定站立点在地图上的位置，然后选择一个地图上与实地都有的远方明显地形点作为目标点，并转动地图，使地图上的站立点至目标点的连线与实地的站立点至目标点的连线重合，地图即被标定。

（二）确定站立点

标定地图后，运动员应立即确定站立点在地图上的位置，这是在实地使用地图的关键。具体方法有直接确定法、目估法、交会法等。

1. 直接确定法

当所站的位置在明显地形点时，运动员只要从地图上找出该地形点，站立点即可确定。实地可称得上明显地形点的地物包括房屋、塔、桥梁、围栏、输电线等；可称得上明显地形点的地貌包括山地、谷地、洼地、鞍部、冲沟、陡崖、山脊、陡坡等。

2. 目估法

目估法是指运动员利用明显地形点，采用目视大致估计的方法确定站立点在地图上的位置。

3. 交会法

交会法包括90° 法、截线法和后方交会法。

（1）90° 法。当待测点位于线状地形（道路、沟渠、山背线、谷底线、坡度变换线等）上时，如果运动员在与行进方向垂直的方向上能够找到一个明显地形点，则线状地形符号与垂直方向线的交会点即站立点。

（2）截线法。当待测点位于线状地形上，且在与运动员行进方向垂直的方向上没有明显地形点时，运动员可以采用截线法。具体方法如下：在线状地形的侧方选择一个地图上与实地都有的明显地形点，利用指北针的直长边缘切于地图上明显地形点的定位点上，然后转动指北针，使其直长边对准该地形点，沿指北针的直长边向后画方向线，该方向线与线状地形符号的交点就是站立点。

（3）后方交会法。当待测点上无线状地形可利用，且地图与实地都有两个以上的明显地形点时，运动员可采用后方交会法。运用此方法时，通常要求地形较开阔，通视度良好。运动员在地图上找到选定的方位物之后，标定地图；然后按照截线法的步骤分别向各个方位物瞄准并画方向线，地图上方向线的交点就是站立点。

（三）选择路线

什么是最佳行进路线？简单来说，最佳行进路线是最安全、省时间、省体力且便于运动员发挥自身的运动技能及体能优势的路线。运动员选择路线时应遵循以下原则。

（1）有路不越野原则：运动员在道路上容易确定站立点，且路面易奔跑，更能增强运动员的信心。

（2）走高不走低原则：也就是从上到下原则。运动员站得高才能看得远，有利于确定站立点和保持行进速度。

（3）提前绕行原则：在定向比赛中，运动员必须超前读图，提前思考，明确下一个目标点，通观全局，提前选择最佳的迂回行进路线。

（四）保持正确行进方向

选择最佳行进路线后，运动员必须采取相应的方法，才能确保正确的行进方向，从而安全到达目的地。常见的保持正确行进方向的方法有记忆法、拇指辅行法、扶手法、简化法等。

1. 记忆法

记忆法一般是运动员按路线行进的顺序，分段记住路线的方向、距离，以及要经过的地形点和周围的参照（辅助）物。运用此法时，运动员应做到“人在地上跑，心在图中移”，这样可以减少读图时间，提高运动成绩。

2. 拇指辅行法

在定向运动中，运动员常把拿地图手的拇指想象为自己（缩小到地图中的自己）。当运动员行进时，其拇指也在地图上做相应的移动，这种方法称为拇指辅行法。拇指辅行法可以帮助运动员随时确定自己在地图上的位置。

3. 扶手法

在定向运动中，运动员常把实地的线状地物（如各种道路、溪流、输电线、地类界等）比喻为人们上下楼梯时的安全扶手，以此作为行进的引导。利用扶手法，运动员可以较容易和安全地到达目的地。

4. 简化法

运动员在读图时要学会概括地形和简化地图，尤其是在一些零碎而杂乱的区域时，更要注意概括该区域的地形结构，抓住主要的地形特征，从而把复杂的地图在脑海中描绘成一幅简化的地图。

（五）正确寻找检查点

运动员到达检查点附近后，如何正确寻找检查点是十分关键的。运动员掌握以下方法有助于迅速找到检查点。

1. 偏向法

当穿越没有明显地形特征的地带时，运动员要想寻找一个交叉口、一条路的尽头或面状地物的侧顶点，不能正对着这一目标点直接去找，而应采用稍微偏离目标点方向瞄准的方法，先选择一个线状地物作为目标点，再顺着线状地物找到目标点。（图12-2-4）

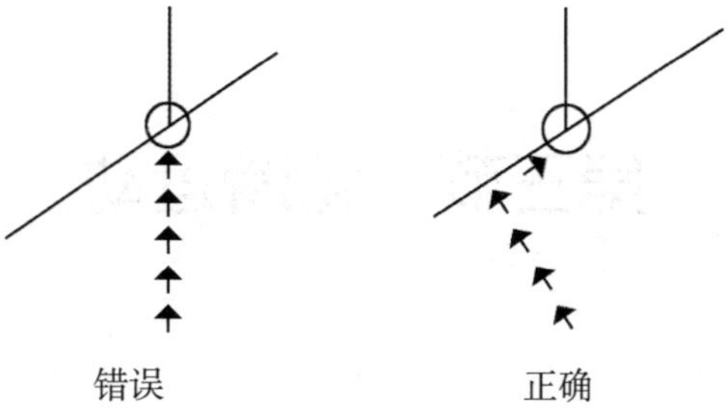

图 12-2-4

2. 放大法

若目标点所在地较小，运动员只能看到很小的一块地形，是很难找到它的，这时就需要采用放大法。放大法要求运动员在寻找检查点时尽可能地扩大视野，并从目标点附近大的、明显的地形点找起，然后找到检查点。（图12-2-5）

图 12-2-5

3. 借点法

如果检查点周围有高大的、明显的地形点，则运动员可采用借点法。运动员在行进之前，必须先将地图中比较明显的目标点（地貌或地物）辨认清楚，在行进中先找到这些目标点，再利用其来判断检查点的具体位置。（图12-2-6）

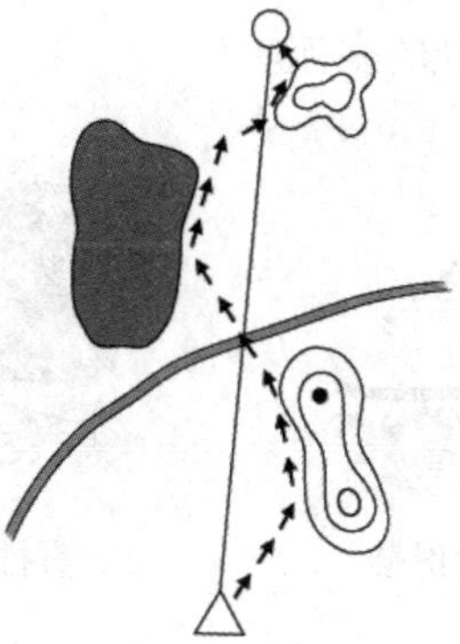

图 12-2-6

第三节　轮滑运动

一、轮滑运动概述

（一）轮滑运动的特点和锻炼价值

轮滑运动是一项集健身、竞技、娱乐、技巧、休闲于一体的全身性运动。轮滑运动要求练习者灵活变换身体重心，维持动态平衡。轮滑运动的腿部用力有侧蹬的特点。练习者在练习过程中必须克服陆地上走或跑时后蹬用力的习惯，建立向侧用力的概念，掌握正确的用力方法。

轮滑运动能提高心肺功能，改善和加强系统代谢，对增强臂部、腿部、腰部、腹部肌肉的力量和各关节的灵活性效果显著，并具有表现自我、挑战自我、增强自信心、培养审美情趣和艺术美感的作用。

（二）轮滑的装备

轮滑一装备图集

1. 轮滑鞋

轮滑鞋根据形式的不同，分为双排轮滑鞋和直排轮滑鞋两种（图12-3-1）。双排轮滑鞋主要应用于花式表演和轮滑球运动；直排轮滑鞋主要应用于速度比赛、轮滑球运动和室内外休闲运动，是目前轮滑鞋的主流。

双排轮滑鞋　　　　直排轮滑鞋

图 12-3-1

2. 护具

护具是易被忽视但又很重要的一项装备，包括头盔、护肘、护腕和护膝。练习者穿戴护具不仅能保护自己，还能让自己保持良好的练习心态。

二、轮滑基本技术

（一）站立、平衡和移动

1. 站立姿势

丁字形站立法

（1）丁字形站立法：左脚脚跟紧靠在右脚的内侧（或右脚脚跟紧靠在左脚的内侧），使两脚成丁字形。两膝微屈，身体重心稍偏于位置居后的脚上，上体略前倾，抬头，眼睛平视前方，身体保持平衡。（图12–3–2）

八字形站立法

（2）八字形站立法：两脚成八字形自然分开，两脚脚跟靠近，两膝微屈。身体重心放在两脚之间，身体保持平衡。（图12–3–3）

平行站立法

（3）平行站立法：两脚分开，与肩同宽。两脚脚尖稍内扣，上体微前倾，两膝微屈。身体重心放在两腿之间，身体保持平衡。（图12–3–4）

图 12–3–2

图 12–3–3

图 12–3–4

2. 原地移动身体重心

原地移动身体重心

【方法要点】在平行站立的基础上，上体向一侧移动，并逐步将身体重心完全移至该侧腿上。待平稳后，上体再向另一侧移动，并将身体重心完全移到该侧腿上。反复练习。

【易犯错误】在练习时，两脚易变成八字形站立，这样在身体重心移动时，会造成身体重心不能完全移到支撑腿上。

【纠正方法】保持两脚并行站立。

3. 原地踏步

原地踏步

【方法要点】在八字形站立的基础上，身体重心移到一条腿上，另一条腿微屈上抬，使脚离地面5～10厘米再落下，身体重心移至另一条腿，交替练习。

【易犯错误】步幅过大，身体重心不稳。

【纠正方法】抬腿要低，速度要慢，当身体重心完全移到一条腿上时再抬起另一条腿。

原地蹲起

4. 原地蹲起

【方法要点】在平行站立或八字形站立的基础上，做下蹲、起立动作，身体重心放在两腿之间，两臂自然打开，以保持身体平衡。（图12–3–5）

图 12–3–5

【易犯错误】在起立时，身体向前屈，再直立，只做腿的蹲伸动作。

【纠正方法】在开始时，可以先做半蹲，速度稍微慢些，再逐渐过渡到深蹲，快速完成，保持身体垂直升降，注意动作的协调性。

两脚原地前后滑动

5. 两脚原地前后滑动

【方法要点】在平行站立的基础上，做一脚向前、另一脚向后的来回滑动练习，两臂端平，配合两腿运动。

【易犯错误】在滑动过程中，身体重心落在一条腿上，身体不能保持平衡。

【纠正方法】身体重心落在两脚之间，两腿伸直，大腿发力做前后滑动练习，或手扶栏杆、扶同伴进行练习。

6. 向前八字走

【方法要点】在丁字形站立或八字形站立的基础上，一只脚向前迈出一小步，脚尖向外成八字形落地，同时身体重心迅速跟上。当身体重心完全落到前脚上时，后脚再抬起向前迈，两脚交替进行，移动身体重心。（图12–3–6）

图 12–3–6

【易犯错误】先迈脚，后移身体重心，前脚会被移动身体重心的惯性推动向前滑走，使身体重心无法落在前脚上。

【纠正方法】小步幅、慢节奏练习。身体重心随迈出的脚前移，脚落地，身体重心跟上。

7. 横向迈步移动

【方法要点】在平行站立的基础上，向右横向迈步移动时，左脚用力蹬地，身体重心左移，右脚向右迈出一步，随之身体重心迅速移至右脚，左脚向右脚靠拢并在右脚内侧着地，身体重心移至左脚，然后换方向练习。

【易犯错误】移动时，脚尖向外，身体重心在两脚之间。

【纠正方法】开始练习时，步子要小。在向右移动时，左脚适当加大蹬地的力量；在向左移动时，右脚适当加大蹬地的力量。可在同伴的帮助下完成练习。

（二）滑行

1. 双滑行练习

【方法要点】在学会向前八字走的基础上，连续走几步，然后两脚迅速并拢，由八字形变为平行，借助惯性向前滑行。动作的关键是身体重心保持在两脚之间。

2. 低姿交替蹬地滑行

【方法要点】两脚八字形站立，膝关节和踝关节微屈，两脚同时蹬地，使两脚同时开始向前滑行，身体重心随之偏向左脚，左腿成支撑腿。右脚在稍加蹬地后迅速收回，向左脚靠拢，脚尖向外侧，落地自然成八字形，同时身体重心移向右脚，左脚开始蹬地，如此交替进行。（图12-3-7）

图 12-3-7

【易犯错误】身体重心落在两脚之间，滑行的步子较小，收腿较快。

【纠正方法】做横向迈步移动练习，逐渐提高单腿支撑能力。

3. 高姿交替蹬地滑行

【方法要点】在低姿交替蹬地滑行的基础上，右脚侧蹬地，身体重心随之移向左脚，成左脚支撑滑行。右脚蹬地结束后，左腿放松收回。当右脚靠近左脚时，身体重心开始回移，左脚开始蹬地。右脚落地后成右腿支撑滑行，然后左腿收回，两脚交替蹬地，交替滑行。

【易犯错误】蹬地后，收腿困难。

【纠正方法】尽量在短促的蹬地动作结束后，马上收腿，膝关节、踝关节全屈，身体重心落在前脚掌处。

4. 向前直线滑行

【方法要点】原地两脚成T字形站立，左脚在前，右脚在后，两腿稍弯曲，右脚内侧蹬地，身体重心慢慢移至左脚；右腿蹬直后，右脚蹬离地面，成左脚向前滑行，然后右脚在左脚的内侧落地后，左脚重复上述动作，成右脚向前滑行。两脚交替向前直线滑行。在整个滑行过程中，两手自然向两侧分开，以维持身体平衡。

【易犯错误】身体重心在两脚之间，不能形成单脚支撑。

【纠正方法】在两脚滑行的基础上，身体重心逐渐移至单脚上，成单脚滑行，另一脚在滑行脚后抬起。

5. 单脚蛇形向后滑行

【方法要点】由平行站立开始，两脚分开约一脚距离，两腿弯曲。右脚蛇形向后滑行时，右脚内侧蹬地，身体重心移向左侧，左脚支撑向后直线滑行，右脚在身体右侧蛇形滑行；左脚蛇形向后滑行动作同右脚蛇形向后滑行，只是左右相反。做蛇形向后滑行时，上体始终保持前倾姿势，两腿保持弯曲，两手在体侧分开侧举。

【易犯错误】在滑行的过程中，身体直立或后仰。

【纠正方法】左脚、右脚各蹬地滑行一次，依靠滑行的惯性两脚平行站立滑行一次，身体保持正确的滑行姿势，反复练习。

（三）滑行停止法

1. 内八字停止法

内八字停止法

【方法要点】在获得一定向前滑行速度后，两脚平行分开站立，随后脚尖内转，两脚以轮内侧柔和地压紧地面。两腿弯曲，上体稍前倾，臀部下蹲，维持身体平衡。

【练习方法】在向前滑行时，两脚平行分开站立，先使右脚脚尖内转，以轮内侧柔和地压紧地面，身体重心稍向左移，反复练习。在能够完成前面动作的基础上，再按照内八字停止法进行练习。速度可由慢到快，循序渐进。

2. T字形停止法

T字形停止法

【方法要点】由左脚向前滑行开始，右脚在左脚后面成T字形放好后，慢慢放在地面上，以轮内侧柔和地压紧地面，减缓向前滑行速度，直到停下来为止。（图12-3-8）

图 12-3-8

【练习方法】原地左脚在前、右脚在后成T字形站立，右脚内侧蹬地，左脚向前滑行，随后右脚在左脚后成T字形停止动作，速度可由慢开始，以便体会动作。在完成上述动作的基础上，加快向前滑行速度，按照T字形停止法进行练习。

3. 双脚急停法

【方法要点】在向前滑行时，两脚同时向顺时针方向急转，两脚与滑行方向成90°压紧地面，同时身体向右急转，身体重心移到右腿上，两腿弯曲，两臂前伸，滑行即可停止。

【练习方法】原地两脚平行分开，按双脚急停法的动作要领，在低速向前滑行中完成双脚急停动作。保持一定的向前滑行速度，两脚平行向前滑行，做双脚急停练习，待熟练掌握后，就可以使用双脚急停法。

4. 倒滑停止法

【方法要点】在向后滑的过程中，两脚变为前后开立，身体重心移到前脚的前方，同时两脚脚跟抬起，后轮离地，制动脚着地与地面摩擦而停止下来；停止时，身体稍前倾，两臂侧举以维持平衡。

【练习方法】手扶栏杆或在同伴的扶持下，原地抬起脚跟，身体稍前倾，以制动器支撑站立。向后慢速滑行，两脚平行站立滑行，随后抬起脚跟，以制动器压紧地面至停止。

（四）弯道滑行

弯道滑行技术跟直道滑行技术有很大的区别。弯道滑行技术的特点在于练习者用交叉步滑行，由于向心力的作用，上体不仅前倾，还要侧倾。

1. 走步转弯

【方法要点】在向前做八字走或半走半滑时，若向左转弯，在每一次脚落地时脚尖都向左转动一点，身体也随之向左转动一点，逐渐形成弧形的走滑路线。若向右转弯，则动作方向相反。

2. 惯性转弯

【方法要点】在滑行获得了一定的速度后，两脚平行稍靠近些，若向左转，则左脚略靠前，右脚靠后，身体重心落在两脚之间靠近前脚1/3处，前腿略弓，后腿蹬直，身体重心压在左脚和右脚的左侧，利用惯性向左侧滑一较大的弧线。若向右转，则动作方向相反。

3. 短步转弯

【方法要点】在学会慢的转弯技术的基础上，身体姿势较低，若向左转，则身体重心完全落在左腿上，甚至超出左腿的支点，右脚向右侧蹬地后迅速收回，靠近左脚落地做非常短暂的支撑；此时左脚迅速向左稍转脚尖，右脚再迅速向侧蹬出，连续做此动作就可以加速转弯。若向右转，则动作方向相反。

4. 左脚支撑，右脚连续蹬地滑行

【方法要点】从站立姿势开始，左脚蹬地后迅速向右脚并拢，接着右脚做一次蹬地动作，左脚继续做前外曲线滑行。

5. 在圆弧上不连贯的交叉步滑行

【方法要点】在圆弧上用直线滑行方法，中间插入弯道交叉步。当左脚稳定时，右脚向左脚左前方迈一小步。只要右脚有短暂的滑行之后，左脚就迅速从右腿后方收回，同时右脚蹬地，左脚直线滑行，反复练习。

第四节　飞镖运动

一、飞镖运动概述

飞镖运动是一项充满乐趣和挑战的游戏、竞技比赛。飞镖运动历史悠久，起源于15世纪的英格兰。20世纪70年代初，飞镖运动迅速传播至整个欧洲大陆。在4～5平方米的空间打飞镖，可以让人们一起动手健脑，趣味十足地度过一段轻松、快乐的时光。

20世纪80年代，飞镖运动传入我国。1999年5月，国家体育总局将飞镖运动列为正式体育竞技项目，从此各地都掀起了“飞镖热”。如今，越来越多的人参与到这项运动中，享受着这一休闲运动带来的乐趣。

（一）飞镖的特点

1. 群众性

飞镖运动简便易行，不限场地、时间。人们玩飞镖不必非得在运动场馆，在家里也可以；只要有时间，哪怕只有一两分钟，也能玩一局。因此，飞镖运动具有广泛的群众性。

2. 娱乐性

飞镖运动具有很强的娱乐性。如果一个人感觉无聊，玩飞镖可以解除烦闷。对于大多数人来说，飞镖运动是一项能使人兴奋的游戏。

3. 技巧性

进行飞镖运动，运动者不需要有发达的肌肉和超强的耐力，只要掌握了投镖的窍门，就可以成为不错的镖手。飞镖运动具有很强的技巧性，需要运动者慢慢琢磨，用心体会。

4. 竞争性

对于有些飞镖爱好者来说，没有竞争就没有刺激。运动者可以按照国际比赛规则进行一场比赛，不限人数和场地。要想赢得比赛，运动者需要有超强的毅力、过人的技术，以及努力拼搏的精神。

（二）场地及器材

1. 场地

以靶心为基点，镖盘垂直地面悬挂于离地1.73米高处；投掷飞镖时，应站在距靶面水平距离2.73米处；靶心至投掷线的垂直距离应为2.93米。

2. 器材

（1）飞镖。飞镖分硬式飞镖和软式飞镖两种。硬式飞镖的镖针是钢质的，非常尖利，镖靶一般是琼麻靶和纸靶；软式飞镖的镖针是用尼龙做的，镖针比较钝。两种飞镖的形状和质量也有区别，常见和常玩的以硬式飞镖居多。飞镖由镖尖、镖管、镖杆及尾翼四个部分组成（图12-4-1）。飞镖的质量一般为20～30克。

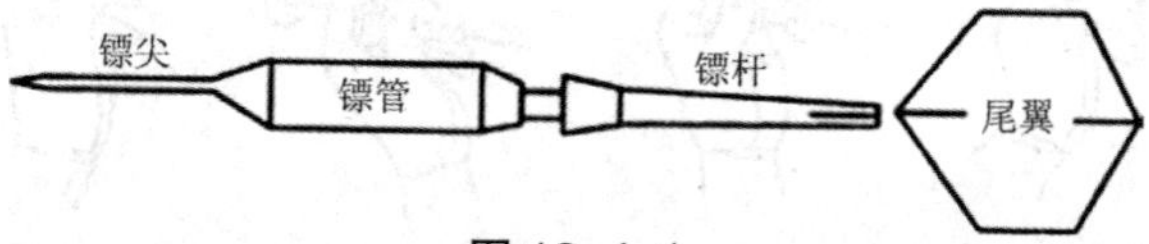

图 12-4-1

（2）镖盘（图12-4-2）。镖盘又称为镖靶。镖盘由塑料制成，靶面多蜂巢孔，安装有自动计分器。飞镖靶面中间红心为50分，红心外次圈绿色区域为25分。靶面外围大环为双倍区，即投中该区域按所对应分值乘2计算得分。内圈中环为三倍区，即投中该区域按所对应分值乘3计算得分。例如，飞镖投中20分值区外环双线内，得分应为20×2=40分；飞镖投中20分值区中环双线内，得分应为20×3=60分。

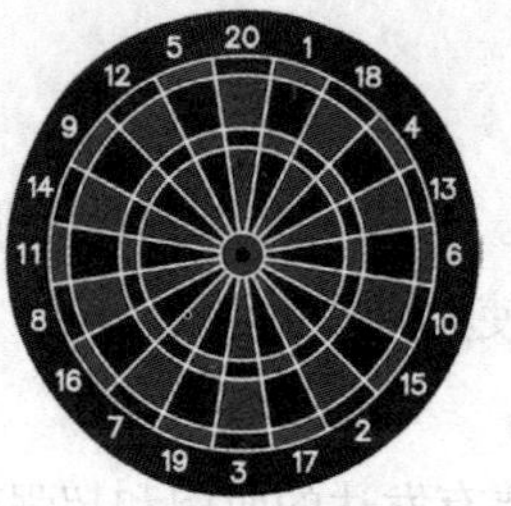

图 12-4-2

二、飞镖的技术

（一）基本技术

1. 飞镖的选择

使用多大质量的飞镖取决于个人的偏好和力量。投掷质量较小的飞镖需要的力量较小，投掷的稳定性和准确性较差。

2. 握镖的方法

握镖的方法不是绝对的，运动者感觉合适即可。为保证飞镖在空中飞行稳定，握在飞镖的重心处是非常重要的。握镖的方法有两指握镖法[图12–4–3(a)]、五指握镖法[图12–4–3(b)]、毛笔式握镖法[图12–4–3(c)]、三指握镖法[图12–4–3(d)]等。其中，毛笔式握镖法的稳定性最佳。

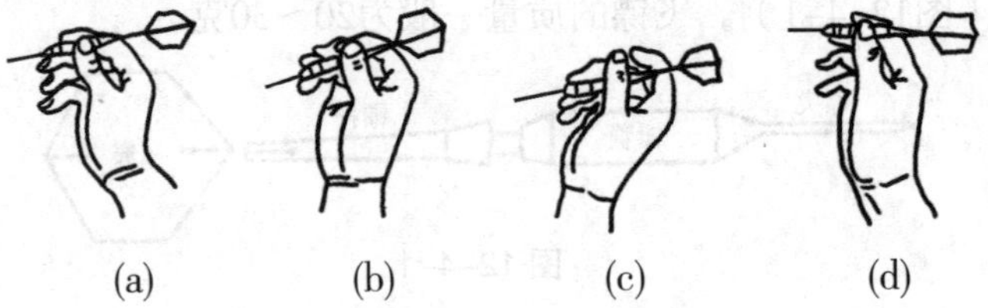

图 12–4–3

3. 站立姿势

每一个运动者都有自己习惯的站立姿势，站立姿势的重点是两脚的位置。掷镖时，两脚一般有三种基本站立姿势（图12–4–4）。飞镖运动是一项室内休闲运动，因此只要运动者长时间站立不感到疲劳，无论采用哪种站立姿势都是可以的。

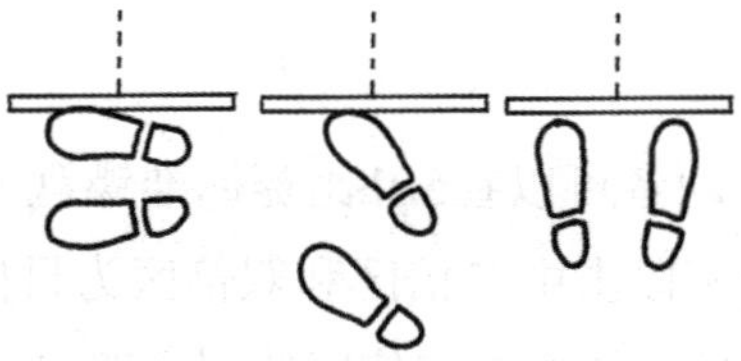

图 12-4-4

站立姿势的基本要求是舒适、稳定、平衡。身体重心略放在右脚上，身体正直，面向镖盘。

4. 投镖

在准备状态时，投掷臂的上臂与前臂成一定的角度，手腕放松。投掷时，身体保持稳定，减少上臂摆动，由前臂发力，投出飞镖。投镖的动作要连贯。

投镖动作包括预备动作、送镖运动和顺势动作。预备动作要求全身放松，握住飞镖，两眼盯住目标，肘关节自然抬起，投掷臂上臂与地面基本保持平行，稍向后引镖，置于身体前方（或体侧前方）。送镖时，前臂以肘关节为支点发力，带动手腕和手，保持平直状态，向前摆动，手指自然松开，将飞镖送出。送出飞镖后，手臂应自然向前跟进，向镖盘方向伸出，然后自然下垂。（图12-4-5）

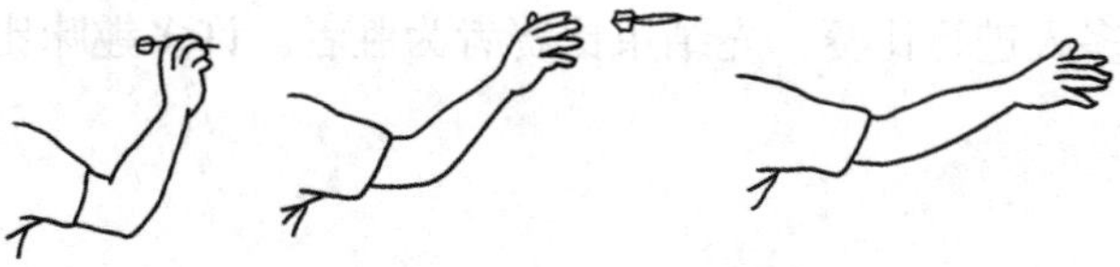

图 12-4-5

投镖的稳定性是投镖动作的关键，也是投镖准确率的关键。

（二）投镖的技巧练习

1. 红心练习

对于初学者，红心练习必不可少。在我国，镖盘通常有两面，一面是501比赛标准镖盘，另一面是类似于射击用的靶盘。靶盘的中心是一个红心，以红心为中心分成9个圆环，红心代表10环，由外到内分别代表其他9环。红心练习指的就是利用靶盘，以红心为目标进行投镖技巧练习。

2. 随意练习

随意练习并不是指随便投镖，而是指在第一镖投出后，不管是否击中目标区，随后的第二镖和第三镖以第一镖击中的区域为目标，使第二镖和第三镖尽量接近第一镖。这样的随意练习有助于保持投镖动作不变形，逐步使投镖动作定型，从而提高投镖准确率。

3. 单倍区练习

有了一定的基础后，运动者可以在501比赛标准镖盘上进行单倍区练习。单倍区练习以击中单倍区为目标，而不以击中三倍区和双倍区为目标。由于单倍区区域较大，相对来说，单倍区练习较为容易，其是在三倍区练习和双倍区练习之间的必经阶段。

单倍区练习的重点是击中目标分数区。501比赛标准镖盘是典型的“时钟”式，盘面分为单倍区、双倍区、三倍区三个部分，单倍区被三倍区分割成两个部分。运动者在进行单倍区练习时，可以从高分值的20分区开始，然后是19分区、18分区……依次进行练习。练习时注意，不以击中三倍区和双倍区为目标，而要确保击中该分区。例如，在进行20分区练习时，飞镖进入左右的5分区或1分区，则投镖失败。

4. 三倍区练习和双倍区练习

三倍区和双倍区练习与单倍区练习基本相同，同属于“绕时钟”或“走圆号”的方法。运动者从高分值的20分区开始，然后是19分区、18分区……依次进行练习，所不同的是，以击中三倍区和双倍区为目标，要确保击中该分区三倍区和双倍区。若飞镖进入单倍区，则投镖失败。在进行三倍区练习和双倍区练习时，运动者也可以从低分值的1分区开始，然后是2分区、3分区……依次进行练习；同时还要增加黑心和红心的练习，绕完时钟后，以击中黑心和红心结束练习。上述练习既可以作为平时的训练，又可以两人或多人进行比赛，先结束比赛者为胜者。许多趣味比赛都是在此基础上发展而来的。

5. 重点练习

在实际比赛中，每一个分数区作为击中目标的概率并不是相同的，分数的组合千变万化。因此，运动者可以根据分值和个人的偏好有重点地进行练习。从分值看，运动者可选取分值大的分数区，如20分区、19分区、18分区。如果运动者的身材不高，那么选取19分区比较合适，而不是20分区。重点练习还可以考虑个人的偏好，根据个人对数字的偏好和自己的习惯。如有的人习惯于最后一轮的三镖为某一偶数，则可通过18的双倍、9的双倍等固定组合结束比赛。通过重点练习，运动者要形成自己的“绝活”，在某几个分数区有十拿九稳的把握，通过分数的巧妙组合，在比赛中取得事半功倍的效果。通常运动者以以下几个分数区作为练习的重点：20分区、19分区的三倍区和双倍区、红心。

6. 小比赛

在有了一定的基础之后，运动者可以尝试一下比赛。这些比赛通常净数较小，一镖或几镖就可以完成，如51分比赛，投中一个17分区的三倍区就可以完成；57分比赛，投中一个19分区的三倍区就可以完成；等等。

通过以上净数较小的比赛，我们能够初步体验到正式比赛的感觉。在比赛中，20分、19分、18分等高分值分区的高命中率是取得胜利的关键。

第五节　跳　绳

一、跳绳概述

（一）起源与发展

跳绳在中国具有悠久的历史，南宋以来每逢佳节都有跳绳活动。清代人潘荣陛的《帝京岁时纪胜》在记录清代元宵节民间娱乐活动时，称跳绳为“跳白索”。《松风阁诗钞》中有诗记载：“白光如轮舞索童，一童舞索一童唱，一童跳入光轮中。”这种加伴唱的跳绳游戏，娱乐性很强。17世纪初，荷兰船队途经中国时，荷兰人看到中国孩子玩的跳绳游戏感到非常有趣，船员们竞相模仿，“跳白索”便随着荷兰船队漂洋过海地传播到海外。跳绳在不断的演变和创新中得到了发展，现今的跳绳在传统跳绳的基础上，融合健身操、舞蹈、音乐、杂技等技术动作，注入了时尚元素，更具有吸引力。目前，跳绳已成为大众非常喜爱的融健身、竞技、休闲娱乐为一体的体育运动项目。

（二）特点与功能

1. 特点

（1）简单易行。

跳绳项目不受场地的限制，街头巷尾、厂矿乡野、社区学校，只要是地面平整且无安全隐患的空间，都可以成为跳绳的练习场地。跳绳器材简单便宜，小巧便携。跳绳运动灵活多样，不受人数、性别及年龄的限制，是一项适合各年龄段群众参与的体育运动项目。从运动量来说，持续跳绳10分钟，与慢跑30分钟或跳健身舞20分钟相差无几。跳绳是一项耗时少、耗能大的有氧运动。

（2）花样繁多。

跳绳运动创意无穷，运动者可根据自己的身体特点选择适合自己的动作，激发自己的创编灵感，创造出新的花样。每当成功掌握一个新动作时，运动者都会体验到一种成就感和满足感。这种成就感和满足感也会推动运动者继续创造新的花样，不断超越自我。

（3）安全性高。

跳绳的运动量可大可小，锻炼的强度可高可低。跳绳中没有直接的身体对抗，运动者可根据自身能力完成不同难度的动作，即使失败也不容易受伤。

2. 功能

（1）提高身体素质。

跳绳看似简单，却是一项全身性的运动。它不仅能增强机体的有氧代谢功能，还可以使个体的力量素质、速度素质、灵敏素质、耐力素质等得到提高，同时它还可以提高身体的协调性。

（2）改善身体机能。

跳绳能增强人体心血管系统、呼吸系统和神经系统的功能，促进人体器官发育，有益于身心健康，能强身健体、开发智力、丰富生活。跳绳时的全身运动及手握绳对手指穴位的刺激，会大大增强脑细胞的活力，提高思维能力和想象能力，因此跳绳也是健脑的方法之一。

（3）具有休闲娱乐价值。

娱乐作为人的本能需求，是体育产业兴起的原因之一。跳绳从萌芽开始就与人们的娱乐活动有着密切的关系。跳绳的娱乐具有两重性："娱己"和"娱人"。"娱己"是指跳绳者自娱自乐；"娱人"则是指跳绳运动给观者带来的观赏娱乐性，使观者在"观"与"赏"之间体味"乐"，满足其娱乐的心理需求。

（4）具有社会性。

随着社会的高速发展，人民生活水平日益提高，文化生活越来越丰富。跳绳运动简便易学、灵活有趣、易于推广，为社区体育发展增添了活力。它不仅有利于促进和谐社会中个体的健康发展，还有利于营造公平、公正的社会氛围。

二、跳绳基本技术

（一）个人跳

1. 并步跳

【动作方法】两手握住绳柄，将绳置于身后，由后向前摇动绳子。当绳子摇至脚前瞬间，并脚跳过绳子。（图12-5-1）

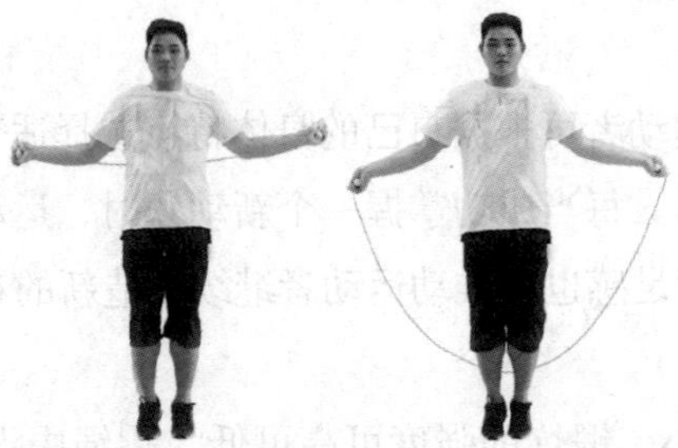

图 12-5-1

【动作要领】并脚站立，两脚前后稍错开，易于掌握平衡。膝关节微屈，缓冲落地后的反冲力，以保护脚踝，同时避免前踢腿动作。上体自然放松，挺直但不僵硬。两臂上臂夹紧，肘关节贴在两侧肋部，手心相对向下，摇绳时用手腕带动前臂发力。呼吸均匀自然，有节奏。

【重难点】两手摇绳的节奏要与脚起跳的节奏吻合，两臂张开的幅度不宜过大。

【易犯错误】前踢腿。

【纠正方法】强化摇绳动作练习，肘关节贴于两侧肋部。可将纸板夹于腋下，使其在跳跃过程中不能掉落。

【练习方法】原地徒手模仿；空绳跳练习；每次跳一下就停，复位后重新开始，熟练后可连续跳。

2. 扭动跳

【动作方法】在基本摇绳的基础上，摇绳过脚后髋关节在空中向右转动45°，上体保持直立，下次摇绳过脚后髋关节在空中向左转动45°，回到原位。（图12–5–2）

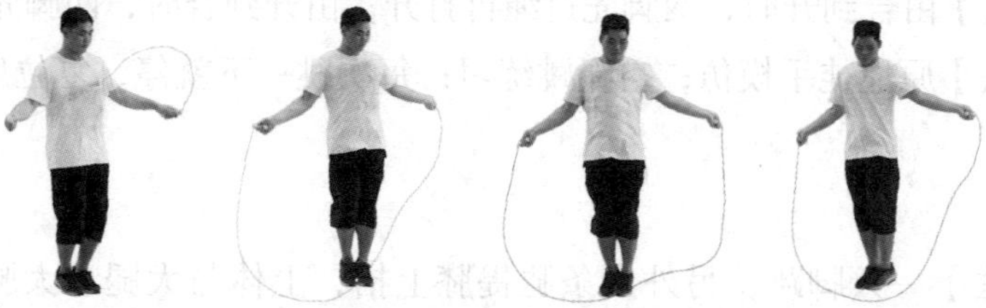

图 12–5–2

【动作要领】手臂保持基本摇绳姿势，上体保持正直，在身体垂直面跳动，两脚左右跳动。两脚落地时，间距约一脚宽。

【重难点】把握两脚落地位置，控制节奏，保持稳定性。

【易犯错误】左右跳时，身体摆动幅度过大。

【纠正方法】在地面上标示左、右两个圈，两脚交替在两个圈内左右跳，同时控制身体摆动幅度。

【练习方法】原地徒手模仿；空绳跳练习；每次跳一下就停，复位后重新开始，熟练后可连续跳。

3. 开合跳

【动作方法】在基本摇绳姿势的基础上，摇绳过脚的同时，两脚在空中左右分开落地为开，反之则为合，开合连续跳动即为开合跳。（图12–5–3）

图 12-5-3

【动作要领】手臂保持基本摇绳姿势，控制步伐节奏。两脚打开时与肩同宽，收回时并拢。由合到开时，两脚先过绳再打开；由开到合时，两脚先合并再过绳。

【重难点】把握开合跳的节奏和开合跳过绳的时机。

【易犯错误】把握不住开与合的时间差。

【纠正方法】由合到开时，两脚先过绳再打开；由开到合时，两脚先合并再过绳。

【练习方法】原地徒手模仿；空绳跳练习；每次跳一下就停，复位后重新开始，熟练后可连续跳。

4. 单脚跳

【动作方法】一只脚跳，另外一条腿提膝上抬，上体与大腿、大腿与小腿均约成90°。（图12-5-4）

图 12-5-4

【动作要领】跳起后，保持身体重心稳定，支撑腿跳起后伸直。

【重难点】上体保持正直，身体重心稳定，摇绳与起跳节奏协调。

【易犯错误】上体歪斜，身体重心不稳，节奏改变。

【纠正方法】腰部协调用力，两肩保持水平，两眼平视前方。

【练习方法】原地徒手模仿；空绳跳练习；每次跳一下就停，复位后重新开始，熟练后可连续跳。

5. 提膝跳

【动作方法】在基本摇绳姿势的基础上，摇绳过脚时，一条腿做提膝动作，支撑腿跳起后伸直，再次跳跃过绳后，两脚并步落地。（图12–5–5）

图 12–5–5

【动作要领】提膝腿脚背绷紧，上体保持直立，大腿抬平。

【重难点】腰部协调用力，两肩保持水平，两眼平视前方。

【易犯错误】在提膝的瞬间，把握不好身体重心，提膝、踢腿动作做不到位。

【纠正方法】在提膝的瞬间，把握好身体重心，提膝、踢腿动作要做到位，控制跳跃的节奏，保持动作的稳定性。

【练习方法】原地徒手模仿；空绳跳练习；每次跳一下就停，复位后重新开始，熟练后可连续跳。

6. 体前交叉跳

【动作方法】在并步跳的基础上，当绳子摇至体前时，两臂迅速在体前交叉，两脚跳过绳子。当绳子摇至头后上方时，两臂打开，两脚跳过绳子，两臂再次交叉，连续固定交叉练习。（图12–5–6）

图 12–5–6

【重难点】第一次交叉与第二次交叉转换。

【易犯错误】交叉时，两手相距较远且交叉幅度过大。

【纠正方法】上臂贴紧身体，手腕微上提。

【练习方法】原地徒手模仿；空绳跳练习；每次跳一下就停，复位后重新开始，熟练后可连续跳。

7. 钟摆跳

【动作方法】摇绳过脚后，右脚在身体中间，左脚向左侧摆动，紧接着跳跃过绳，左脚摆动回身体中间落地，右脚向右侧摆动，两脚交替摆动，犹如钟表摆动。（图12–5–7）

图 12–5–7

【重难点】左、右脚摆动与过绳时的转换。

【易犯错误】上体歪斜，身体重心不稳。

【纠正方法】腰部协调用力，脚的摆动幅度不要过大。

【练习方法】原地徒手模仿；空绳跳练习；每次跳一下就停，复位后重新开始，熟练后可连续跳。

8. 肯肯跳

【动作方法】先做提膝跳，同一条腿紧接着做踢腿跳动作，然后另一条腿做同样的动作，两腿交替进行。（图12–5–8）

图 12–5–8

【重难点】起跳后，腰部协调用力，两摇绳手在同一水平线上，两肩保持水平，两眼平视前方。

【易犯错误】在提膝的瞬间，把握不好身体重心，提膝、踢腿动作做不到位。

【纠正方法】在提膝的瞬间，把握好身体重心，提膝、踢腿动作要做到位，控制跳跃的节奏，保持动作的稳定性。

【练习方法】原地徒手模仿；两手各握一根短绳，由后向前摇动绳子，做提膝、踢腿动作；每次跳一下就停，复位后重新开始，熟练后可连续跳。

（二）双人跳

1. 带人跳

【动作方法】带人者持绳，两人协调配合，绳子同时过两人身体即为完成一次动作。两人可面对面站立，也可同向站立。（图12–5–9）

图 12–5–9

【动作要领】两人节奏一致，相互配合。

2. 朋友跳

【动作方法】一人持绳，绳子足够长，将绳子由后向前摇动，使绳子套过被套者，被套者根据绳子摇动的时机跳跃过绳。

【动作要领】摇绳者套人过脚后，落地点在被套者一侧，不可落在原地，避免绳子打到被套者，并且利于快速移动；被套者要随着摇绳者摇绳的节奏跳动，加快起动速度。

3. 同摇单摇跳

【动作方法】两人并排站立（同向或异向），各握一绳柄，同时摇动绳子绕体一周，跳跃过绳。

【动作要领】两人节奏一致，相互配合。

4. 胯下换手跳

【动作方法】两人各握一绳柄，侧向站立；统一口令，两人握绳手从胯下穿过，换至另一手握绳。

【动作要领】两人统一口令，要掌握好换手时机及绳子运行的线路与弧度。

三、跳绳的选择

跳绳是一项简单实惠的健身、休闲体育运动，深受广大民众喜爱。选择合适、称心的跳绳是一个必不可少的环节。常用的跳绳有以下几种。

（一）电子计数跳绳

电子计数跳绳不仅可以自动计数，还可以记录消耗的热量，让运动更为科学。

（二）不锈钢运动健身绳

不锈钢运动健身绳的科学轴承设计让运动者在跳绳时更省力，动作更流畅。钢丝内芯+聚氯乙烯橡胶外包绳经久耐用，不易断。

（三）竹节花样跳绳

竹节花样跳绳的握柄采用健康环保无毒塑料，韧性十足，经久耐用。

（四）钢丝专业跳绳

钢丝专业跳绳是一种专业的运动跳绳。它精选健身专用的钢丝内芯，使用寿命长；高精度的轴承设计无惧缠绕，环保海绵手柄转动时手感更为舒适。

（五）钢丝轴承跳绳

钢丝轴承跳绳科学的轴承设计使旋转更流畅，跃动更轻快。绳长可调节，一根绳可供多人使用。加厚海绵手柄握感舒适，不易脱手。

（六）花样竹珠节健身跳绳

花样竹珠节健身跳绳的手柄握感舒适且耐用。具有较高韧性和弹性的塑胶绳节风阻极小，使跳跃更为流畅。

体育思政课堂

学习游泳的过程是个体克服畏惧心理、战胜自我的过程。游泳可以增强大学生的自信心，培养大学生开朗、阳光的性格和坚韧不拔、克服困难的意志品质，有助于大学生更好地学习和生活，从而适应现代社会发展的需要。

参与定向运动时，参与者需要克服大自然中的一些困难，可以磨炼意志，提高判断能力和分析能力，树立保护环境的意识，不断提高综合素质。

轮滑运动是一种以休闲为目的的体育活动。它是在现代社会快节奏的工作和生活环境下，人们利用闲暇，主动地、随意地体验各种以身体活动为基础的一种娱乐、健身的过程，是放松身心的一种运动。轮滑运动的组织形式多种多样，既有群体组织性休闲运动，又有个体自由参与的休闲运动；既可以是经过严密策划、精心组织的活动过程，又可以是松散的、机动灵活的活动形式。

飞镖运动能缓解脊椎疲劳、视觉疲劳，锻炼细小肌肉及注意力，提高大脑灵活性，还能提高心理素质，增进人与人之间的交流。大学生练习飞镖，能提高身体素质、心理素质和人际交往能力，从而为以后更好地适应社会生活打下基础。

跳绳是具有悠久历史的传统民俗娱乐活动，开展跳绳有助于传承中华优秀传统文化。跳绳可一人跳，也可多人跳，还可以自主创编，可以培养跳绳者的团队精神，提高团队协作能力和创新能力。

第十三章　冰雪运动

第一节　滑冰运动

一、速度滑冰

（一）速度滑冰概述

滑冰运动有着悠久的历史。古代生活在寒冷地带的人们，在冬季冰封的江河湖泊上以滑冰作为交通运输的手段。之后，随着社会的进步，滑冰从一种交通运输手段逐步发展为一种游戏，到现代发展为一项运动，如速度滑冰。10世纪，人们发明了骨制冰刀，用于滑冰。1250年左右，荷兰盛行钉在木板上的铁制冰刀。人们将这种冰刀绑在鞋上，在冰面上滑行。17世纪，有人对铁制冰刀进行了改进，发明了管式铁制冰刀，使速度滑冰有了新的发展。

国际性速度滑冰比赛始于19世纪末。1892年，国际滑冰联盟在荷兰成立。1893年，在国际滑冰联盟的领导下，第1届世界男子速度滑冰锦标赛在荷兰的阿姆斯特丹举行。中国滑冰协会于1956年加入国际滑冰联盟。我国选手罗致焕于1963年代表中国参加第57届世界速度滑冰锦标赛，夺得男子1500米比赛世界冠军，并打破了男子全能项目的世界纪录，成为中国在世界速度滑冰比赛中第1位金牌获得者。1992年，我国速度滑冰选手叶乔波在第16届冬奥会上获得速度滑冰女子500米、1000米比赛的银牌，实现了我国冬季项目在奥运会上奖牌零的突破。2014年，我国速度滑冰选手张虹获得第22届冬奥会速度滑冰女子1000米比赛的金牌，这是中国冬奥会历史上的第一枚速度滑冰金牌。2022年，我国速度滑冰选手高亭宇获得第24届冬奥会速度滑冰男子500米比赛的金牌。

（二）速度滑冰装备和场地

滑冰时，手套、护腕、护肘、护膝是必备的安全护具。服装应具有弹性，以便于运动。

速度滑冰场是由两条直道连接两条半圆弯道组成的封闭式跑道。最大周长为400米，最小周长为333.33米。两种跑道的内弯道半径不能小于25米或大于26米。每条跑道宽4～5米，在一侧直道的末端设置终点，另一侧直道上设置换道区。

（三）速度滑冰基本技术

1. 直道滑跑技术

滑跑姿势：上体前倾，肩稍高于臀部，身体既不要前探，也不要后坐。

蹬冰动作：开始蹬冰、最大用力蹬冰、结束蹬冰。

收腿动作：将浮腿从蹬冰结束后的侧位拉到后位，到冰刀着冰时的前位动作。

下刀动作：从浮腿收回靠近支撑腿的内侧开始，全正刃支撑滑进结束。

惯性滑进动作：用单腿支撑身体，借助惯性向前滑进的动作。

全身配合动作：臀部、上体和两臂的合理、协调配合。

摆臂动作：在滑跑中，两臂的摆动是为了增加蹬冰的力量。

直道滑跑技术如图13-1-1所示。

图 13-1-1

2.弯道滑跑技术

滑跑姿势：掌握好身体倾斜度与弯道弧度的关系。

蹬冰动作：弯道蹬冰采用交叉步滑跑，右脚用内刃，左脚用外刃向右侧蹬冰。

收腿动作：右腿结束蹬冰以大腿带动小腿，向左腿靠近，继续向左侧移动着冰。

下刀动作：注意出刀角度和惯性滑进动作。

弯道滑跑技术如图13-1-2所示。

图 13-1-2

3. 起跑与终点冲刺技术

起跑技术：短时间内尽量发挥运动员的速度，迅速起动并向途中滑跑过渡。

终点冲刺技术：采用双摆臂以提高滑跑频率，收摆的浮腿向支撑腿靠近。

起跑与终点冲刺技术如图13-1-3所示。

图 13-1-3

二、短道速滑

（一）短道速滑概述

短道速滑全称为短跑道速度滑冰，19世纪80年代起源于加拿大。20世纪初，这项比赛亦逐渐在欧洲和美洲国家广泛开展。1992年，短道速滑被列为冬奥会比赛项目。中国于1981年引进短道速滑项目。1992年，李琰在第16届冬奥会上获得短道速滑女子500米比赛的银牌。2002年，在第19届冬奥会上，杨扬获得短道速滑女子500米、1000米比赛的金牌，实现了中国冬季项目冬奥会金牌零的突破。2018年，在第23届冬奥会上，武大靖获得短道速滑男子500米冠军，实现了中国男子冰上竞速项目冬奥会金牌零的突破。2022年，在第24届冬奥会上，中国短道速滑队获得短道速滑混合团队接力比赛的金牌；任子威、李子文分别获得短道速滑男子1000米比赛的金牌、银牌。

（二）短道速滑比赛规则简介

短道速滑比赛采用淘汰制，以预赛、次赛、半决赛、决赛的比赛方式进行。4～8名运动员在一条起跑线上同时起跑出发。预赛站位通过抽签决定，之后的比赛按照上一轮比赛的成绩确定站位，成绩好的站内道。比赛途中，在不违反规则的前提下，运动员可以随时超越对手。

三、花样滑冰

（一）花样滑冰概述

花样滑冰起源于18世纪的英国，后在德国、美国、加拿大等欧美国家迅速开展。1863年，被誉为“现代花滑之父”的美国人杰克逊·海因斯将滑冰运动与舞蹈艺术融为一体，在欧洲巡回表演，丰富了花样滑冰的内容和形式。

1868年，美国的丹尼尔·梅伊和乔治·梅伊首次表演了双人花样滑冰。1872年，奥地利首次举办了花样滑冰比赛。1896年，首次世界男子单人花样滑冰锦标赛在俄国圣彼得堡举行。1906年，首次世界女子单人花样滑冰锦标赛在瑞士达沃斯举行。1952年，首次世界冰上舞蹈锦标赛在法国巴黎举行。花样滑冰于1924年被列为第1届冬奥会的比赛项目。1980年，中国首次派队参加了第13届冬奥会和世界花样滑冰锦标赛。进入21世纪，中国在双人滑项目上异军突起。申雪和赵宏博蝉联2002年、2003年世界花样滑冰锦标赛双人滑冠军，并在2010年第21届冬奥会上实现了中国花样滑冰冬奥会金牌零的突破。

（二）花样滑冰比赛规程

花样滑冰国际比赛由国际滑冰联盟负责组织管理。在花样滑冰的单人滑与双人滑比赛中，选手必须完成两套节目。在短节目中，选手必须完成一系列必选动作，包括跳跃、旋转和步法；在自由滑（长节目）比赛中，选手选择动作时有更大的自由度。

（三）冰上舞蹈

冰上舞蹈始于20世纪30年代的英国。它偏重舞步，强调用动作表达音乐。1937年，英国举办了第1届冰上舞蹈锦标赛。从1949年起，冰上舞蹈被列为单独比赛项目，由一男一女配对参赛。冰上舞蹈的比赛通常包括三个阶段：至少一套规定舞、一套每年指定采用一种国际标准舞（如华尔兹、狐步舞、探戈等）节奏的创编舞和一套选手自己选择的自由舞。2010年6月，国际滑冰联盟通过决议，在今后的冰上舞蹈比赛中取消规定舞，只保留创编舞和自由舞。

四、滑冰注意事项

（1）滑冰之前，先检查场地，看其是否平滑，避开那些凹凸不平处。检查冰刀与鞋连接得是否牢固，鞋带是否结实，冰刀的内刃和外刃是否锋利。

（2）服装应保暖、轻便，以免影响运动的灵活性。

（3）初学者还要注意休息，可以每隔15～30分钟休息一次。

（4）摔倒时，切忌挣扎，应尽可能使一侧臀部先着地。

（5）身上不要带硬器，如钥匙、手机等，以免摔倒硌伤自己。

（6）站立时，两脚分开约与肩同宽，两脚脚尖稍向外转成小八字，两腿稍弯曲，上体稍前倾，目视前方。

（7）滑行时，要俯身、屈腿，身体重心向前。

（8）当冲撞难以避免的时候，不要通过摔倒来减速和躲避，而应将身体重心侧向倾斜，保护好头部和胸部，可以伸手缓冲撞击。

第二节　滑雪运动

一、滑雪运动概述

人类的雪上活动已有几千年的历史。国际滑雪联合会成立于1924年。北欧滑雪于1924年被列为第1届冬奥会的比赛项目。滑雪运动（特别是现代竞技滑雪）发展到当今，项目在不断增多，领域在不断扩展。

滑雪运动项目有多种，本节介绍的是滑雪运动中的竞技滑雪项目。这些项目均为当今冬奥会的比赛项目，如自由式滑雪、高山滑雪、越野滑雪、跳台滑雪、北欧两项、单板滑雪等。

二、滑雪运动的装备

（一）滑雪服

滑雪服一般分为竞技服和旅游服。竞技服是根据比赛项目的特点设计的，注重于运动成绩的提高。旅游服的主要特点是保暖、美观、舒适、实用。

（二）滑雪板

滑雪板一般分为高山滑雪板、跳台滑雪板、自由式滑雪板、单板滑雪板等。滑雪板的长度最长不应超过滑雪者手臂上举时腕部的高度，最短不应短于胯部的高度。

（三）护目镜

护目镜一般分为高山滑雪护目镜、跳台滑雪护目镜、越野滑雪护目镜、自由式滑雪护目镜等。由于雪地上阳光反射得很强烈，加上滑行中冷风对眼睛的刺激很大，滑雪者需要护目镜来保护眼睛。

（四）滑雪杖

滑雪杖是滑雪时用来支撑前进、控制平衡、引导变向和支撑身体的。

（五）滑雪靴

滑雪靴一般分为高山滑雪靴、越野滑雪靴、跳台滑雪靴、单板滑雪靴等。

（六）固定器

固定器也叫上脱离器，是连接滑雪板和滑雪靴的一个重要部件。它对滑雪者的人身安全起着重要的保护作用。

（七）滑雪帽

滑雪帽应以保护耳部、轻便、不影响视野为宜，一般由弹性较好的细绒线织成。

（八）滑雪手套

滑雪手套一般用天然皮革和合成材料制成，外层面料一定要防水。高山滑雪和越野滑雪运动员都需要手撑雪杖进行滑行，这就要求滑雪手套不仅要保暖、防寒，还要柔软、耐磨、防割伤。

三、滑雪运动项目

（一）自由式滑雪

1. 自由式滑雪概述

自由式滑雪起源于20世纪60年代的美国。其第一次正式比赛于1966年在新罕布什尔州举行。国际滑雪联合会于1979年正式承认自由式滑雪项目，并且在运动员及其跳跃技巧方面制定了规则，以减小此项运动的危险性。自由式滑雪于1992年被列为冬奥会比赛项目。自由式滑雪早期只包括空中技巧、雪上技巧和特技滑雪三个分项，之后形成了男子和女子空中技巧、雪上技巧、U型场地技巧、坡面障碍技巧和障碍追逐等多个项目。

2. 自由式滑雪分项

（1）空中技巧：场地由助滑坡、过渡区一、跳台、过渡区二、着陆坡和停止区组成。运动员根据自己要完成的动作，从一定的高度下滑加速后，从高2～4米的跳台起跳，在空中完成一系列翻滚和旋转的动作。裁判员根据起跳（20%）、空中动作（50%）和落地（30%）的表现，结合动作的难度系数得出运动员的成绩，决定名次。

（2）雪上技巧：运动员使用的滑雪板男子不短于1.90米，女子不短于1.80米；在200～270米长、平均坡度为26°的赛道上进行。赛道上布满平均间隔约3.5米的雪包，赛道还包括2个高50～60厘米的跳台，以便运动员起跳完成空中动作。运动员开始比赛后要快速通过布满起伏雪包的赛道，在两个跳台完成两种不同的跳跃。比赛成绩由裁判给出的滑行技术分（60%）、空中动作分（20%）和计时成绩（20%）之和来决定。

（3）U型场地技巧：从倾斜的半圆筒形斜坡往下滑，并展现跳跃、回转等空中技巧的项目。

（4）坡面障碍技巧：赛道地形复杂，包括坡面、跳台、轨道、平台等，一般设有多条路线供运动员选择。裁判员依据整体印象来对运动员的滑行表现进行评价，运动员出现失误将被扣分。

（5）障碍追逐：集体出发进行比赛的项目。

（二）高山滑雪

高山滑雪起源于欧洲的阿尔卑斯山脉地区，故世界各国将起源于阿尔卑斯山脉地区的从山上向下滑行的滑雪运动称为阿尔卑斯滑雪。在我国，人们将阿尔卑斯滑雪统称为高山滑雪。

高山滑雪可分为实用滑雪、娱乐滑雪、竞技滑雪和探险滑雪四类。其中，娱乐滑雪与竞技滑雪的人数占高山滑雪总人数的绝大部分，而从人数、器材、场地及设施上看，娱乐滑雪是高山滑雪项目的主体。

冬奥会高山滑雪竞赛项目包括回转、大回转、滑降等。

1. 回转

回转是高山滑雪比赛项目之一，也称回转滑雪或回转障碍。1948年，高山滑雪回转在第5届冬奥会上被列为比赛项目。比赛在覆雪的山坡上进行，线路上设置多种形式的旗门，组成障碍。运动员从山顶沿线路连续转弯穿越旗门障碍下滑。

2. 大回转

大回转是高山滑雪比赛项目之一。1952年，大回转在第6届冬奥会上被列为比赛项目。比赛在坡度为15° ~32° 的覆雪山坡上进行。男子比赛线路长度为1500~2000米，女子比赛线路长度为1000米以上。男子线路标高差为300~450米，女子线路标高差为300~400米。线路上设置一系列旗门组成障碍，运动员从山顶沿线路通过旗门下滑。

3. 滑降

滑降要求运动员从山顶按规定线路穿过用旗插成的门形向下滑行，是竞速滑雪比赛项目。技术动作有直滑降、斜滑降、乙形滑降、起伏地滑降、犁式和半犁式滑降等。

（三）越野滑雪

1. 越野滑雪起源

越野滑雪起源于北欧，故又称北欧滑雪。据记载，1226年，在挪威内战期间，两名被称为“桦木腿”的侦察兵怀藏两岁的国王哈康四世，滑雪翻越高山，最终摆脱了敌人。现在挪威每年举行越野马拉松滑雪赛，距离约为56千米，与当年侦察兵所滑路程相同。

2. 越野滑雪冬奥会项目

1924年，越野滑雪被列为冬奥会比赛项目，现设12个小项，其中男子项目包括双追逐、个人短距离、15千米、4×10千米接力、团体短距离、50千米集体出发，女子项目包括双追逐、个人短距离、10千米、4×5千米接力、团体短距离、30千米集体出发。

（四）跳台滑雪

1. 跳台滑雪起源

跳台滑雪简称“跳雪”，起源于挪威。1860年，挪威德拉门地区的两位农民在奥斯陆举行的首届全国滑雪比赛上表演了跳台飞跃动作，后跳台滑雪逐渐成为一个独立的项目并广泛开展。1879年，首届跳台滑雪比赛在挪威奥斯陆举行。1883年，跳台滑雪被列为霍尔门科伦滑雪大奖赛比赛项目。19世纪末，跳台滑雪先后传入瑞典、瑞士、美国、法国、意大利、波兰等国家。

2. 跳台滑雪奥运会比赛

1924年，在第1届冬奥会上，跳台滑雪就被列为比赛项目。在1964年以前的8届冬奥会中，由于跳台规格不一，只能以举办国的跳台为标准进行比赛。从1964年第9届冬奥会开始，国际滑雪联合会明确规定了跳台滑雪比赛的统一跳台级别，分为70米台、90米台两种。1976年，国际滑雪联合会将跳台级别改为90米台、120米台。冬奥会的跳台滑雪比赛现设3个男子项目（个人标准台、个人大跳台、团体比赛）、1个女子项目（个人标准台比赛）和1个混合项目（混合团体比赛）。

（五）北欧两项

北欧两项起源于北欧，由越野滑雪和跳台滑雪组成，在挪威、瑞典等地广泛开展，是北欧的传统项目，故又称北欧全能。

1883年，北欧两项被列为霍尔门科伦滑雪大奖赛比赛项目，20世纪初开始向世界推广，1924年被列为第1届冬奥会比赛项目，1984年以前只设个人赛，1988年起增设团体赛，仅有男子项目。比赛按跳台滑雪、越野滑雪的顺序进行。跳台滑雪初为70米级，1992年改为90米级；越野滑雪距离原为18千米，1956年起改为15千米。

北欧两项个人赛和团体赛的规则有很大不同。个人赛第一天进行跳台滑雪，每人跳两次，以姿势分和距离分计算总成绩。第二天进行越野滑雪，跳台滑雪成绩最好的运动员第一个出发，其他运动员根据跳台滑雪的得分与第一名运动员的得分之差换算成时间差，依次间隔出发，最后以运动员到达终点的顺序排列名次。团体赛跳台滑雪各队4名运动员依次出发，得分方法同个人赛。越野滑雪时，跳台滑雪成绩最好的队首先出发，其他队要根据与跳台滑雪成绩最好的队的得分差换算成时间差，依次间隔出发，各队的第二名、第三名、第四名运动员在接力交换区出发，以第四名运动员到达终点的顺序排列名次。

（六）单板滑雪

单板滑雪将冲浪、滑板和滑雪的元素结合在一起，成为一项发展迅速的运动项目。第一次正式的单板滑雪比赛于1981年在美国科罗拉多举行。1998年，单板滑雪的U型场地技巧项目和个人大回转项目首次亮相冬奥会。2002年，在第19届冬奥会上，个人大回转项目被平行大回转项目替代。2006年，第20届冬奥会增设了单板滑雪障碍驱逐项目。2014年，第22届冬奥会又增设了坡面障碍技巧项目。

平行大回转的线路长度为400～700米，宽度不小于40米，平均坡度为16° ±2° ，高度差为120～200米。滑板必须坚硬、狭窄，以利于转向和高速滑行。平行大回转以滑行速度评定名次，主要技术动作有左右回转。在平行大回转项目中，两名选手在平行设置的两个旗门（蓝旗、红旗）赛道同时出发，向下滑降，先到达终点者晋级下一轮比赛。

四、滑雪基本技术

（一）平地滑雪技术

平地滑雪技术及其要领见表13–2–1。

表 13–2–1　平地滑雪技术及其要领

平地滑雪技术	要领
基本站姿	放松站立，两脚平行，即双滑雪板平行，两腿微屈压靠滑雪靴，两手位于体侧，滑雪杖插入雪地，两眼平视前方
雪上行走	上体直立稍前倾，身体重心适当前移。滑雪板底不离开雪面，边支撑边滑边走。用滑雪杖支撑时，不是两个滑雪杖同时推进，而是如同摆臂动作用滑雪杖支撑推动
推进滑行	两腿微屈，上体前倾，两个滑雪杖同时向前摆动，滑雪杖的杖尖在身体前方着雪。两腿加大弯曲幅度，上体加大前倾幅度，两臂用力向后用滑雪杖支撑。滑雪杖充分后撑，两臂伸直，身体重心下降，保持滑行姿势滑进。收滑雪杖时，身体重心提高，准备第二次撑杖
蹬冰式滑行	上体稍前倾，两腿微屈，两板平行与肩同宽，两臂自然弯曲，杖尖在身体侧后方。左侧板与前进方向成45° ，左腿大腿用力向侧后方蹬出。左腿蹬伸结束后，滑雪板抬离雪面，身体重心落在右腿上，向前方滑行，同时左脚收回。右腿蹬伸时，动作与左腿相同

（二）登坡技术

登坡技术及其要领见表13-2-2。

表 13-2-2 登坡技术及其要领

登坡技术	要领
双板平行登坡（阶梯式登坡）	向上迈出的步幅不要太大。迈动时，两板保持平行，身体重心随之向上移动，可用滑雪杖协助支撑。用山上侧板外刃刻住雪面后，身体重心全部移到山上侧腿上，接着山下侧腿向山上侧腿靠拢，并用内刃刻住雪面。山下侧板内刃刻住雪面后，再进行第二步的登行
八字形登坡	面对山坡，用两板内刃刻住雪面，身体前倾，向前上方依次迈出滑雪板。步幅不宜过大，防止板尾交叉。迈出侧的滑雪杖协助支撑，可用手握住滑雪杖握把的头。手、脚动作与身体重心移动的配合要协调。在向上登坡时，重要的是板内刃刻住雪面和身体重心的移动

（三）原地变向技术

原地变向技术及其要领见表13-2-3。

表 13-2-3 原地变向技术及其要领

原地变向技术	要领
板尖、板尾展开变向	变向时，要注意滑雪杖的位置。板尖展开变向时，滑雪杖支撑位置应在体后；板尾展开变向时，滑雪杖支撑位置应在体前。滑雪板展开距离不宜过大
180° 变向	前转 180° 变向时，两脚平行（两个滑雪板平行）站立，两个滑雪杖在体前支撑。身体重心移至右腿，左板向前抬起直立，两个滑雪杖在体侧支撑。上体左转的同时，直立的左板以板尾为中心向左侧下方转并着地。在放左板的同时，左滑雪杖移至右板外侧支撑。身体重心移至左腿，右滑雪板和右滑雪杖抬起移向与左板平行的同一方向，随后两个滑雪杖在体前侧支撑。把前转 180° 变向动作由结束部分依次向开始部分相反进行，即后转 180° 变向

（四）停止滑行技术

停止滑行技术及其要领见表13-2-4。

表 13-2-4　停止滑行技术及其要领

停止滑行技术	要领
犁式停止法	在滑降中使滑雪板成犁式状态，身体重心稍后移，形成稍后坐姿势的同时两板尾蹬开，加大立刃，逐渐加大两板内刃刮雪的力量；逐渐加大板尾向外侧的立刃和蹬出力量，直至停止

（五）安全摔倒技术

安全摔倒技术及其要领见表13-2-5。

表 13-2-5　安全摔倒技术及其要领

安全摔倒技术	要领
安全摔倒技术	在身体重心不稳的情况下，尽量不要挣扎，两腿迅速屈膝降低身体重心，两臂自然伸展，臂部向上侧坐。两个滑雪板稍举起，防止发生滚动。在完全停止前，勿伸腿使滑雪板某一部分着雪，保持稍团身姿势

体育思政课堂

冰雪运动与其他运动项目相比，有着属于自己的内涵与精神。参与冰雪运动，可以使我们远离城市的喧嚣，在雪场中尽情回转、跳跃、飞翔，体验自然之美，开拓豁达之心。冰雪运动可以培养人们凌霜傲雪、坚韧不拔的意志品质。在成长的道路上，每个人都会面对许多挫折与困难。当面对困难时，我们需要更加坚强的意志和永不言败的决心，参与冰雪运动培养的意志品质可以鼓舞我们勇往直前。

附　录　学生体质健康测试

附录一　《国家学生体质健康标准（2014 年修订）》简介*

一、说明

《国家学生体质健康标准》（以下简称《标准》）是国家学校教育工作的基础性指导文件和教育质量基本标准，是评价学生综合素质、评估学校工作和衡量各地教育发展的重要依据，是《国家体育锻炼标准》在学校的具体实施，适用于全日制普通小学、初中、普通高中、中等职业学校、普通高等学校的学生。

本标准的修订坚持健康第一，落实《国家中长期教育改革和发展规划纲要（2010—2020年）》《国务院办公厅转发教育部等部门关于进一步加强学校体育工作若干意见的通知》《教育部关于印发〈学生体质健康监测评价办法〉等三个文件的通知》有关要求，着重提高《标准》应用的信度、效度和区分度，着重强化其教育激励、反馈调整和引导锻炼的功能，着重提高其教育监测和绩效评价的支撑能力。

本标准从身体形态、身体机能、身体素质等方面综合评定学生的体质健康水平，是促进学生体质健康发展、激励学生积极进行身体锻炼的教育手段，是国家学生发展核心素养体系和学业质量标准的重要组成部分，是学生体质健康的个体评价标准。

在本标准的适用对象中，大学一、二年级为一组，大学三、四年级为一组。

大学各组别的测试指标均为必测指标。其中，身体形态类中的身高、体重，身体机能类中的肺活量，以及身体素质类中的50米跑、坐位体前屈为各年级学生共性指标。

本标准的学年总分由标准分与附加分之和构成，满分为120分。标准分由各单项指标得分与权重乘积之和组成，满分为100分。附加分根据实测成绩确定，即对成绩超过100分的加分指标进行加分，满分为20分；大学的加分指标为男生引体向上和1000米

* 节选自教育部印发的《国家学生体质健康标准（2014 年修订）》，略有改动。

跑，女生1分钟仰卧起坐和800米跑，各指标加分幅度均为10分。

根据学生学年总分评定等级：90.0分及以上为优秀，80.0～89.9分为良好，60.0～79.9分为及格，59.9分及以下为不及格。

每个学生每学年评定一次，记入《〈国家学生体质健康标准〉登记卡》。特殊学制的学校，在填写登记卡时可以按规定和需求相应地增减栏目。学生毕业时的成绩和等级，按毕业当年学年总分的50%与其他学年总分平均得分的50%之和进行评定。

学生测试成绩评定达到良好及以上者，方可参加评优与评奖；成绩达到优秀者，方可获体育奖学分。测试成绩评定不及格者，在本学年度准予补测一次，补测仍不及格，则学年成绩评定为不及格。普通高等学校学生毕业时，《标准》测试的成绩达不到50分者按结业或肄业处理。

学生因病或残疾可向学校提交暂缓或免予执行《标准》的申请，经医疗单位证明，体育教学部门核准，可暂缓或免予执行《标准》，并填写《免予执行〈国家学生体质健康标准〉申请表》，存入学生档案。确实丧失运动能力、被免予执行《标准》的残疾学生，仍可参加评优与评奖，毕业时《标准》成绩需注明免测。

各学校每学年开展覆盖本校各年级学生的《标准》测试工作，《标准》测试数据经当地教育行政部门按要求审核后，通过中国学生体质健康网上传至国家学生体质健康标准数据管理系统。测试和数据上传时间由教育行政部门确定。

二、单项指标与权重

大学各年级单项指标与权重见附表1-1。

附表1-1 大学各年级单项指标与权重

测试对象	单项指标	权重
大学各年级	体重指数（BMI）	15%
	肺活量	15%
	50米跑	20%
	坐位体前屈	10%
	立定跳远	10%
	引体向上（男）/1分钟仰卧起坐（女）	10%
	1000米跑（男）/800米跑（女）	20%

注：体重指数（BMI）=体重（千克）/身高^2（米^2）。

三、评分表

《国家学生体质健康标准（2014 年修订）》中大学阶段的评分表见附表 1-2 至附表 1-8。

附表 1-2　体重指数（BMI）单项评分表　　（单位：千克 / 米 ^{2}）

等级	单项得分	大学男生	大学女生
正常	100	17.9 ～ 23.9	17.2 ～ 23.9
低体重	80	≤ 17.8	≤ 17.1
超重	80	24.0 ～ 27.9	24.0 ～ 27.9
肥胖	60	≥ 28.0	≥ 28.0

附表 1-3　大学男生各测试项目评分表　　（大一、大二适用）

等级	单项得分	肺活量 / 毫升	50 米跑 / 秒	坐位体前屈 / 厘米	立定跳远 / 厘米	引体向上 / 次	耐力跑 1000 米 /（分:秒）
优秀	100	5040	6.7	24.9	273	19	3:17
	95	4920	6.8	23.1	268	18	3:22
	90	4800	6.9	21.3	263	17	3:27
良好	85	4550	7.0	19.5	256	16	3:34
	80	4300	7.1	17.7	248	15	3:42
及格	78	4180	7.3	16.3	244		3:47
	76	4060	7.5	14.9	240	14	3:52
	74	3940	7.7	13.5	236		3:57
	72	3820	7.9	12.1	232	13	4:02
	70	3700	8.1	10.7	228		4:07
	68	3580	8.3	9.3	224	12	4:12
	66	3460	8.5	7.9	220		4:17
	64	3340	8.7	6.5	216	11	4:22
	62	3220	8.9	5.1	212		4:27
	60	3100	9.1	3.7	208	10	4:32

续表

等级	单项得分	肺活量/毫升	50米跑/秒	坐位体前屈/厘米	立定跳远/厘米	引体向上/次	耐力跑1000米/(分:秒)
不及格	50	2940	9.3	2.7	203	9	4:52
	40	2780	9.5	1.7	198	8	5:12
	30	2620	9.7	0.7	193	7	5:32
	20	2460	9.9	-0.3	188	6	5:52
	10	2300	10.1	-1.3	183	5	6:12

附表1-4 大学男生各测试项目评分表 （大三、大四适用）

等级	单项得分	肺活量/毫升	50米跑/秒	坐位体前屈/厘米	立定跳远/厘米	引体向上/次	耐力跑1000米/(分:秒)
优秀	100	5140	6.6	25.1	275	20	3:15
	95	5020	6.7	23.3	270	19	3:20
	90	4900	6.8	21.5	265	18	3:25
良好	85	4650	6.9	19.9	258	17	3:32
	80	4400	7.0	18.2	250	16	3:40
及格	78	4280	7.2	16.8	246		3:45
	76	4160	7.4	15.4	242	15	3:50
	74	4040	7.6	14.0	238		3:55
	72	3920	7.8	12.6	234	14	4:00
	70	3800	8.0	11.2	230		4:05
	68	3680	8.2	9.8	226	13	4:10
	66	3560	8.4	8.4	222		4:15
	64	3440	8.6	7.0	218	12	4:20
	62	3320	8.8	5.6	214		4:25
	60	3200	9.0	4.2	210	11	4:30

续表

等级	单项得分	肺活量/毫升	50 米跑/秒	坐位体前屈/厘米	立定跳远/厘米	引体向上/次	耐力跑 1000 米/（分:秒）
不及格	50	3030	9.2	3.2	205	10	4:50
	40	2860	9.4	2.2	200	9	5:10
	30	2690	9.6	1.2	195	8	5:30
	20	2520	9.8	0.2	190	7	5:50
	10	2350	10.0	–0.8	185	6	6:10

附表 1–5　大学女生各测试项目评分表　（大一、大二适用）

等级	单项得分	肺活量/毫升	50 米跑/秒	坐位体前屈/厘米	立定跳远/厘米	1 分钟仰卧起坐/次	耐力跑 800 米/（分:秒）
优秀	100	3400	7.5	25.8	207	56	3:18
	95	3350	7.6	24.0	201	54	3:24
	90	3300	7.7	22.2	195	52	3:30
良好	85	3150	8.0	20.6	188	49	3:37
	80	3000	8.3	19.0	181	46	3:44
及格	78	2900	8.5	17.7	178	44	3:49
	76	2800	8.7	16.4	175	42	3:54
	74	2700	8.9	15.1	172	40	3:59
	72	2600	9.1	13.8	169	38	4:04
	70	2500	9.3	12.5	166	36	4:09
	68	2400	9.5	11.2	163	34	4:14
	66	2300	9.7	9.9	160	32	4:19
	64	2200	9.9	8.6	157	30	4:24
	62	2100	10.1	7.3	154	28	4:29
	60	2000	10.3	6.0	151	26	4:34

续表

等级	单项得分	肺活量/毫升	50米跑/秒	坐位体前屈/厘米	立定跳远/厘米	1分钟仰卧起坐/次	耐力跑800米/（分:秒）
不及格	50	1960	10.5	5.2	146	24	4:44
	40	1920	10.7	4.4	141	22	4:54
	30	1880	10.9	3.6	136	20	5:04
	20	1840	11.1	2.8	131	18	5:14
	10	1800	11.3	2.0	126	16	5:24

附表1-6 大学女生各测试项目评分表 （大三、大四适用）

等级	单项得分	肺活量/毫升	50米跑/秒	坐位体前屈/厘米	立定跳远/厘米	1分钟仰卧起坐/次	耐力跑800米/（分:秒）
优秀	100	3450	7.4	26.3	208	57	3:16
	95	3400	7.5	24.4	202	55	3:22
	90	3350	7.6	22.4	196	53	3:28
良好	85	3200	7.9	21.0	189	50	3:35
	80	3050	8.2	19.5	182	47	3:42
及格	78	2950	8.4	18.2	179	45	3:47
	76	2850	8.6	16.9	176	43	3:52
	74	2750	8.8	15.6	173	41	3:57
	72	2650	9.0	14.3	170	39	4:02
	70	2550	9.2	13.0	167	37	4:07
	68	2450	9.4	11.7	164	35	4:12
	66	2350	9.6	10.4	161	33	4:17
	64	2250	9.8	9.1	158	31	4:22
	62	2150	10.0	7.8	155	29	4:27
	60	2050	10.2	6.5	152	27	4:32

续表

等级	单项得分	肺活量 / 毫升	50 米跑 / 秒	坐位体前屈 / 厘米	立定跳远 / 厘米	1 分钟仰卧起坐 / 次	耐力跑 800 米 / （分：秒）
不及格	50	2010	10.4	5.7	147	25	4:42
	40	1970	10.6	4.9	142	23	4:52
	30	1930	10.8	4.1	137	21	5:02
	20	1890	11.0	3.3	132	19	5:12
	10	1850	11.2	2.5	127	17	5:22

附表 1-7　大学生加分指标测试项目评分表一　（单位：次）

加分	引体向上（男）		1 分钟仰卧起坐（女）	
	大一、大二	大三、大四	大一、大二	大三、大四
10	10	10	13	13
9	9	9	12	12
8	8	8	11	11
7	7	7	10	10
6	6	6	9	9
5	5	5	8	8
4	4	4	7	7
3	3	3	6	6
2	2	2	4	4
1	1	1	2	2

注：引体向上（男）、1 分钟仰卧起坐（女）均为高优指标，学生成绩超过单项评分 100 分后，以超过的次数所对应的分数进行加分。

附表 1–8 大学生加分指标测试项目评分表二 （单位：秒）

加分	1000 米跑（男）		800 米跑（女）	
	大一、大二	大三、大四	大一、大二	大三、大四
10	−35	−35	−50	−50
9	−32	−32	−45	−45
8	−29	−29	−40	−40
7	−26	−26	−35	−35
6	−23	−23	−30	−30
5	−20	−20	−25	−25
4	−16	−16	−20	−20
3	−12	−12	−15	−15
2	−8	−8	−10	−10
1	−4	−4	−5	−5

注：1000 米跑（男）、800 米跑（女）均为低优指标，学生成绩低于单项评分 100 分后，以减少的秒数所对应的分数进行加分。

附录二 学生体质健康测试方法

一、身高

受试者赤足，以立正姿势站在身高计的底板上（上肢自然下垂，两脚脚跟并拢，脚尖分开约 60°）。脚跟、骶骨部及两肩胛区与立柱相接触，躯干自然挺直，头部正直，耳屏上缘与眼眶下缘成水平位。测试人员站在受试者右侧，使水平压板轻轻沿立柱下滑，轻压于受试者头顶。测试人员读数时，两眼应与压板水平面等高；记录员复诵后进行记录。测试成绩以厘米为单位，保留 1 位小数。测试误差不得超过 0.5 厘米。（附图 2–1）

附图 2–1

二、体重

测试时，体重秤应放在平坦的地面上。受试者赤足，男性受试者身着短裤（附图2–2）；女性受试者身着短裤、短袖衫，站在秤台中央。测试成绩以千克为单位，保留1位小数。记录员复诵后进行记录。测试误差不超过0.1千克。

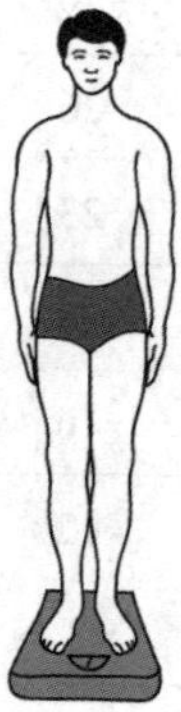

附图 2–2

三、肺活量

测试人员告知受试者不必紧张，以中等速度和力度尽全力吹气效果最好。令受试者手持吹气口嘴，面对肺活量计站立试吹1次或2次，观察仪表有无反应，并要试口嘴或鼻处是否漏气，若漏气，则应调整口嘴和用鼻夹（或自己捏鼻孔）；学会深吸气（避免耸肩提气，应该像闻花似的慢吸气）。测试时，受试者进行一两次较平日深一些的呼吸动作后，更深地吸一口气，屏住气向口嘴处慢慢呼出至不能再呼为止，防止此时从口嘴处吸气，测试中不得中途二次吸气。吹气完毕后，液晶屏上最终显示的数字即肺活量值。每位受试者测3次，每次间隔15秒，记录3次数值，选取最大值作为测试成绩。测试成绩以毫升为单位，不计小数。

四、50米跑

受试者至少两人一组进行测试，采用站立式起跑姿势。受试者听到“跑”的口令后开始起跑。发令员在发出口令的同时要摆动发令旗。计时员视旗动开表计时，在受试者躯干部位到达终点线的垂直面时停表。测试成绩以秒为单位，精确到小数点后1位，小数点后第二位数按非0进1原则进位，如10.11秒读成10.2秒。

五、坐位体前屈

受试者两腿伸直，两脚平蹬测试纵板坐在平地上，两脚分开 10 ～ 15 厘米，上体前屈，两臂伸直前，用两手中指指尖逐渐向前推动游标，直到不能前推为止。测试计的脚蹬纵板内沿平面为 0 点，向内为负值，向前为正值。测试成绩以厘米为单位，保留 1 位小数。测试两次，取最好成绩。（附图 2-3）

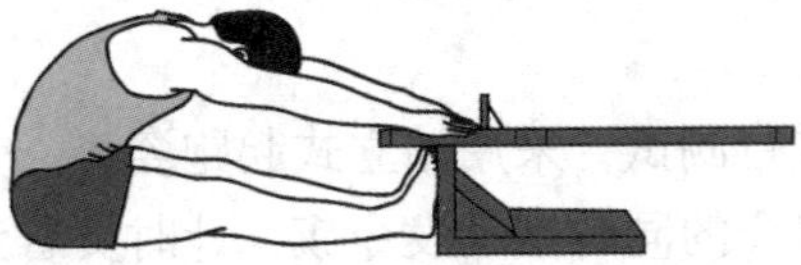

附图 2-3

六、立定跳远

受试者两脚自然分开站在起跳线后，脚尖不得踩线（最好用线绳做起跳线）。两脚原地同时起跳，不得有垫步或连跳动作。丈量起跳线后缘至最近着地点后垂直距离。每人试跳 3 次，记录其中成绩最好一次。测试成绩以厘米为单位，不计小数。

七、引体向上（男）

受试者跳起，两手正握杠，两手间距与肩同宽，成直臂悬垂。静止后，两臂同时用力向上引体（身体不能有附加动作），上拉到下颌超过横杠上缘为完成 1 次。记录引体次数。

八、1分钟仰卧起坐（女）

受试者仰卧于垫上，两腿稍分开，屈膝约成 90°，两手手指交叉抱于脑后。受试者坐起时，两肘触及或超过两膝为完成 1 次。仰卧时，两肩胛必须触垫。测试人员发出“开始”口令的同时开表计时，记录 1 分钟内完成次数。1 分钟到时，受试者虽已坐起，但肘关节未达到两膝者不计该次数，精确到个位。（附图 2-4）

附图 2-4

九、1000米跑（男）/ 800米跑（女）

受试者至少两人一组进行测试，采用站立式起跑姿势。受试者听到“跑”的口令后开始起跑。发令员在发出口令的同时摆动发令旗，计时员看到旗动开表计时，当受试者的躯干部位到达终点线垂直面时停表。测试成绩以分、秒为单位，不计小数。

参考文献

[1] 全国体育院校教材委员会. 现代足球[M]. 北京：人民体育出版社，2000.

[2] 李金梅，张培荣. 体育理论教程[M]. 北京：高等教育出版社，2003.

[3] 孙民治. 球类运动：篮球[M]. 3版. 北京：高等教育出版社，2001.

[4] 萨克. 运动健康完全手册[M]. 刘忻，李伟，杨存真，等译. 长沙：湖南文艺出版社，2002.

[5] 刘建和 . 乒乓球教学与训练[M]. 北京：人民体育出版社，2004.

[6] 左从现，张兆才，易勤. 高校体育教程[M]. 武汉：武汉大学出版社，2006.

[7] 王晓莉，罗永清. 体育与健康[M]. 重庆：重庆大学出版社，2006.

[8] 赵德龙，李福祥. 大学体育实践教程[M]. 哈尔滨：哈尔滨工业大学出版社，2007.

[9] 梅雪雄. 游泳[M]. 3版. 北京：高等教育出版社，2007.

[10] 郑旭旭. 中国武术导论[M]. 北京：高等教育出版社，2010.

[11] 虞重干. 排球运动教程[M]. 北京：人民体育出版社，2009.

[12] 张岚，田颖华. 健身健美操教程[M]. 武汉：华中科技大学出版社，2009.

[13] 李嘉. 瑜伽[M]. 重庆：西南师范大学出版社，2016..